数字位移

重新思考数字化

胡泳◎著

中国人民大学出版社
·北 京·

图书在版编目（CIP）数据

数字位移：重新思考数字化/胡泳著．--北京：中国人民大学出版社，2020.9
ISBN 978-7-300-14948-6

Ⅰ.①数… Ⅱ.①胡… Ⅲ.①信息经济-研究 Ⅳ.①F49

中国版本图书馆 CIP 数据核字（2020）第 149337 号

数字位移
重新思考数字化
胡泳　著
Shuzi Weiyi

出版发行	中国人民大学出版社		
社　　址	北京中关村大街 31 号	**邮政编码**	100080
电　　话	010－62511242（总编室）		010－62511770（质管部）
	010－82501766（邮购部）		010－62514148（门市部）
	010－62515195（发行公司）		010－62515275（盗版举报）
网　　址	http://www.crup.com.cn		
经　　销	新华书店		
印　　刷	北京联兴盛业印刷股份有限公司		
规　　格	148mm×210mm　32 开本	**版　　次**	2020 年 9 月第 1 版
印　　张	13.375 插页 2	**印　　次**	2020 年 9 月第 1 次印刷
字　　数	316 000	**定　　价**	58.00 元

大震之后必有位移，边缘将变为中心。与地球板块的运动一样，数字科技革命带来相似的“数字位移”——原来的边缘变为中心，世界发生巨变。

20 世纪 90 年代以来，数字和通信技术的发展带来以互联网、移动互联网、大数据、人工智能、5G 为标志的一系列变革，颠覆了生产和商业的运行方式以及人们的生活和思维方式。今天，数字科技正在进一步加速一个全新的数字世界的出现，我们正处于另一次大变革的前夜。

作者从一位社会文化学者、商业观察者的视角，以细腻生动的笔触展现一个数字化的未来——包括企业的数字化转型，以及数字化带来的社会、文化层面的变迁，启发我们认识世界、思考未来。

<<< 序言

重新思考数字化

"我们倒着走向未来"

按照布莱恩·阿瑟在《技术的本质》一书中的说法，新技术并不是无中生有地被"发明"出来的，我们所看到的技术的例子都是从先前已有的技术中被创造（被建构、被聚合、被集成）而来的。换言之，技术是由其他的技术构成的。那么，如何区分新旧技术呢？人们常常借助一种方法，即通过描述旧技术所没有的东西，来将新技术与旧技术予以比较。

这固然增进了人们对新技术的认知，然而，它也存在一个巨大的问题：人们对未来的预测由此总是受限于现实，只会想象已有之物的一个更复杂和更先进的版本。

想想"无马的马车"(horseless carriage) 这个在汽车刚刚被发明出来时的说法。与先前技术的关联，不仅是命名上的，也是视觉上的。汽车的早期设计显然保留了马车的大部分外观。第一代汽车工程师将乘客安置在车辆的前部——就像马车一样。遗憾的是，这意味着几乎每次车祸都是致命的。直到后来的设计师放弃了无马的马车的隐喻，让驾驶员和乘客坐落于发动机后面而不是前部。

这个故事说明，我们不仅倾向于将新发明建立在旧的基础上，还试图从我们已经知道的方面解释新发明。仿佛被遮罩遮住了双眼的马一样，汽车的发明者无法预知汽车给人们的工作和生活带来的巨变，包括我们如何建造和使用城市，或者如何获得新的商业模式和创造新的衍生业务。打个比方，你很难在有马和马车的日子里想象汽车的无故障保险。正如麦克卢汉所说，“我们透过后视镜来观察目前，我们倒着走向未来”。

由此，研究技术需要倒着放映过去的技术爆炸，才能看清这些技术对社会经验和社会组织的漫长影响的历史过程，一如艺术家需要从尾到头倒着构想艺术品一样。只有倒着播放，我们才能在熟悉中发现陌生、在新中体验旧，并因之受到震撼。

“数字化”已成日常

经过多年的技术锻造，我们已经进入了一个数字化社会，或者说一种数字化生存状态。1999 年，为了在中国推广互联网，曾经有一次非常轰动的“72 小时网络生存测试”，在北京、上海、广州寻找志愿者，把他们关在宾馆的房间里，看他们能否仅仅通过互联网而生存。那时，没有淘宝、没有支付宝、没有快递小哥，很多志愿者因为受不了忍饥挨饿，不得不中途退出。2016 年，为了向当年致敬，上海做了一次“72 小时无网络生存测试”，志愿者在结束后说得最多的一句话是：简直是度日如年。

这个例子非常生动地说明，互联网颠覆了我们的生存状态。在很大程度上，网络已成为我们日常交往和交易的首选媒介。在几乎所有工作中，我们都离不开互联网，无论是订外卖、买东西、远程工作、与朋友共享时光，还是通过即时通信发送图片。今天，点击一两下就足以阅读本地报纸和获取来自世界任何地方的最新新闻，并可以随时更新。而消费媒介的行为创造了人类历史上从未有过的全新形式——社交数据层，讲述了我们喜欢什么、观看什么、关注谁和关注什么，以及在这样做时的位置。

互联网本身也经历了巨大变化。从历史来看，早期的互联网是一种静态网络，旨在于两个终端之间传送少量字节或短消息。那时的互联网是一个信息库，仅由专业编码人员发布和维护内容。然而，在今天，海量信息经由此电子巨兽上传和下载，内容完全是用户自己的，因为现在人人都是评论员、发行者和创作者。

从 1980 年代到 1990 年代，互联网从一种大学和研究中心的独享特权扩展为涵盖世界各地的公共实体、机构和私营企业乃至私人用户的强大技术—社会组合。它不再是国家控制的项目，而是世界上最大的计算机网络，包括数以万计的子网、数以百万计的系统和数以亿计的用户。

网络成为信息的不竭来源。更重要的是，它使用户能够从以前的被动角色转变为主动角色，不再仅仅是传统媒体的接收者，而是可以自我选择接收什么信息、如何接收信息以及何时接收信息。信息接收者甚至可以决定自己是否要保持知情。

与此同时，互联网不再仅仅关注信息交换——它成为一种复杂的多学科工具，使人们能够创建内容、彼此交流甚至逃避现实。我们可以在几秒钟内将数据从世界的一端发送到另一端，进行各种商品和服务的买卖，生活在平行的“游戏世界”中，并使用图片、视频、声音和文本来分享我们的真实生活与真实身份。个人故事到处公开，所有本地问题都可能成为全球性问题。

互联网是创新的温床。它在几乎所有的努力领域都带来了突破，包括创造新的商品、服务和思想，促进社会发展以及增进人们的福祉。互联网也使文化越来越靠近更多的人，使其可以更容易、更快捷地被访问。它也促进了艺术新表现形式的兴起和知识的传播。

数字化已经在整个社会中引发了根本性的变化，人类从工业时代迈向网络时代。在我们的世界中，全球信息网络是至关重要的基础设施，使我们摆脱了地域的束缚，得以聚集在基于兴趣、认同和主题的社区中，而这些社区并不局限于任何特定的地方。它改变了政府、商业、金融、娱乐、教育、医疗保健、交通等各个领域，甚至改变了我们与亲人互动的方式，成为21世纪社会发展的主要动力之一。

伴随着这一切跨越，“数字”概念本身渐渐失去了意义。数字化一度是未来的同义语，意味着尖端、速度、高科技。但到了今天，数字技术几乎适用于所有事物：我们聆听的音乐，我们观看的节目，我们进行的购买，我们分享的社交媒体，我们赖以生活的应用程序，我们工作中不可须臾或离的软件，等等。

在所有事物都被数字化的时代，“数字化”到底意味着什么呢？对于某些身处前沿的人，它意味着量子计算和AI驱动的创新；而对于很多普通人，它仅仅相当于拥抱使我们的工作和生活更加高效及产生更紧密的联系的工具。在许多方面，数字化不过是日常作业，因为所有数字技术都已然被无缝地集成到我们的生存之中。所以，必须提出的问题是：数字化之后，下一步是什么？

旧制度与数字大革命

表面上看，数字化社会已经失去了让人兴奋的魔力。今天，人们充满激情地谈论的新话题是大数据、物联网、新能源、人工智能、生命科学、太空探索等。计算机和移动设备都越来越索然无味，因为它们将逐渐消失在其他物品中：自清洁衬衫、无人驾驶汽车、服务机器人、智能门把手，乃至吞下一粒就能掌握英语的药丸。用尼古拉·尼葛洛庞帝（Nicholas Negroponte）的话说，我们将住在电脑里，把它们穿在身上，甚至以它们为食。"一天一粒'苹果'（计算机），医生远离你。"（An Apple a day will keep the doctor away.）

这样看来，数字化革命已经结束了。所以，尼葛洛庞帝应我之邀，为《数字化生存》（Being Digital）20周年中文纪念版所写的序的题目就叫做"Been Digital"（"数字化之后"）。然而，数字化在生产者和消费者、政府和公民、大众传媒和接受者之间造成权力转移的深刻进程仍在持续，远未达到新的平衡态。从这个意义上，数字化革命也可以说远未到结束时分，或者说，"been digital"（数字化之后）的问题，比"being digital"（数字化之中）的要严重得多。

这正是今日数字生活的核心困境之所在：当下关心数字商业的人数不胜数，但是关心数字社会基本问题的人少而又少。我们需要解决的数字社会基本问题复杂而棘手，比如个人隐私与社会公开性的冲突、安全与自由的冲突、商业与社区的冲突、政府监控与个人自治的冲突、繁荣创意与保护知识产权的冲突、日益包罗万象的网络平台与亟待伸张的用户权利的冲突，等等，不一而足。

上述的种种冲突，我统称为"旧制度与数字大革命"的冲突，其产生的原因在于，互联网终于由工具的层面、实践的层面抵达了社会安排或曰制度形式的层面。互联网与文明的关系已经变得难分难解。在这种情况下讨论互联网，最重要的是回到原点，思考一个核心的问题：什么是互联网？

这是一个听上去简单但回答起来很复杂，似乎被回答过但从未获得真正回答的问题。回答该问题的路径有两条：第一，把互联网予以概念化（conceptualizing the internet）；第二，想象互联网（imagining the internet）。到底什么是互联网？我们该如何理解我们的日常世界中这个无处不在和熟稔无比的事物？互联网能够做什么？在它所能做的事情当中，哪些是崭新的？又引发了什么新的伦理、社会和政治能力？它使得什么东西过时了，成为问题，甚至变得不可能？随着我们周围的世界不断重组，我们称之为互联网的那个技术—社会组合对于许多我们熟悉的假设以及想象都提出了关键挑战。

如何看待这些挑战？第一个视角是从已知的有关互联网的一切出发；第二个视角是从我们合理地期望看到它在近期乃至更远的未来会变成的样子出发。为此，我们既需要新的价值论（涉及伦理学与政治哲学），也需要新的认识论（涉及关于知识和科学的理论）。

不可避免地，我们的推理和想象一定会达到一个层面：在充分联网的环境下，究竟什么东西能够构成人的定义？什么叫做人？什么叫做人性？这其实是互联网文明的可能性问题，最终的含义是人的可能性问题——在不久的未来，我们或将到达"后人类状态"。

前路崎岖，对数字化的重新思考只是刚刚开始。我们尚不能充分构想这样一个崭新的世界：我们的认同感和社区感真正共存于真实和虚拟领域。爬过山的人都知道，爬升越高，空气越稀薄，但我们还没有真正体验到缺氧的滋味，因为我们尚未攀爬到数字世界的高峰——甚至都还没有来到山脚下的数字大本营。

我们需要以非常不同的方式生活，而这需要非常不同的思考。也许像启蒙运动一样，我们所需要的是心灵的另一次革命。

目　录

第一部分　先机洞烛·趋势篇

第二部分　先拔头筹·战略篇

第三部分　先难后获·组织篇

第四部分　先我着鞭·人才篇

第五部分　先声夺人·用户篇

第六部分　先行一步·中国实践篇

第一部分

先机洞烛·趋势篇

1. 原子与比特

移动比特，而不是原子。

◎ 从科幻到历史

2016 年是《数字化生存》(*Being Digital*，1995) 中文版问世 20 周年。这些年来，我和作者尼古拉·尼葛洛庞帝（Nicholas Negroponte）教授在中国至少会过四次面，还在麻省理工学院（MIT）的媒体实验室偶遇过一次。每次我和他一起活动时，总会听到人们问他一个问题：《数字化生存》出版后到现在，哪些预言实现了，哪些没有实现？

其实这考量的是一个未来学家“透视水晶球”的能力。尼葛洛庞帝预测到的东西太多了：在微软、苹果等尝试手写笔技术的时候，尼葛洛庞帝坚持认为，手指是最好的手写笔。他希望将来有一天由界面代理人打点我们的生活，这正是谷歌即时（Google Now）、苹果语音助手（Siri）和微软小冰（Microsoft Xiaoice）正在努力的方向。他看到了媒体世界的必然重组——从大型科层机构的统治转向新的分散的“家庭工业”（cottage industries），随之而来的是电子书和个性化报纸的出现。他提出一个旗帜鲜明的口号——“移动比特，而不是原子”，相信人类将不可避免地走向数字化，不论是新闻、娱乐还是性。

一位读者对我说：20 年前读《数字化生存》，觉得是科幻书；现在读，觉得是历史书。这堪称对一个未来学家的最高礼赞。

站在今天回望那个年代，或许我们可以真正理解到底什么是“数字化生存”。它意味着娱乐世界与信息世界充分融合，并且开始具备互动性；它意味着计算机在生活当中从不离场，而你时刻利用这种在场并以之为生活方式和态度；它构成一种平等主义现象，使人们更容易接近，并允许在一个大而空洞的空间内听到小而孤独的声音；它令组织扁平化，打破传统的中央集权，使新内容、新玩家、新模式得以浮现；它使网络真正的价值越来越和信息无关，而和社区相关。

就像空气和水，数字化生存受到注意，只会因为它的缺席，而不是因为它的存在。我们看到数字化生存成为一个过时的东西，人们兴奋地谈论的新话题是大数据、物联网、新能源、人工智能、生命科学、太空探索等。电脑和移动设备都越来越索然无味，因为它们将逐渐消失在其他物体中：自清洁衬衫、无人驾驶汽车、服务机器人、智能门把手，乃至吞下一粒就能掌握英语的药丸。用尼葛洛庞帝的话说，我们将住在电脑里，把它们穿在身上，甚至以它们为食。有一句英文谚语说：An apple a day will keep the doctor away（一天一个苹果，医生远离你）。以后我们或许可以说：An Apple a day will keep the doctor away（一天一台苹果计算机，医生远离你）。

这样看来，数字化革命已经结束了。电子工业出版社决定重出这本引领中国进入互联网时代的开山之作，于是我请作者为中国读者写几句话。尼葛洛庞帝应邀所写的序的题目就叫 Been Digital，可以译为“数字化之后”。在后数字化时代，数字化革命不再新奇，真正令人惊讶的变化将出现在别的地方，比如我们如何在这个星球上共同管理自身。

但是且慢。想想“无马的马车”（horseless carriage）这个在汽车刚刚被发明出来时的说法。像被眼罩遮住了双眼的马一样，汽车的发明者无法预知汽车给人们的工作和生活带来的巨变，包括我们如何建造和利用城市，或者如何获得新的商业模式和创造新的衍生业务。打个比方，你很难在有马和马车的日子里想象汽车的无故障保险。正如麦克卢汉（Marshall McLuhan）所说，“我们透过后视镜来观察目前，我们倒着走向未来”①。

我们今天也有类似的失明，因为我们不能想象一个我们的认同感和社区感真正共存于真实和虚拟领域的世界。爬过山的人知道，爬升越高，空气越稀薄。但我们还没有真正体验到缺氧的滋味，因为我们尚未攀爬到数字世界的高峰——甚至还没有来到山脚下的数字大本营。

这也就是我发现的今日数字生活的悖论之所在：当下关心数字商业的人数不胜数，但是关心数字社会基本问题的人少之又少。我们需要解决的数字社会基本问题太多了，比如个人隐私与社会公开性的冲突、安全与自由的冲突、政府监控与个人自治的冲突、繁荣创意与保护知识产权的冲突等。在这个意义上，数字化革命远未到结束的时刻，或者说，“been digital”（数字化之后）的问题，比“being digital”（数字化之中）的要严重得多。

---

① MCLUHAN M，FIORE Q. The medium is the massage：an inventory of effects. co-ordinated by AGEL J. Bantam Books，1967：74－75.

我把这些冲突统称为“旧制度与数字大革命”的冲突，其产生的原因在于，互联网终于由工具的层面、实践的层面抵达了社会安排或曰制度形式的层面。其中一种重要的制度形式叫组织管理。我们仍然在用工业化时代的组织管理信息化时代的业务，换言之，我们面对比特世界的时候，却秉持“原子思维”。可以打一个形象的比喻：我们的组织就像在甲板上吧嗒吧嗒挣扎的鱼一样。这些垂死挣扎的鱼拼命喘着气，因为数字世界是个截然不同的地方。而大多数组织是为了原子的世界而不是比特的世界形成和发展的。

世界在数字化，然而，你却会不断看到遗留下来的“原子思维”的病理症状。报纸想象纸张是其本质的一部分，电信公司想象距离越长应该收钱越多，国家想象它们的物理边界很重要。这些想象都是病态的。

◎ 当原子与比特合一

制造业的一种常见病态是，总是想象硬件是硬件、软件是软件。为什么不可以想象让原子和比特一体化？彻底打破数字化与物理之间的墙，将数据转化为物品，把物品转化为数据？当原子与比特合一的时候，我们将迎来“个人制造”（personal fabrication）的时代，也不妨把它叫作“社群制造”的时代。个人和社群，可以使用综合了消费电子和工业机床的机器（或许可以叫作个人制造机），在自己的家里、自己的社区里设计和生产属于自己的东西。

假定我们完成了自己的个性化设计，怎样才能将其变成产品呢？可以在家或者在公用的生产设施中用 3D 打印机打印出来。3D 打印带来了“增材制造”（additive manufacturing），它与传统的材料加工生产方法截然相反。过去的方法是，使用有动力的机械工具将材料的多余部分去除，以获得合适的形状。这一过程笨拙而复杂，耗时又费力。在增材制造中，基于三维 CAD 模型数据，可以使用粉末状金属或塑料等可黏合材料，通过逐层打印的方式来构造物体。这个过程增加材料而不是减少材料。这使得我们无须任何工具或者固定装置就可以创造对象。它既不会产生废料，也不会随着复杂性的增加而增加成本。

今天，3D 打印机已经可以制造医疗器械、医疗植入物、珠宝甚至服装。最便宜的、只能打印最基本物体的 3D 打印机售价为 500～1 000 美元，用不了多久，我们就能以这个价格用上可以打印玩具和家庭用品的打印机。到这个 10 年的末尾，3D 打印机将可以小规模地应用在以前的一些劳动密集型行业当中。下一个 10 年，用 3D 打印机打印电子产品和建筑材料应该都不是幻想。消费者可以自己购买 3D 打印机，企业也可以提供 3D 打印服务，但更有吸引力的是后者。无论怎样，3D 打印作为一种服务具有广阔的发展前景。

随着材料科学的进步，我们将生产出更结实、更轻、更节能、更耐用的产品。而纳米技术——“分子制造”（molecular manufacturing）——将构成制造业的圣杯，可以在分子水平上一个原子一个原子地制造具有崭新的分子组织的纳米结构。而纳米结构材料将会表现出新颖的和有重大改进的物理、化学和生物学特性，从而带来创造新的东西的无限可能性。材料性能的重大改善和制造模式的变革将引发另一场工业革命。在这场工业革命中，今天的流水线作业将毫无立足之地。

在生产线上，下一代机器人很快就会变得比人工更便宜。世界上最先进的汽车特斯拉 S 型是在硅谷生产的，那里是美国最贵的地方之一，特斯拉之所以负担得起，正是因为它在生产线上使用机器人。中国最大制造商之一富士康宣布了自己的“百万机器人计划”，主要是为了承担“3D”岗位的员工的工作，即肮脏（dirty）、危险（dangerous）和无聊（dull）的工作。虽然进展没有预想中那么快，但富士康表示，已具备每年生产约1万台Foxbot机器人的能力，目前的目标是到2020年令中国工厂的自动化率达到30%。[①]

机器人作为一种由软件和遥控器控制的专业化的电—机设备，现在可以从事多种多样的任务：搬运货物、帮助老年人做家务、进行外科手术、挤奶，乃至军事侦察和打击。并且，通过开源社区和现成的机器人开发工具，人们可以自行动手组装机器人，或是为这些机器人开发应用。

另一项对制造业产生重大影响的技术是人工智能。它进入了新的发展阶段，为各种技术提供支持。1997年国际象棋大师卡斯帕罗夫被IBM的“深蓝”计算机击败后，2011年美国益智节目《危险边缘》中的人类冠军也被IBM的“华生”超级计算机击败。没有人工智能，无人驾驶汽车是不可想象的；苹果的Siri、微软的小冰，以及脸书（Facebook）的人脸识别软件，都是不可能的。

人工智能技术正在进入制造业，使得我们可以借助人工智能设计助手的殷勤服务在家设计自己的产品。在工厂里，人工智能程序不但可以自动完成任务，而且可以实现全新的业务流程，比如，根据客户的个性化需求自定义产品配置。目前，人工智能为制造企业提供了视觉检测、自动化控制、智能化校准以及问题根源分析等解决方案。当然，机器将

① 富士康制定三步计划让机器人几乎完全取代工人．环球网．（2016－12－31）．https：//tech. huanqiu. com/article/9CaKrnJZuDB.

部分取代人的工作，这也是一种智能自动化。

机器人技术的使用、廉价的能源、产品制造和技术研发变得相互依赖的产业趋势，正成为当下这场制造业新变化的推手。信息、节能、新能源、高附加值的先进制造业成为拓展前沿。制造业在这几年间，经历了否定之否定的过程。如今，没有网络化的制造就像生产一堆没有生命体征的破铜烂铁，注定会被时代所抛弃。新一代智能制造与快速反应技术，降低了产品设计、制造的门槛，对市场的快速有效反应成了抢占市场的制胜法宝。

新的数字化、智能化技术使得我们制造任何东西都有可能，在任何地方制造都有可能。这一次，制造的场所不是工厂（因为工厂是 20 世纪的遗留物），而是在人们自己的家中，在人们集结而成的社群中。这将带来极其深远的影响。比如，它将改变工作的性质、金钱的性质，甚至整个经济的性质。进一步，它还会改变人本身。想象一下，一个“个人制造机”能够制造任何东西，甚至复制它自己，这个自动化的工厂系统完全脱离人的控制会怎样？科幻小说家菲力普·迪克（Philip K. Dick）的小说《自动工厂》（*Autofac*，1955），就描述过这种令人心悸的场景。

重要的是，迪克引入了熵的概念并将其与后稀缺性问题联系起来。自动工厂帮助人类到达了一个他们一无所求的阶段，却在进步中限制了创新。自动工厂不能开发新产品，而只会坚持一切都必须符合设计图或配方。它们将人类永远固定在一个位置上，或者至少是直到环境危机使文明剩下的东西消失为止。

迪克的主题，如果从《自动工厂》的出版年代开始算起，人类已经思考逾 60 年。这个主题就是：哪一个更有人性，是人造的机器人还是造机器人的人？

◎ 计算机会成为下一种生命形式吗

目前，生物智能的发展一直听命于自然进化力量，但是，当我们对决定着自身肉体和精神特点的分子结构取得了控制权时，就有可能修改现有的生物，甚至发明新的生物。到那时，可以通过分子工程按订单来“培植”大脑，自然智能和人工智能的区别将会消失。

在生物技术时代，我们将会实现遗传学与计算机的融合。一方面，计算机将进入人体，它们不像起搏器和助听器那样是外在补缀，而是通过微技术细胞般被吸收并成为我们身体的一部分。另一方面，我们将把越来越多的有机“生命”所具有的品质传递给目前我们所认定的无机物。人工智能的发展很可能意味着，人类将把自己在智力方面的最高地位转让给有思想的机器。在科学家当中，有一种很有影响力的意见是，精神和生命都不必限于有机物质。

当然，现在没有谁说这是一件很快具有可行性的事情，但是，难道我们不可以相信，再经过 100 万年、10 亿年、1 万亿年的科学研究，上述可能性会成为现实吗？科学的历史毕竟只有几百年，经历未来漫长的革新阶段，机器似乎没有什么理由不能够做到，并且是更好地做到人所能做的任何事情。

实际上，这种情况在有限的意义上已经发生了。碳/硅的楚河汉界行将模糊不清。碳基有机物将发挥半导体那样的功能，而硅基无机物将具备生物脑功能。计算机会是下一种生命形式吗？有些人认为是的。智能进化研究者罗伯特·杰斯特罗（Robert Jastrow）博士下结论说：“地球快进入碳化学生命纪元的尽头，现在正开始一个硅基生命——不可毁灭、万古永存、可无限扩展——的新纪元。”①

注意这个“可扩展性”。当缩微电子产品演化到一定程度的时候，你将会得到一组由人造神经相连的可以互换的器官，这些器官彼此嵌合得很好。在这些电子器官与你的感觉接收器和肌肉的结合处，不断地会有比特流在碳/硅裂隙间穿过。它们与外部数字化世界连通的地方，也就是你的神经系统与全球数字化网络接通的地方。那时，你将成为一个由标准部件构造而成、可重新予以设置的电子人，具备无限的扩展可能。

当这些电子器官变得日益微型化、与你更加密切地联系在一起时，你可以想象它们会失去传统的硬塑外壳。它们会变得更像衣装——与你的身体轮廓相契合的柔软的可穿戴物；它们会被做得像鞋、手套、隐形眼镜、助听器一样适于穿戴。可以把电路织进布匹的纹路里。微电子装置甚至可以通过外科手术进行移植。

但你不必拥有你所连接的电子器官，它们也不必近在身旁。想一想简单的旧式电话服务，需要时你租用通道并接通远方的设备。随着数字化网络的节点密度、带宽和地理覆盖范围的增加，以及不同种类的电子器官的连接，以上的原则会得到推广。我们都将成为像变形金刚一样的电子人，可以随时随地改头换面——根据需要的不同，在资源允许的范围之内租用延伸在外的神经纤维和器官，并重新调配我们的空间延伸部分。

在不那么遥远的将来的某个晚上，你会是什么样？那时，可穿戴

---

① JASTROW R. The enchanted loom: mind in the universe. Simon and Schuster, 1984.

的、合身的、植入人体的电子器官经由身体网相连，它们将像棉布一样平常；靠近你身体的基础设施天衣无缝地把你同繁如天文数字的比特连接在一起，连你的内衣里都装有软件；聪明的裤子告诉你，现在是晚上11点。你知道你的网络延伸物们今夜都在哪里吗？

在“电脑朋克”小说鼻祖威廉·吉布森（William Gibson）的笔下，电脑反英雄们若无其事地褪掉他们变慢了的、老化的、维护费用高昂的肉身，而把灵魂软件转移到一代代新的硬件上。[①] 复活是否简化到了通过备份而复原的程度？

宗教信徒会认为此种想法大逆不道。许多人对非碳生命这一观念踌躇不前。他们问道：人类的不可言喻的品质怎么会进入计算机呢？但是，相信非碳生命的人会提出一个有力的反问：我们如果坚持进化止于我们，又怎么能算是接受进化观点呢？

基因技术赋予我们一种异乎寻常的参与自身进化的能力。不是我们的祖先创造我们，而是我们创造我们的祖先。

---

① 例见：SEMLEY J. Cyberpunk is dead，Nov. 2019。

2. 移动大趋势与社会变迁

现有技术的亲密度和渗透度超乎想象。

◎ 脸书被高估了?

2012年9月24日，脸书股票以20.74美元的股价收盘，这一天的降幅为9.1%，是2012年7月27日以来降幅最大的一次。其上市时的发行价是38美元，自2012年5月首次公开募股算起，脸书股价已经下跌了45%。这对于鼎鼎大名的马克·扎克伯格（Mark Zuckerberg）来讲是一件很尴尬的事情。为此，美国著名财经杂志《巴伦周刊》（*Barron's*）做了一个预言，说脸书被高估了，合理的股价应该是15美元。[①]

其实，脸书的股价在2012年9月初有一次上扬。2012年9月11日，扎克伯格在旧金山的Tech Crunch Disrupt会议上称，公司正采取措施获取移动广告收益，并打造自己的搜索能力。第二天，脸书股价上扬7.7%。[②]

---

① BARY A. Still too pricey. Barron's, Sep. 24, 2012.

② GUYNN J. Facebook stock jumps 7.7% after CEO Mark Zuckerberg's comments. Los Angeles Times, Sep. 12, 2012. https://www.latimes.com/business/la-xpm-2012-sep-12-la-fi-facebook-bump-20120913-story.html.

然而，在 20.61 亿美元规模的美国移动广告市场上，脸书所占份额只有 2.8%，位列第六；排名第一的是谷歌，市场份额超过一半。[①] 投资者认为，脸书向移动领域转变的步伐太慢，因为有大量的脸书用户不再使用桌面进入网站，而是使用移动设备。到底在移动设备上能够产生多少广告收入，这是投资者对脸书非常忧心的事情。

在经历了一段飞速的成长后，脸书的活跃移动用户已经正式在 2011 年第四季度超越整体的一半。[②] 这是非常重要的里程碑，对于脸书的长线布局是很棒的消息；但对于短期的营运，却是很坏的消息，因为脸书移动版本并没有任何广告版位。所以，从"每用户营收贡献值"（averaged revenue per user，ARPU）来看，随着移动领域的成长，脸书的营收也从 2011 年第四季度开始明显地停滞，这对于财务表现是一个警讯。[③]

也就是说，市场正在表态：既然脸书已经有一半以上的使用者移到移动上了，那它就必须证明它也能够在移动上找到像万维网（Web）上一样好的获利模式，否则这家公司的远景堪虑。

2012 年 4 月，脸书在上市之前做了一件事，当时很多人认为它有点儿发疯。它花了 10 亿美元，以现金加股票的方式，收购了照片墙

---

① Facebook sinks after Barron's says stock only worth US $ 15. Bloomberg News, Sep. 24, 2012.

② GERON T. Facebook's $ 5 billion IPO filing: $ 3. 7 billion in 2011 revenue. Forbes, Feb. 1, 2012. https://www.forbes.com/sites/tomiogeron/2012/02/01/facebooks-5-billion-ipo-filing-3-7-billion-in-2011-revenue/#2afb70d631a8.

③ PROTALINSKI E. Facebook sets IPO share price at $ 38: $ 104 billion valuation. ZDNet, May 17, 2012. https://www.zdnet.com/article/facebook-sets-ipo-share-price-at-38V104-billion-valuation/.

(Instagram)。[①] 照片墙是一款可以抓拍照片并一键分享到社交网站的图片型应用，既支持苹果平台，也支持安卓平台。虽然它被评为苹果的年度最佳应用，但是它并没有盈利。[②]

是什么使扎克伯格一掷千金购买这么一款简单的应用？脸书这样做其实是有先例的——一个大公司高价收购那些创新性的后起公司。2002年，eBay以15亿美元收购Paypal，被证明是非常成功的，eBay这一分支的收入跟它商品拍卖的收入相当。2006年，谷歌以16.5亿美元收购油管（YouTube)，那时油管也前途渺茫。今天回头看谷歌的投资是不是正确的？当然没错，因为油管在所有的视频网站里遥遥领先，而且随着网络广告的转移，油管变成了谷歌极为重要的网络平台。

从这些高科技公司收购创新型公司的成功故事来看，扎克伯格的逻辑有其道理。这是一种一石二鸟的并购战略——既为了获得有价值的战略资产，也为了阻挡其竞争对手。整个高科技产业的竞争逻辑和传统产业非常不一样，再大的公司如果在一地失守，它的死亡率也会非常高。很多新公司在这些大公司“柔软的下腹部”发力。如果这些大公司不采取行动的话，完全可能被更年轻的公司杀死，它们因此对后起之秀存在某种挥之不去的焦虑感——要么吃掉这些公司，将其变成自家公司整个业务的一部分；要么其他公司动手吃掉年轻公司，从而给自身的竞争设下一个巨大的障碍。大公司不但要发展新的业务，而且一旦新的业务出现，它们需要迅速出手，这就是硅谷的商业逻辑。

---

① RUSHE D. Facebook announces $1bn purchase of mobile photo network instagram. The Guardian, Apr. 9, 2012. https://www.theguardian.com/technology/2012/apr/09/facebook-buys-instagram-mobile-photo.

② PACHAL P. Instagram rockets to No.1 in App Store in wake of facebook deal. Mashable, Apr. 11, 2012. https://mashable.com/2012/04/11/instagram-top-app-store/.

◎ 万维网已死，互联网永生

脸书为什么愿意为照片墙投钱？因为照片墙提供了脸书两种急需的东西：一种是照片的需求。从数据来讲，脸书当时 9 亿名活跃用户每天上传的图片达到 3 亿张[①]，这是一个极为庞大的数字。另一种是移动的需求。用户在使用这些照片的时候，是在移动设备上使用还是在桌面上使用，其间的差别是巨大的。比如你在巴厘岛度假，肯定希望在海滩上就可以发出照片和亲友分享，而不是回到房间在桌面上进行整理。

随着用户在移动设备上使用脸书的需要日益增加，脸书发现照片墙这样一款短期业务诉求非常明确，同时抓住了那么多用户的应用，志在将其拿下。由此来看，扎克伯格对移动的大趋势早有洞察。尽管投资者对脸书移动战略的实施存在一定的疑问，但是扎克伯格很早就察觉到，脸书要想继续保持它强劲的增长势头，就必须进入移动领域；如果不进入的话，不仅意味着它整个业务将停滞不前，甚至还会有性命之忧，因为整个产业遭遇到了很大的技术变迁。

2010 年 8 月，美国知名杂志《连线》（*Wired*）提出了一个惊人的命题：万维网已死，互联网永生（The web is dead. Long live the Internet）。[②] 整个数字世界的巨大转变是过去几年从开放式万维网向半封闭式平台的转移。我们知道苹果是怎么成功的，这种半封闭式的平台用户

---

① OECD. OECD Internet Economy Outlook 2012. OECD Publlishig，2012. https：//www. oecd-ilibrary. org/science-and-technology/oecd-internet-economy-outlook-2012 _ 9789264086463-en.

② ANDERSON C，WOLFF M. The web is dead. Long live the Internet. Wired，Aug. 17，2010. https：//www. wired. com/2010/08/ff-webrip/.

不需要通过浏览器就可以进行互联网数据传输。这种转变驱使传统的万维网用超文本标记语言（HTML）所建的平台都被用户绕过去了，甚至很多时候被用户抛弃了。这就是为什么《连线》说互联网作为一个大的概念仍然有活力，而万维网则岌岌可危，因为移动对万维网来说成为一个挑战。

万维网巨头谷歌正是领悟到局势有变，才会投入那么大的精力做安卓，甚至收购摩托罗拉。微软与诺基亚结盟，是因为苹果改写了产业格局。所有这些动作都是为了顺应大的技术变迁。前些年，一个人还可以说，拥有手机主要是为了随时随地给别人打电话或者发短信；然而随着智能手机的普及，有相当多的人使用手机不再只是为了这两件事情。

智能手机上有非常多的应用完全基于手机自身，与电脑网络不发生任何关系，比如照片墙就完全只存在于移动设备当中。这意味着 App 经济的兴起，它代表着迥然不同的一种未来。iPhone 应用商店开启了一个彻底改变我们互动方式的新时代。

从整个计算的趋势来说，过去计算的中心是桌面，所以软件运行的模式非常像打字机；而现在，技术的亲密度和渗透度超乎想象。随时随地都在应用的环境下，开发者不得不重新想象新的界面与新的体验。

当开发者有这样的行动的时候，投资者马上嗅到了金钱的味道。2011 年，美国风险投资公司把 10%的资金投入移动应用上，有 12%的交易同移动相关。根据莱勒风投（Lerer Ventures）掌门人本·勒若（Ben Lerer）的看法，如果一家公司的业务既给移动做，也给万维网做，这样的公司会让人投资起来非常犹豫。原因很简单，如果你的公司原来是基于万维网的服务，当你想转移业务的时候，就可能涉及巨大的转换成本。但是，如果你一开始就从事移动服务，没有任何历史包袱，投资商就会觉得这样的公司更有前景。①

与此同时，为特定的移动设备而设计的应用，使用起来比网站快得多。这就是移动互联网胜过万维网的原因，前者是即时的，后者的即时性还不够好。

到 2012 年年底，移动互联网已占互联网总流量的 15%，全球智能手机突破 10 亿部。“移动第一”成为社交网络的必然发展方向。

至此，人们恍然大悟：为什么脸书会在照片墙上投下重注？因为脸书是一个万维网巨头，却不是一个移动巨头，它需要适应一个旧规则被重塑的时代。然而我们知道，收购战略本身是有巨大风险的，不是收购新的初创公司就一定会成功。比如在线图片服务网站 Flickr，当时在美国也有巨大的市场，雅虎将其收购以后，因为未能充分利用 Flickr 在社交和移动领域存在的优势，结果在这两大领域败给后来的竞争对手。Flickr 每年给雅虎造成高达数千万美元的亏损。这是一个经典的例子：一家大公司试图通过吞并小公司来重塑自我，结果却浪费了真正有价值的东西。雅虎的高管走马灯似的更换，公司一直处于岌岌可危的状态，最后没有人说得清楚它到底是一个什么样的公司。②

另外一个经典的例子是，2005 年，默多克（Rupert Murdoch）花了 5.8 亿美元买下 MySpace，6 年后这个社交网站被出售给一家广告公司，

---

① WORTHAM J. A billion-dollar turning point for mobile Apps. The New York Times, Apr. 10, 2012. https://www.nytimes.com/2012/04/11/technology/instagram-deal-is-billion-dollar-move-toward-cellphone-from-pc.html.

② 雅虎杀死了收购的 Flickr，并丧失了整个互联网帝国.（2018-01-02）. https://36kr.com/p/5110662.

最后的售价仅有 3 500 万美元。[①] 对于默多克来讲，这是一个惊人的失败，因为当初买的时候，MySpace 的声誉、活跃度、用户数量都仅次于脸书。

从 Flickr 和 MySpace 的例子可以看到，互联网行业的赌注是多么巨大。总的来说，收购失败的例子居多，但是也存在少数成功的例子，比如脸书收购照片墙。

脸书在上市之前做这样的豪赌，原因就在于移动在人们的生活中所占的位置越来越向中心发展，移动性成为我们生活的核心成分，手机变成快速沟通和群体参与的工具。而且，这个趋势在年轻人当中非常明显。

过去几年，智能手机配备了 GPS、加速计、陀螺仪、麦克风、照相机和蓝牙等传感装置。可能你并不清楚手机中为什么要装那么多传感器，然而你用微信的时候可以摇一摇，如果觉得竖屏不舒服，可以把手机横过来看。这些功能的实现都是因为其后有加速计、陀螺仪这些东西。传感器及其应用使智能手机实现空前的普及。手机装有如此多的传感器，导致它绝不仅仅是一个通信工具，而越来越多地变成一个娱乐中心，而且会变成一个高效率的生产工具。

◎ 感知情境的移动计算

由于手机无处不在，以及经由传感器和应用产生了巨量数据，大数据的概念开始变得热门。当我们把大规模的移动数据作为输入资料时，

---

① RUSHE D. MySpace sold for ＄35m in spectacular fall from ＄12bn heyday. The Guardian, June 30, 2011. https://www.theguardian.com/technology/2011/jun/30/myspace-sold-35-million-news.

我们就可以通过这些输入资料界定和理解真实的生活现象，比如个人特质、人的移动性、沟通和互动的模式，然后观察它们的输出。手机是所有人类发明的工具中最时时刻刻跟着用户的，很多人无论走到哪里都会带着手机，而手机产生的数据可以记录你的活动、你和别人的交往，以及你的交易。所有这些加在一起，可以说手机记录的就是一个人的生活本身。

举个例子，用户经常去什么地方活动，在移动计算当中是个相当重要的问题，可以从中推断出许多意义。我们光顾之地反映着我们的品位与生活方式，并且形塑着我们的社会关系。通过移动计算，可以为用户常去的场所赋予某种语义，每一场所都会被一段时间以来用户的活动历史所再现，再加上用户的智能手机所感知的其他情境信息，有可能催生许多新的服务需求。

在此处，不同的输入信息产生不同的价值，例如，地理位置的重要性未见得高过光顾次数。在一些行业中，比如房地产业、零售业和广告业，位置问题非常重要，以至于它们打出这样的口号——“位置，位置，还是位置”。然而，在移动提供数据以后，我们会发现，还有其他一些金矿没有开采。比如一个人去一个地方的次数越多，这个地方对这个人就意味着越多。设想一下，可不可以根据光顾次数而打造某种定制的媒体或者广告？

移动计算是一种感知情境的计算，永远跟你身处的情境相关。手机携带的各种传感器使它可以随时随地在周围的情境中采集各种各样的信息——从图片到视频再到声音。所以，它所带来的整个计算体验和电脑的体验是非常不同的。

◎ 大数据视角的行为科学

今天，对位置的感知、对身份的管理、手机的信息采集和用户的社交网络联系，所有这些要素还没有得到充分融合。但是，我们可以想象，如果有一天，所有这些要素都充分地互联并且可以互操作，那么就可以产生更有趣的服务——基于用户的需要、用户做过的事情、用户所在的地方乃至用户正在做的事情，人际互动因此进入一片崭新的天地。

而除了人以外，物与物之间也在发生联系，这就是“物联网”（Internet of Things）。而从物联网开始，我们将进一步走入“万有网”（Internet of Everything）的时代。今天，这个现实的物理世界上仍有超过99%的东西没有和互联网连接。“万物互联”将会唤醒一切你能想象的东西。通过在网络上使用微传感器，日常物品能够和互联网连接并变得智能化。到2020年，370亿件智能物将会连上互联网，它们会获得语境感知能力，以及增强的处理能力和更好的感应能力。[①]

这种前景为我们带来一个崭新的课题，即如何运用海量数据。我们进入了大数据时代，但大数据的定义不在于数据之大（现在一般认为，大数据的数量级应该是“太字节”的），而在于人类分析和使用这些数据的能力之高，不仅能够把有史以来人类产生的所有活动都变成数据，在输入系统之后，还能够对这些数据进行深度的整合、分析、挖掘、加工，并在此之后发现一些心理和社会模式，看其最终能够产生什么样的价值。

① EVANS D. 万物互联如何将世界变得更好. https://www.cisco.com/c/zh_cn/about/social-media/internet-of-everything/ioe-infographic.html.

很多人对这种前景感到非常激动。激动的人当中有一类叫电脑科学家，他们发现突然就拥有了一种如此美好的前景——人类获得了极高的信息加工能力。这些突然获得的数据对于电脑科学家来说是个宝藏，他们可以用各种各样的办法来“把玩”这些数据。另一类高兴的人是社会科学家。社会科学跟物理学、数学等自然科学不一样。人类行为通常不会严格遵循某种定律，如你很难总结出关于人类行为的万有引力定律。所以，社会科学家想尽办法做调查，分析人脑到底在想什么、人到底需要什么，但这些都是传统的方式方法。社会科学家突然发现，有这么一天，人们的数据都在眼前，他们要做的就是运用某种方式分析数据可以呈现为什么样的形式。所以，他们也认为自己身处天堂。

这两者的结合可能会产生一种结果——我称之为“大数据视角的行为科学”。这一行为科学有很多含义，比如我们可以分析政治、社会、心理等。但是，如果我们用这一科学来分析消费的话，就意味着不仅在空间上，而且在时间上，我们获得了一个机会，可以充分理解人类的消费行为。

通过长时段的消费行为洞察消费者的自然模式（他们倾向于做什么），营销者获得了一种动态的情境导向和对消费者的感知（他们倾向于在什么时间做什么），可以预见消费者可能的行为（他们可能做什么），最重要的是，懂得采取怎样的行动才能影响所有的消费者。所以，移动营销和移动广告拥有特别光明的未来。

当然，隐私权会是个大问题：过多地透露社交方面的信息会让你的朋友觉得自己被出卖给了那些数据公司；兴趣方面的数据的公布则让你的个人爱好展示看上去像一场商业秀；行为类的数据可能会危及人身安全；最后，大量地展示个人信息会让你的想法一览无余。

不过，从新技术在社会中的发展历程来看，人们常常为了方便、有趣而牺牲隐私权。百度董事长李宏彦表示，中国用户在个人隐私方面更加开放，一定程度上愿用隐私换取方便和效率。虽然这种说法立即引发了如潮的舆论，但从某种意义上，他说的是实情。

3. 大数据的陷阱*

历史不能告诉未来，情境才是关键。

2014 年，李娜再度夺得大满贯，打破了张德培的华人大满贯纪录，非举国体制下的奇迹造就了举国的愉悦。在总结李娜成功因素的时候，我们再次看到了这样的言论——“是大数据起到了重要的作用”。

早在 2013 年美网期间，就有媒体说大数据深度介入赛事、颠覆体育的时代来临了。但在仔细看过相关材料后，我们发现，大数据的作用仅仅囿于赛事的外围，比如观众体验；并不能够轻易得出结论说，大数据在提升球员自身比赛能力方面会发挥显著作用。

这次李娜夺冠，最靠谱的解释就是李娜在卡洛斯·罗德里格斯（Carlos Rodriguez）的帮助下大大提升了心理层面的战斗力。可以说，在技术层面领先的前提下，李娜在整场比赛中很好地解决了节奏的问题，也就是说她具备了一颗冠军的心脏。

---

* 与郝亚洲合写。

而目前所说的大数据，无非是告诉球员一些不算具体的技术指标。在个人竞技比赛中，高手之间心理素质的较量远远重要于技术的比拼，否则也不会有“爆冷”一说。可以说，体育比赛的最大魅力就在于那些无法预知的“黑天鹅”。

2012年9月6日，代表亚洲网球至高水平的中国选手李娜在美国迎战名将塞雷娜·威廉姆斯（Serena Williams）。当时，IBM在综合了美网过去8年的全部比赛数据之后，为参赛球员制定了比赛制胜策略。李娜一方获得赢球的关键包括3项指标：（1）一发得分率超过69%；（2）4～9拍相持中，得分率要超过48%；（3）发球局30∶30或40∶40时，得分率要超过67%。

比赛结果是，李娜溃败。比赛结束后，IBM高调地宣布李娜仅仅完成了三项制胜策略中的一项，塞雷娜·威廉姆斯则完成了自己三项制胜策略中的两项。

于是，很多人就顺着IBM的思路去问：李娜为什么不照着IBM的策略去打球？

◎ 主观获取的信号与噪声

美国著名的博客纳特·西尔弗（Nate Silver）在《信号与噪声》（*The Signal and the Noise*：*Why So Many Predictions Fail-but Some Don't*，2012）中提出了一个命题：数据究竟是对我们的未来有所帮助的信号，还是毫无意义的噪声？西尔弗成名于奥巴马（Barack Obama）选举期间。当时，奥巴马和罗姆尼（Mitt Romney）的选战正处于胶着状态，人们看不出来谁有可能获胜。西尔弗用棒球的统计方法得出结论：奥巴马必胜。这一准确预测让他声名大噪。但是，西尔弗很快就开始反思：

利用大数据获得成功预测的案例远没有失败的多，为何？

为什么“9·11”事件发生之前，美国政府会忽视将要有恐怖袭击的信息，就像当年的珍珠港事件一样？为什么握有大量数据的经济学家预测不出经济危机？为什么美国职业棒球大联盟中，球探依然无法被数据所取代？

西尔弗在书中写道：“自从有了印刷机，我们的世界已经经历太多。信息不再是稀缺的商品，我们拥有的信息太多，甚至多到无从下手，但是可用的信息却寥寥无几。我们主观地、有选择地看待信息，但对这样做所造成的曲解却关注不够。我们以为自己需要信息，但其实我们真正需要的是知识。”①

西尔弗的话已经说得很清楚，人的主观愿望是决定看到信号还是听到噪声的关键因素。美国情报部门在收到种种美国即将遭到恐怖袭击的信号时，并没有采用相关性思维将其联系起来。2010 年，一位民主党议员给西尔弗打电话，让他告知自己能否保住席位。西尔弗告诉这位议员：你有 99%的机会，你应该把自己的竞选基金捐献给民主党相对弱势的地区。可是，这位议员并不愿意为了规避 1%的风险去帮助别的议员。

在当事人的主观愿望不积极的时候，大数据对他们来说不过是噪声。同样，数据也会因为主观意愿具有欺骗性。《赌神》中，周润发扮演的赌神一直有一个转戒指的习惯。对手通过观看大量的录像发现了这一动作，并认定在赌神转动戒指的时候，就是他出千的时机。结果，在一场生死之战中，赌神欺骗了所有人：他在转动戒指后并没有出千，结

① SILVER N. The signal and the noise: why so many predictions fail but some don't. Penguin, 2012: 17.

果导致对手崩溃。按照今天的观点来看，对手在进行数据分析的时候，过于强调了直接的因果性，模型中缺少了变量。这个最大的变量就是当事人的心理状态。

这也是西尔弗一再强调的。西尔弗是美国本土知名的棒球统计专家，他打造的 PECOTA 系统被认为是最权威的棒球比赛统计工具。就在《点球成金》(*Moneyball: The Art of Winning an Unfair Game*, Michael Lewis, 2003) 一书在美国大红大紫之后，球探这个职业一度陷入低谷，各个球队都疯狂地迷恋上了数据。然而，西尔弗认为，事实证明，球探最后还是击败了数据。

数据系统的判断依赖的是历史数据，而球探除了依赖历史之外，还要依赖于现场判断。西尔弗举了红袜队明星佩德罗亚 (Dustin Luis Pedroia)的例子。他说，数据系统告诉自己，佩德罗亚会是很有潜力的新星。事情的发展也如西尔弗所料，但是当他靠近佩德罗亚的时候，才发现，佩德罗亚坚定的信念和专注力才是决定他在场上可以出色发挥的关键。而这两点，都是数据系统无法感知的。

◎ 历史不能告诉未来

回到 IBM 为大满贯球员打造的制胜策略上。在和几位国内资深的网球评论员交流之后，我发现大家对这个所谓的大数据系统除了觉得好玩之外，并没有认为其有实用价值。首先，这套系统不能预测。其次，这种依赖于历史数据得出来的结论，早已被球员的教练团队烂熟于胸。对于李娜来说，教练员的任务不是把这些数据告诉她以便她进行针对性训练，而是侧重于心理辅导。

而且，若要 IBM 为李娜设定的三项指标都达成的话，需要两大因素支持。首先是李娜的临场心理状态。打球不比下棋，想到的可能做不到。其次，在于对手的压迫程度。面对塞雷娜·威廉姆斯这样的力量型选手，李娜的发挥空间会被大大压缩。而这两大因素又是紧密联系在一起的。

我们很多时候会被误导，认为大数据的作用是让历史告诉未来。其实不然。甚至在网球这样的领域里，历史数据也常常会成为陷阱。大数据之大，在于原始数据库的规模之大，更在于实时流动量之大、数据来源之广。就像西尔弗所言，一个好的棒球预测系统必须具备三大要素：考虑球员表现的外在因素；区别看待运气和技术因素；了解球员的表现和年龄变化之间的关系。

有意思的是，在另一场女子网球比赛中，一位球员做到了 IBM 为其制定的三项策略中的两项，她却失败了。胜利的一方，只完成了一项策略。

◎ 情境才是关键

基于同样的道理，在企业管理中，也不能神化大数据。

在此，大数据的中心原则涉及搜寻运营数据之间的相关性。这个想法简单明了。借助廉价的云存储，我们现在可以收集与各种业务流程相关的令人眼花缭乱的数据，从到达公司装卸码头的卡车数量，到在给定的日期和时间内每分钟处理的订单量，再到周末后的星期一收到的客户投诉数量。

新的功能强大的处理器和可扩展的数据库使熟练的操作员可以挖掘这些数据，以寻找数据内的规律——特别是操作变量之间的相关性。通过发现这些规律，大数据有望暴露出复杂的关系，以解决瓶颈问题，改善日常运营。在理想状态下，我们可以认为，数据驱动生产力的全新时代由此开启。

问题在于，这些相关性常常是虚假的。这使得数据专业人士往往需要挥舞魔杖来确定哪些大数据关系是有意义的，而哪些仅仅是巧合。

要想解决这个问题，可以用一种更简单的方法来显示相关性：纳入带有语境的“小数据”(small data)。

情境意识，也就是上下文，可以使看似复杂的情况变得清晰明了。情境的最简单示例可能是位置。谷歌即时就是利用你当前的位置来提供高度相关的搜索建议，例如在步行范围内的商家。

其他形式的情境信息还包括人（例如与你一起工作的人）和时间(例如重合的日程安排)。对企业推荐引擎最有用途的情境类型之一是主题，比如邮件的信头信息。了解到一个员工目前最关注的事情，推荐引擎可以推荐与这些主题相关的电子邮件、文档和商业交易。很明显，将电子邮件用作情境的锚定物，可以消除无关内容的推荐，因为数据工具意识到这些内容与你当前念兹在兹的东西完全不相干。

当然，这里只是用电子邮件举个例子。一个聊天会话或者客户关系管理记录也能起到相同的作用。

进行情境计算（contextual computing）所需的四种关键数据为：社交、兴趣、行为和个人。这四方面中有些已经相当成熟，而有些在这几年才开始流行。能自如地掌握并运用这四种数据的玩家，将在互联网行业的竞争中占据极大的优势。

社交：社交数据显示了你如何与其他人联系以及他们如何相互联系。它还揭示了这些联系的性质和情感相关性。在理想的情境计算状态下，软件和服务的轻轻一推就可以将两个陌生人联系到一起，他们同时在同一地点，并且可以相处融洽。然而，如果你对某个人的活动和兴趣知之甚少，那么世界上的所有社交数据都将毫无用处。

兴趣：一个人的口味和喜好很大程度上是围绕着彼此相关的主题组织起来的。它也与同你自己的生活非常相似的个人之间的口味重叠相关。但兴趣图谱无法读取你的好奇心可能将你引入的新方向，而且它也做不到根据你所阅读的内容有效地推荐你喜欢的餐厅或度假胜地。

行为：这是最可以轻松掌握的数据。行为数据很容易描述你实际所做的事情，而不是你声称要做的事情。传感器可以完成这项工作，自我报告机制也是如此。这些数据可以与兴趣数据两相对照，从而使计算机能够（也许比你更好）算出你下一步做什么的可能性。行为数据在某种程度上为谷歌搜索、网飞建议、亚马逊推荐、iTunes Genius、Nike＋跑步跟踪、FourSquare、FitBit 和整个“量化自我”运动提供了基础。将该数据与其他三种数据混在一起时，有可能获得真正的洞察力。

个人：这是与人的最深层信仰、核心价值观和个性有关的一组数据。它是令一个人在世界上与众不同的原因，就像社交数据有助于显示一个人与他人相似的原因一样。鉴于心理学仍然难以准确解释我们的个人认同如何发挥作用，以可计算的形式记录此类信息的过程甚为缓慢就不足为奇了。

单独掌握某一大项的数据，并不能得出可靠的结论以及做出完美的情景计算。也因此，对待大数据要有正确的态度。既不要忽视数据的价值，也不要把数据当成神。

4. 赫拉克利特定律

互联网产业中一个极其重要的规律，
也构成平台兴起的产业背景，
叫作“赢家通吃”。
但是，按照赫拉克利特定律，
一个时代的领导者不会领导下一个时代。

◎ 赢家通吃

2013 年，牛津互联网研究所做了一个“互联网帝国时代”的信息图，统计了全世界最流行的网站，其中谷歌是当之无愧的老大，其次是脸书。按照国别统计，谷歌在 62 个国家中是访问量排名第一的网站，脸书则在 50 个国家中排名第一。①

---

① MEYER R. Age of Internet empires：one map with each country's favorite website. The Atlantic，Oct. 4，2013. https：//www. theatlantic. com/technology/archive/2013/10/age-of-internet-empires-one-map-with-each-countrys-favorite-website/280287/.

在移动互联网大行其道的 2019 年，按照网站流量（桌面和移动）来为社交网络排名，在全球社交网络使用分布上，脸书最为强大（目前月活跃用户 24.5 亿个），在所分析的 167 个国家（地区）中，雄踞 153 个国家（地区）（占全球的 92%）的首位；两个仅存的其无法攻克的堡垒是中国和俄罗斯。①

进一步分析全球的社交移动应用，虽然脸书是全球首要的网站，但在应用程序使用方面却并非如此。事实上，脸书仅在 4 个国家（地区）是领导者：美国、法国、瑞典和越南。在全球所有其他地方，它实际上面临 WhatsApp 和 Facebook Messenger 的“友好”竞争，虽然它们都是扎克伯格生态系统的一部分。

WhatsApp 月活跃用户达 15 亿个，其在 32 个国家（地区）中处于领先地位，在意大利、德国、英国、西班牙、俄罗斯以及整个南美洲、印度和沙特阿拉伯都取得了巨大的成功。另外，由最大的社交网络脸书分拆的 Facebook Messenger 也在迅速成长，目前每月活跃用户数达到 13 亿个，在加拿大、澳大利亚和东欧地区部分国家名列第一。

脸书系统有四个全球竞争对手：微信，雄霸大中华地区，有 10 亿个以上月活跃用户；Line，有 2 亿个月活跃用户，占领日本、泰国和中国台湾市场；Viber 在乌克兰和克罗地亚领先；KakaoTalk 则在韩国一枝独秀。②

然而，无论是万维网时代还是移动互联时代，都必须承认的是，在

---

① COSENZA V. World maps of social networks, Jan. 2019. https://vincos.it/world-map-of-social-networks/.

② COSENZA V. World maps of social apps, Jan. 2018. https://vincos.it/world-map-of-social-apps/.

全球互联网中，美国是率先创新者。打个比方，就像做比萨饼一样，作为底层的硬皮是美国制造的，上面的配料则是世界性的，这是现在互联网的基本发展态势。

说到“美国硬皮”，就难免会谈到美国五大平台公司——苹果、微软、谷歌、亚马逊和脸书（有一个很难听的缩写词FAMGA，用来形容这五大公司）。2011 年这五家公司的总市值是 9 450 亿美元；到 2014 年，几乎翻了一番，达到 1.8 万亿美元；而 2017 年，这五家公司的总市值达到 2.8 万亿美元。可想而知，这五大公司席卷全球的力量有多么强大。[①]

2017 年第一季度末，全球上市公司按照市值排名，跻身前五的除了沃伦·巴菲特（Warren Buffett）的投资公司，其他都是互联网平台公司。其后的科技公司跟这五大公司的差距非常大。排名第六的是甲骨文，其市值仅占脸书市值的 45%。[②] 换言之，在科技产业中，我们面临的是“五大平台对其他互联网公司”这一基本的竞争场景。

五大平台跨越了所谓的旧技术（Windows 仍然是桌面之王，谷歌统治网络搜索）以及新技术。谷歌和苹果控制着手机操作系统（Android 与 iOS）及其上运行的应用程序，脸书和谷歌控制着互联网广告业务，亚马逊、微软和谷歌控制着许多初创企业运行的云基础设施，亚马逊的购物和物流基础设施正在成为零售业的核心，而脸书则在最基本的平台

---

① BATTELLE J. The Internet big five is now the world's big five, May 17, 2017. https://battellemedia.com/archives/2017/05/the-internet-big-five-is-now-the-worlds-big-five.

② KERNER L. The profound implications of five increasingly dominant tech companies Apr. 9, 2017. https://medium.com/crypto-oracle/facebook-apple-microsoft-google-amazon-aka-famga-is-eating-the-world-d3ba0c62df8b.

上不断积聚更大的力量——人类社会关系。

由于网络效应的存在，由于使用时间受到制约，消费者会集中在大的平台上满足所有的消费需求。正因此，互联网产业中似乎发展出了一个极其重要的规律，它也构成平台兴起的产业背景，即“赢家通吃”(winner takes all)。

“赢家通吃”的市场是这样的市场，其中表现最佳者能够获得巨大的回报，而其余竞争对手只能分食剩下的少量残羹冷炙。如果“赢家通吃”的市场扩大了，财富差距也会随之扩大，因为少数人能够获得越来越多的收入，而这些收入本来应该更广泛地分布在整个人群当中。

◎ 平台公司的四个维度与五大特征

新技术市场具有鲜明的赢家通吃特性。新技术市场的竞争往往非常激烈，而技术本身的不稳定性使这种激烈程度更甚。但是，一旦一家科技公司取得明显的市场领导地位——通常是作为一个比先驱者具备更强执行力的快速追随者——它很快就会获得完全的统治，然后几乎不可能被取代。威胁来自一个更新、更大的相邻市场的出现，由另一个玩家所主导。

例如，20 世纪 60 年代，IBM 控制了主机市场。到 80 年代，微软和英特尔雄霸个人电脑软件和微处理器市场。90 年代，随着万维网的兴起，新的赢家是搜索领域的谷歌、电商领域的亚马逊、社交网络领域的脸书。自 2007 年以来，谷歌和苹果在移动操作系统上平分秋色。虽然新技术层出不穷，但旧日的大玩家并没有出局。我们观察到某种现象：占主导地位的科技公司可能会黯然失色，却并没有完全被取代。

今天的大多数科技公司至少在某种程度上可以称为“平台”：它们

通过匹配具有互补需求的客户来创造价值，例如软件开发商和用户（微软的操作系统和苹果的 App Store）、供应商和客户（亚马逊）、司机和潜在乘客（优步）、广告商和消费者（谷歌和脸书）。这些平台的网络效应是“间接的”。与直接的、单一市场的外部性不同，在平台上，每个市场参与者的价值（例如食客）取决于其他市场（例如餐馆）的参与者数量，反之亦然。一旦平台主导相关市场，这些网络效应就会自我维持，因为每一方用户的增长都有助于在另一方产生更多的用户。所以，平台市场都是“多边市场”，因为平台至少促进了两种以上参与者之间的交互。

作为平台的巨型互联网公司，可以通过四个维度来衡量：

第一，平台公司必须拥有财务实力，无论是巨大的市值，还是充裕的现金，抑或是极其赚钱的利润机制。平台公司只有资金充足，才能进行战略并购，才能开展充分布局。

第二，平台公司必须能够直接接触相当大规模的消费者。换言之，所有平台公司都拥有有诚意的、非常忠实的、以亿为单位的用户。

第三，获取用户以后，平台公司必须通过有意义的持续参与来建立品牌，并从用户身上挖掘出大量有用的数据。所有平台公司的本质都是大数据公司。

第四，平台公司必须在建立平台操作系统方面拥有丰富的经验，这些平台操作系统是由充满活力的开发者社区所防御和支持的。

在此基础上，我们可以发现平台公司的五大特征。

第一，数据化。这些公司不断把以前从没有被量化过的世界的许多方面呈现为数据。人们无时无刻不在给这些公司贡献数据。

第二，拿到数据以后，要从数据当中创造经济价值，这叫金钱化。

第三，多元化和集中化。这些公司通过平台组织构建多边的关系。

第四，个性化。这些公司通过算法将内容、服务与广告个性化。

第五，全球化。这些平台全部是在全球的场景下竞争的，它们力争建立全球性的通信和服务基础设施。也就是说，平台之战是一场非常典型的巨人之战。

◎ 互联网发展的教训：赫拉克利特定律

互联网迅速变成一种平台控制物，这出乎很多互联网用户的想象。去中心化曾被广泛认为是互联网的标志。然而，现实的发展却是，10年前，人们还拥有一个开放的网络乌托邦，而到了今天，人们所面对的是由一个个有墙的花园所构成的世界，每一个花园里都据守着巨大的怪物。

可以举两个例子：其一，互联网广告总份额虽然在不断攀升，但上升的份额几乎全部被谷歌和脸书两大巨头拿走，两者所占的份额超过一半。紧随其后的是另一个互联网巨头亚马逊。① 其二，云服务虽然也在蓬勃发展，但它同样是一个寡头市场。亚马逊在公共云领域的全球占有率一直保持在40%左右。其余的互联网大平台——谷歌、微软和阿里巴巴正在获得份额，而其他公司都在亏损。②

这种情形导致大众会忧虑一系列的事情，例如垄断，无论是双头垄断还是寡头垄断，都会导致创新的减缓；互联网公司的触手会伸到邻近

① LIBERTO D. Facebook, Google digital Ad market share drops as Amazon climbs. Investopedia, Jun. 25, 2019. https://www.investopedia.com/news/facebook-google-digital-ad-market-share-drops-amazon-climbs/.

② 全球共有云规模200亿美元，四大巨头控制七成市场份额．福布斯中文版.(2019-11-19). http://www.forbeschina.com/technology/45653.

的市场，导致相邻市场被互联网平台吞噬的可能性非常之大；同时，任何刚刚冒头的新兴领域，注定也会是互联网公司的碗中之餐。

但五大公司是否会永远统治下去呢？我认为，互联网领域通行赫拉克利特定律，就是技术的新浪潮总会给后来者以机会。技术降低了入门成本，以往令人苦不堪言的沉没资本也越来越变得微不足道，消费者可以轻松转换平台。所有这些，加上并未看到减缓迹象的破坏性创新，使得每个互联网公司都面临风险，即使它暂时获得了赢家通吃的地位。

赫拉克利特（Heraclitus）这位古希腊哲人有一句名言："人不能两次踏进同一条河流。"这是因为，河流在变，踏入河流的人也在变。我们从过去的互联网发展史中，能够获得若干宝贵的教训。

第一，唯一不变的是变化，这在今天已是老生常谈。在 1980 年之前，IBM 一直稳坐多年的头把交椅。然后，我们从大型机时代跨入个人电脑时代，最大的科技公司接力棒也因之从 IBM 传给了微软。当我们从个人电脑时代转向移动时代时，接力棒再次传递，这次是从微软到苹果。

第二，一个时代的领导者不会领导下一个时代。IBM 做得非常出色，直到让比尔·盖茨（Bill Gates）拥有个人电脑的操作系统。触屏手机问世，诺基亚的市值在仅仅六年内就跌落了 90%。[①] 如果下一个平台是 AR / VR，谷歌、脸书和苹果都会成为玩家，而不会像它们的前辈那样错过重大机遇。

第三条，变化正在加速发生，也就是变化本身也在变化。IBM 持续

---

① HUY Q，VUORI T. Who killed nokia? Nokia did，sep. 22，2015. https：//knowledge. insead. edu/strategy/who-killed-nokia-nokia-did-4268.

充当了 50 多年的霸主。微软连续 13 年位居榜首。苹果公司的持续时间只是微软的一半。这也可以解释为什么今天全球市值最高的公司都是互联网公司，因为互联网公司变化最快。

而且，一个时代的技术统治同另一个时代的技术统治也不是一回事。以 IBM 为例，它作为全球技术龙头，在当年的整个产业中，竟然占到 75%的惊人比例。但到了后来的微软和苹果，虽然它们也各是一方霸主，但两家公司所占的比例其实是不断下降的。微软在 2003 年后期占技术产业的 25%，达到它的巅峰；但次年，微软的份额就下降到 18.2%，这是技术霸主的份额首次跌破 20%。在随后的年份中，最大技术公司所控制的技术市场总市值的百分比一直在百分之十几的范围内徘徊。[①] 也就是说，技术产业总体上在发展，但与此同时，大的技术公司在整个技术产业当中的份额却是在下降的。

虽然在垂直市场上不少大公司获得“赢家通吃”，但事实证明，还是出现了多个大赢家，比如影音领域的网飞（Netflix）、出行领域的优步。而且，虽然更大的赢家在市值方面获得更大增长，但它们在总市值大饼中的份额相当稳定。

◎ 技术泡沫如金融泡沫

当然，人们也应非常清楚地认识到，互联网巨无霸公司的势力仍然是不可阻挡的。技术人员喜欢将他们的行业描绘成一片破坏的海洋，每个获胜者都容易受到一些突然冒头的、以前绝不会想象到的敌人的突然

---

① Silicon rally. The Economist, July 24, 2015. https: //www. economist. com/graphic-detail/2015/07/24/silicon-rally.

袭击。“有人，在某个车库里，正在向我们瞄准。”Alphabet（谷歌的控股母公司）的前执行董事长埃里克·施密特（Eric Schmidt）喜欢这样说。[①]

然而在过去数年中，这五大巨头都对车库中的假想敌表现出了非凡的瓦解能力。你甚至可以赌它们会继续赢：它们在自己的领地更加根深蒂固，在新的领地更加强大，也能更好地阻绝来自新兴对手的竞争。

虽然FAMGA之间的竞争仍然激烈——每年都会看到它们的起起落落，但是越来越难以想象，它们中的任何一位，更不用说两位或三位，会失去其在商业和社会上不断增长的影响力。

事实上，可怕的五大巨头面对初创企业形成了强大的护城河。在大多数情况下，新公司的崛起都只能巩固五大巨头的领先优势。考虑一下网飞在亚马逊的云端托管其电影，谷歌的风险投资部门对优步进行了巨额投资；或者考虑一下苹果和谷歌从它们的应用程序商店所获得的所有应用程序内付款，以及谷歌和脸书从初创公司获得的所有营销资金（作为两大广告巨头）。因为如果不这样做，初创公司就无法让用户下载它们的东西。

在追求新市场时，平台也为五大公司提供了巨大的优势。看看苹果如何为其流媒体音乐服务在运营的前六个月吸引到1 000万个用户[②]，或脸书如何利用其主要应用程序的受欢迎程度来推动用户下载独立的

---

① GAYOMALI C. Eric Schmidt：the next Google is out there in a garage somewhere. Fast Company，Oct. 14，2014. https：//www. fastcompany. com/3037098/eric-schmidt-the-next-google-is-out-there-in-a-garage-somewhere.

② GARRAHAN M，TIM B. Apple's music streaming subscribers top 10m. The Financial Times，Jan. 10，2016. https：//www. ft. com/content/742955d2-b79b-11e5-bf7e-8a339b6f2164.

Messenger 应用程序。根据 TechCrunch 的报道，脸书在 2014 年移除主应用中的聊天功能，用户必须下载 Messenger 才能继续在移动设备上聊天。①

五大公司正在推进新闻和娱乐行业发展，它们在医疗保健和金融领域掀起波澜，它们正在制造汽车、无人机、机器人和沉浸式虚拟现实设备。为什么要不断扩大竞争的边界？因为它们的平台——包括用户、数据和赚取的所有金钱——使得这些遥远的领域似乎尽在它们的掌握之中。

这并不是说这些公司不会死亡。不久前，人们认为 IBM、思科系统、英特尔和甲骨文在技术上是无与伦比的；今天，它们仍然是大公司，但其影响力已经远没有以前那么大。

还有一种可能是来自国外的竞争日益加剧，特别是中国的硬件和软件公司正在积累同样重要的平台。此外，也存在监管或其他形式的政府干预的威胁。欧盟监管机构已经在反托拉斯和隐私的理由之下对五大公司展开反垄断调查。

不过，即使有这些困难，五大平台的稳固地位可能也难以撼动。以政府监管为例：政府的干预虽然往往会限制一个巨头，但同时会支持另一个巨头。如果欧盟委员会决定以反托拉斯为理由对抗安卓，苹果和微软可能会成为受益者。当美国司法部门指控苹果操控提高电子书的价格时，谁赢了？亚马逊。

在此情况下，技术公司尤其需要保持谦卑。和此前的金融泡沫一

① CONSTINE J. Facebook forces users worldwide to download messenger for mobile chat. TechCrunch, July 28, 2014. https://techcrunch.com/2014/07/28/facebook-moving-messages/.

样，也存在技术泡沫。金融泡沫的产生，是因为市场期待金融给它特别高的回报，因此金融公司不得不发明各种各样的东西，尤其是衍生品，来满足市场对它的需求。由于市场对于金融部门相对于基础经济的盈利能力的预期变得如此不合理，金融部门所提出的越来越精细的赚钱计划注定是不可持续的。最后的结果我们大家都知道：贪婪导致了金融危机。

与这些金融公司一样，科技公司也是作为基础经济之上的一个层面而存在的。互联网平台公司需要意识到，它之所以有今天这等规模，是因为围绕平台有大量的公司需要挣到钱。如果这些公司挣不到钱，平台公司存在的基础在哪里？

平台有天然的扩张性。人们往往不记得，当这些公司似乎吞噬了其他经济部门之后，它们仍然要依赖于从其服务中获取价值的客户。围绕平台的公司只有在确定它更有利可图时，才会在脸书和谷歌做广告。云收入依赖于各种商业软件和服务的盈利业务。第三方供应商选择在亚马逊上销售，因为它们这样做可以赚到钱。换句话说，在大多数情况下，五大平台公司以目前的规模存在，只是因为它们为盈利公司提供了更大的基础经济。

然而，科技公司内在的破坏性质引发了人们对其能够发展到多大程度的质疑。这是因为，从某种意义上说，它们只能通过直接或间接地让它们的一些客户停业来获得增长。考虑如下一个例子：一家送餐公司本来有良好的业务，在网上是一个多产的广告客户。如果亚马逊直接推出一项让其破产的竞争服务，脸书和谷歌将失去一些广告收入，微软和谷歌（以及亚马逊自己）可能会失去一些云收入。

也就是说，这些技术平台及其所服务的公司存在于一个必须达到某种平衡的生态系统之中。有利可图的公司只能将其大部分收入分配给广告、云服务、信息技术等。如果它们的利润消失或被科技公司打乱发展节奏，其广告和技术支出将会消失。一些非常成功的捕食者可以摧毁它们的生态系统，然后导致它们无处捕食，更加饥饿。

随着股票的估值越来越高，技术产业会感受到十几年前华尔街所感受到的那种压力。生态系统可能会出现类似的崩溃。今天的技术精英一定要感受历史的这一点，因为如果把握不好机会的话，他们最后也会步入自己的黄昏。技术精英需要克服自己的傲慢。

5. 让我们开放资产，数据，还有头脑

——《共享经济》推荐序

人人共享必须达到人人受益，人人受益则意味着地球受益。

罗宾·蔡斯（Robin Chase）写了一本书，英文名是 *Peers Inc*: *How People and Platforms Are Inventing the Collaborative Economy and Capitalism*，中文版译作《共享经济：重构未来商业新模式》。[①]

打开作者的网站，首先映入眼帘的是五句话：

> 让我们打造一个丰裕经济。
>
> 让我们发现过剩的产能，并将其释放出来。
>
> 让我们开放资产，数据，还有头脑。
>
> 让我们努力解决气候变化和收入不平等问题。

① 蔡斯．共享经济：重构未来商业新模式．王芮，译．杭州：浙江人民出版社，2015.

让我们创造一个我们愿意生活在其中的世界。①

对于一个企业家来讲，这些可谓远大的目标。毫不奇怪，罗宾·蔡斯不是你想象中的那种寻常企业家。她自称“交通企业家”，创办了汽车共享公司Zipcar、点对点汽车租赁公司Buzzcar以及拼车网站GoLoco。这几个公司有什么特点？你猜对了，它们都是方兴未艾的共享经济的先驱。“共享”当然也是这本书的关键词。

打开书，首先跳出来的前言，标题叫作“欢迎来到共享经济的决胜期”。已经到了“决胜期”了——蔡斯显然是在用一种胜利者的口吻回顾自己的光荣史。然而，共享经济的起步期可并不美妙。她把时钟拨回到2000年。蔡斯讲到，在Zipcar成立早期的几个月里，她总是做同一个噩梦：一个汽车租赁行业的恶棍冲进房间，拿枪指着她和她的丈夫。原因当然是，她所创建的业务模式正在摧毁这个有着上百年历史的行业。

百年行业怎会被轻易摧毁？你又猜对了：依靠互联网。蔡斯起步时，首先琢磨客户租车最在乎什么，答案是“经济和便捷”，于是，Zipcar所有的商业模式都围绕经济和便捷来打造，努力降低客户租车所需的金钱和时间成本。预订更快捷，取车更容易，支付更方便，尽可能减少人工服务的流程，以自助式服务让消费者拥有高度自主权。

Zipcar也注重从技术上提升传统租车的用户体验，比如给汽车安装射频识别收发器，可以读取会员资料、开启车门，并向控制中心更新汽车的使用时间和里程数；引入移动技术，让用户通过移动设备查询和预订汽车，可以说，人手一部的智能手机正是“汽车共享”的关键。

沿着这个汽车共享的概念走下去，人们发现，改变汽车的传统使用

① http：//www.robinchase.org/#every-day-create-the-world-you-want-to-live-in.

方式，会带来一系列好处：首先，它可以充分发挥每一辆车的作用，降低车辆持有率及停车场的占有率；其次，它可以减少消费者的“碳足迹”，对地球环保和气候变化都是福音。

由此来看，蔡斯提出开篇的五大追求就不是偶然的了。《共享经济》意在探究大众和平台如何构建共享经济，突破资本主义，进而完善这个世界。蔡斯试图在书中描绘一种时代精神。过剩产能＋大众参与平台＋不同的个体，形成崭新的“人人共享”模式，把组织优势（规模与资源）与个人优势（本地化、专业化和定制化）相结合，从而在一个稀缺的世界里创造出富足。

今天，我们对优步、Airbnb和比特币都耳熟能详，它们在共同颠覆着从交通到旅游再到金融的广大领域。蔡斯的数据是，2014年共享经济总共募集了3万亿美元的资金。《时代》周刊则说，在共享经济中大约活跃着一万家公司。[①]

可以共享的东西太多了：有物业，有资源，有时间，有数据，还有技能。这对旧式的产业是巨大的挑战，对整个社会也是如此。例如，工作机会可能越来越少，工作保障也日益成为明日黄花。共享经济的益处是明显的：所有者通过分享自己的资产，为其赋予了多种用途，既能够为自己带来收益，也能够创造出社会经济学的好处。如同蔡斯所说，共享经济重新定义了我们对于资产的理解：它是专属于个人的还是大众的？是私有的还是公有的？是商业的还是个人的？我们都知道，分享资源会带来效率，分享知识会带来创新。那么，分享资产会带来什么呢？

---

① Baby, you can drive my car, and do my errands, and rent my stuff… Time, Jan. 29, 2015. https://time.com/3687305/testing-the-sharing-economy/.

蔡斯很聪明，懂得首先接受资产分享观的一定是年轻人。所以，Zipcar花大力气攻打大学城，其三分之二的会员年龄在35岁以下。年轻人喜欢Zipcar租车的低门槛，也更钟情于绿色出行的理念。就连Zipcar标榜的口号“你身边的轮子”和令人会心一笑的广告语“一年有350个小时做爱，却要花420个小时来找车位，到底是哪里出错了?”，都透露出年轻时尚的气息。

年轻人消费的特点是什么呢？体验，体验，还是体验。因此，分享型经济实际上就是体验型经济，更具体地说是“马上体验”经济。马上要用，马上就得拿到；用多少，就付多少。对新一代年轻人来说，资产正变得越来越失重，往往是：不求拥有，只求使用。

而共享经济的命门也正在此：正处于人生上升时期的年轻人，想不到共享经济中的劳动者将会缺少养老金、健康保险、伤残保险和假期。这个被称为“无领劳动者”——既不是蓝领也不是白领——的群体，将面临一个困惑性的问题：“我们处在雇佣和剥削之间的什么位置?”

蔡斯写道：“我们需要建立新的社会机制，以使新平台经济学的收益普惠化——甚至分配给每个人一项基本的收入。如果做不到这一点，社会后果可能是非常可怕的。”

在这个意义上，人人共享必须达到人人受益，人人受益则意味着地球受益。所以，对于倡导共享经济的人来说，最后我们遇到的不仅仅是投入产出问题，而且是生死问题。我们需要人人共享是因为，它所产生的结果是我们仅需最少的东西，就可以满足最大数量的人的所需。

在气候变化、人口增长、环境恶化等正极大地威胁我们这颗蓝色星球的当口，愿每一个有开放头脑的人都能从这一点出发来认识和实践共享经济。

6. 到处都在发生数字位移

大震之后必有位移，边缘将变为中心。

◎ 世界观：换个角度看世界

地图是我们看世界的一种方式。地图不仅仅是概括地理信息的图形，它也意味着人们头脑当中的世界观。在中国，世界地图的产生很晚，最早可以上溯到 1584 年。

400 多年前，中国人还没有一张像样的世界地图，只有对中国与世界关系的想象——中国在世界的中央，四周是大海，海中散布着一些零星的海岛。这些海岛就是中国人眼中的外国。中国人那时的世界观就是这样的。1584 年，来自意大利的传教士利玛窦（Matteo Ricci）在广东肇庆制作了第一张中文版的世界地图，名曰《大瀛全图》。之后，利玛窦移居南昌和南京，又绘制了多种世界地图，图名也屡经变更，改称《山海舆地全图》等。这些地图先后失传，最终流传下来的，也是影响最大的，是 1602 年李之藻在北京刻印的《坤舆万国全图》。[①] 此图原刻

---

① 龚缨晏．《坤舆万国全图》，是否藏有“郑和发现美洲”之秘．光明日报，2018－09－23.

本中国已不存，原刻本在欧美及日本都有保存。中国国内现存最早的、也是唯一的一幅据刻本摹绘的《坤舆万国全图》现藏于南京博物院，为明万历三十六年（1608）宫廷中的彩色摹绘本。[①]

这张图中的世界庞然广大，中国并不在世界中央，引起很多朝廷官员的不满。“他们深信他们的国家就在它的中央。他们不喜欢我们把中国推到东方一角上的地理概念。”[②] 利玛窦考虑到这样对其传教不利，就经过投影的变换，把中国放在了地图的中央，一改欧洲处于世界中央的制图格局。

为了让中国士人易于接受，利玛窦尽可能沿用了中国古地志中已有的海外诸国名称。当时，大洋洲还未被发现，所以《坤舆万国全图》上只有五个洲——亚细亚、欧逻巴、利未亚（非洲）、南北亚墨利加（南北美洲）、墨瓦蜡尼加（南极洲）；另分四大洋——大西洋、大东洋（太平洋）、小西洋（印度洋）、冰海（北冰洋）；图上有经纬线、赤道、南北回归线等，世界海陆轮廓已基本完备；此外，附注地理志异，绘有帆船、禽兽。

很重要的一件事情是，“地球”这个词是由利玛窦率先提出的。他在《坤舆万国全图》的说明文字中，明确提出世界是一个球体：“地与海本是圆形而合为一球，居天球之中，诚如鸡子，黄在清内”[③]。这对于经历了15、16世纪的航海大发现的欧洲人来说很好理解，但对中国人

---

① 舆图之宝——利玛窦《坤舆万国全图》．南京博物院．https：//web. archive. org/web/20090302110202/http：//www. njmuseum. com/zh/new/20071126web/13. html.

② 利玛窦，金尼阁．利玛窦中国札记．何高济，等译．北京：中华书局，1983：180.

③ 引文据《坤舆万国全图》，禹贡学会1936年影印本。朱维铮．利玛窦中文著译集．上海：复旦大学出版社，2001：173.

来说就是世界观的颠覆，即“地球”对“天下”的颠覆。“地球”和“天下”的差别是很大的。利玛窦批评中国士人，“因为知识有限，所以他们把自己的国家夸耀成整个世界，并把它叫作天下，意思是天底下的一切，也就不足为奇了”①。

在古代中国，人们普遍认为“天圆如张盖，地方如棋盘”，我们所处的“地方”正是“天下”。这即中国传统奉行的“天圆地方说”。利玛窦在他的笔记中对当时中国人的这种观念也进行了描述：“他们认为天是圆的，但地是平而方的……他们不能理解那种证实大地是球形、由陆地和海洋所构成的说法，而且球体的本性就是无头无尾的。”②

地球既然是个无头无尾的球体，在纸面上画地图就必须投影。投影就会产生一个何处着眼的问题。利玛窦通过变换投影，开中国制图模式之先河。我们后来熟知的世界地图，实际上应用的都是“利玛窦规则”，它是以太平洋为中心的地图。在这种世界地图上，太平洋周边的世界表现得较准确，其他地方则不可避免地出现变形，尤其是环南北极地区，变形巨大。

同以太平洋为中心的地图相比，以大西洋为中心的地图完全不同，在后一种地图上，美国与欧洲隔大西洋相望，俨然世界的中心。由此可见，每一个国家的世界地图，都倾向于把自己放在中心。1979 年，为了把澳大利亚置于中心，世界上甚至出现了第一幅南上北下的地图。

不过，不管各地怎么放，地图都是横版的。但是，在 2013 年，中国科学院测量与地球物理研究所的郝晓光博士，经过十几年努力，说服

①② 利玛窦，金尼阁．利玛窦中国札记．何高济，等译．北京：中华书局，1983：180.

国家有关部门同意他出版世界上第一幅竖版地图。传统地图以经线分割世界，而郝晓光的竖版世界地图是沿着北纬 15°和南纬 60°把地球切开，分成南北两个半球。这与传统的横版世界地图相比，是革命性的变化。

通过竖版世界地图，能看到完整的两极地区。南极洲被印度洋、大西洋、太平洋环绕，像一只开屏的孔雀；而北极与其他大陆之间的位置关系也更加清晰地展现出来。

中国地理学会出版委员会副主任单之蔷表示，自从利玛窦画出以中国为中心的《坤舆万国全图》之后，400 多年来，中文世界地图就没有脱离这个框架，而郝晓光的新版世界地图颠覆了过去单个角度看地球的“世界观”。①

如果你换一个不同的角度看世界，它就会对你的行为产生影响。在有关部门给郝晓光的一份证明中，有“新编《系列世界地图》以独特的视角，准确地表达了中国与世界的地理关系……为我国二代卫星导航系统研制建设提供了重要参考意见”的字句。②

所以，认识世界时，需要变熟悉为陌生，即抛开对事物性质的原有认识，在“零起点”上对事物进行重新认识。

◎ 边缘变为中心

离开地球的表面，再深入看一下这颗我们生活于其上的星球。根据板块构造学说，地球由 6 大板块和多个小板块构成，这些坚实的板块相互推挤、摩擦与碰撞，剧烈的活动改变了地球的面貌。

一块块足有一片大陆那么大的板块，常要好几年才移动一点点距

①② 郝晓光和他的竖版世界地图：让世界“竖”起来．人民日报，2016－05－20.

离，而大地震时的瞬间位移最多。位移实际上是一个地质力学的概念，如果位移发展到一定的程度，就会产生一片新大陆。

地质学家们认为，大约经过 5 000 万到 2 亿年之后，地球表面的各大洲将汇聚成一块超级大陆。这是一次规模巨大的位移，是板块的位移。每一次一块超级大陆形成后，其边缘的部分岩石就会变成下一次出现的超级大陆的中心。下一次超级大陆，即阿美西亚超级大陆出现的时候，其中心点将位于今天的北极附近。①

在这一运动过程中，南北美洲将逐渐靠拢，加勒比海将闭合。与此同时，北美洲将向亚欧大陆靠近，导致北冰洋封闭；非洲和欧洲将联为一片，地中海消失；澳大利亚将延续其目前的“北漂”趋势，并最终和亚洲连为一体；南极洲则将继续孤立于超级大陆之外。

位移的一大特点是，过去的边缘会变成中心。以此来比喻，互联网作为一种震荡的力量，现在已然造就了一个新大陆，这个新大陆的形成，对现有社会，无论是在结构和功能上，还是在社会成员之间的关系上，都带来很大的影响。

谈到“边缘”，有一本书叫《变革中国》（*How China Became Capitalist*），作者是大名鼎鼎的经济学家罗纳德·哈里·科斯（Ronald H. Coase）和他的中国学生王宁。②《变革中国》讨论中国过去 30 年的改革到底是在什么地方取得了成功。科斯的理论非常简单，他把中国改革称为“边缘革命”，也就是说，中国改革主要由四大边缘革命构成，

---

① 专家相信非洲大陆总会一分为二，最近他们更坚定了．好奇心日报，2018－04－03. https：//www.qdaily.com/articles/51755.html.

② 科斯，王宁．变革中国：市场经济的中国之路．徐尧，李哲民，译．北京：中信出版社，2013.

分别是农村家庭联产承包责任制、个体户、经济特区和乡镇企业。

四个领域的革命“主角”都是来自社会主义的边缘角色。当饥饿的农民背着政府悲壮而勇敢地按下指印时，农村家庭联产承包责任制的大门就悄悄开启了；当城市的千百万名“待业”游民和回城“知青”不得不自谋职业来维持生计时，充满屈辱的“个体户”闯开了一条城市改革的新路；当成千上万的人为改变生活即便冒着生命危险也要一而再再而三地去偷渡香港时，才有了“经济特区”这一丰碑的竖起；无数“洗脚上田”的农民兴办的乡镇企业，则拓开了中国工商业崛起的宽广路径。

经济学家张曙光提出，改革开放后中国发生了两种改革：一种是政府自上而下发动和引导的改革，另外一种是草根阶层自下而上发起的改革，其实后者就是边缘革命。为什么会发生边缘革命呢？张曙光认为，这是危机形势下不得已的选择，不这么干就山穷水尽了，而且很多阶层的利益受到了损害，这是置之死地而后生，所以他们硬生生闯出一条路。当然，也要承认，这是当时体制能够允许和接纳的事情。如果当时的体制完全不容忍这些草根的创新，今天的中国也不会走到现在这么好。所以，体制的包容性是非常重要的。[①]

◎ 互联网革命是一场边缘革命

循此理路，我认为，互联网革命是中国的第五次边缘革命。互联网社会在中国是自下而上演进而成的，但它的确只有在体制的包容下才能成长。早期中国互联网的发展是由产业部门主管的，确保了在开

---

① 张曙光．边缘革命、区域竞争和思想市场．读书，2014（2）.

拓阶段的思路是先发展后管理。这一规制理念对互联网的探索起了决定性的作用。

1997 年 2 月，国务院信息化工作领导小组办公室组织举办数字化信息革命报告会，尼葛洛庞帝第一次正式访华，开启了中国互联网第一课。[①] 伴随着中国与国际互联网的互联互通，中国进入了互联网时代。

尼葛洛庞帝认为，社会基本的构成要素，正在从原子变成比特。我第一次看到他的《数字化生存》的时候非常激动，用了 20 天的时间将之翻译为中文。他所讲到的核心东西，所谓的“数字化生存”，就是要想办法移动比特，而不是移动原子。他预见到，我们正在进入一种失去重量的经济之中；我们交换的，将越来越多的不是有形的东西，而是无形的信息、服务、知识产权等。

这样来看原子与比特的关系，就会发现一个非常核心的问题，即原子与比特之间存在的永恒矛盾：变化缓慢的原子对战飞速变化的比特。

◎ 创新的两大方向

硅谷著名投资人彼得·泰尔（Peter Thiel）说：“我们想要会飞的车，但我们得到的却是 140 个字符。”（We wanted flying cars，instead we got 140 characters.）[②] 140 个字符在这里指的是推特的发明。为什么泰尔要这样对照呢？以汽车为例，可以说明原子世界变化之缓慢。

今天的汽车肯定更省油，也更安全了，可是与 100 年前的汽车相

① 高红冰：“实业兴邦”是第三代互联网的主旋律．人民网．（2001－02－13）．http：//people. com. cn/digest/200102/16/wl021606. html.

② SCHUESSLER J. Still no flying cars? Debating technology's future. The New York Times，Sep. 21，2014. https：//www. nytimes. com/2014/09/22/arts/peter-thiel-and-david-graeber-debate-technologys-future. html.

比，其实并没有发生革命性的变化。波音 747 第一次飞行是在 1969 年，它是全世界首款宽体民用飞机，直到今天仍然是远途飞行的主力。

不妨再看一下手机。30 年前的手机像砖头一样大；10 年前，它开始变得小而轻，但还是一部电话；而今天的手机，不再是电话了，它是照相机、收音机、电视机、游戏机、信用卡，也是无线导航设备、健康管理设备，乃至个人生产力工具。同汽车和飞机相比，手机的发展速度快如闪电。

如果原子世界的变化如此缓慢，如何才能化解原子与比特之间的永恒矛盾？存在两种路径：要么用比特代替原子，要么用比特改变我们使用原子的方式。这是创新的丰厚土壤。比如，比特永远不会取代汽车或飞机，但它会改变我们使用汽车或飞机的方式。

在硅谷受人追捧的特斯拉汽车，不仅预示着电动汽车的未来，带来能源方面的重大变化，还将传统的汽车技术与现代软件相结合。未来的汽车不仅仅是到处移动的工具，也是一个拥有一系列通过无线网络连接的软件程序的接口平台，是一个车主可以工作、学习和娱乐的地方。会有很多的程序员和应用开发者为汽车创造一系列的应用，从个人助手到导航，从生活搜索到汽车服务，从按需点播的电影和音乐到即时通信，应有尽有。

车内大量丰富的服务设施能做的不止是告知和娱乐，它也能帮助优化整个交通基础设施。如果汽车是智能的，道路也是智能的，那么驾驶员之间可以分享很多信息。网络汽车将会因为装配能够与其他邻近的驾驶员分享天气和道路条件数据的传感器而丰富起来。一旦陷入交通事故，你的汽车会立刻通知所有在你后面的驾驶员。一些应用可以促进车辆共乘，还有一些应用则可以缓解拥堵并通过更均匀地分散道路交通来保证你的安全，或通过选择最佳的路线来减少大气污染。

当汽车拥有这么多应用时，甚至会造成革命性的颠覆，这个颠覆就是我们需要问自己一个问题：为什么要拥有一辆汽车？考虑到时间、地点、交通拥堵和季节性的需求，使用汽车的最好方式是租车，而不是拥有汽车。进一步到无人驾驶汽车的时候，就连驾驶的概念都变得多余了。总有一天，汽车将会以一种网络的方式自行组织，你的汽车将成为智能的点对点的交通网络当中的一个节点。

◎ 从编辑室到教室和诊室

如果汽车这样沉重的原子都能够化身网络节点，那么有什么行业不能够学会为创新工作而创造开放平台的微妙艺术？现在是为各行各业做一些类似的事情的时候了，要促使其一个个演化出千百万用户为之增加价值并相互合作的商业生态。今天，从编辑室到教室和诊室，我们都可以看到巨大的数字位移。所有这些地方如果不展开数字化生存，可能就没有办法存在了。

编辑室现在发生了什么变化呢？媒体的数字化造就了怎样的场景？这可以用“四个不是”来加以总结：

新闻不是新闻。新闻是一种独特的社会和历史实践，媒体是新闻赖以产生的组织和技术。当媒体“制作”变得廉价，而制作媒体的人有无限的供应时，新闻会变得怎样？可以说，一旦消费者被鼓励成为媒体制作者，并在散布的媒体内容中建立联系，新闻就成了一种活动，而不完全是一门专业了。

媒体不是媒体。媒体的变化不是从一种类型的新闻机构转变为另一种类型的新闻机构，而是从一种特权机构转变为一个信息传播生态系统的一部分，各种正式的组织、非正式的集体和众多个人都杂处在这个生态系统当中。媒体的“体”解体了，媒体产业的运营理据也就被改写了。

记者不是记者。过去出版的成本过于昂贵，导致出版商的数量很少，而记者是特权阶层。今天由于技术门槛的降低，任何人都可以成为出版商，顺理成章地，任何人也都可能成为新闻记者。我们曾经依靠专业的记者来记录世界上发生的事件，而现在我们越来越多地成为彼此的基础设施——我们越来越多地通过陌生人随机分享的内容来了解世界。

受众不是受众。过去被动消费的受众，现在变成了主动创造和分享的“授众”。这是一个反客为主的过程，以前作为受众的人们现在组成了社区。有关内容的权力从“大众媒体”转移到“大众”手中，大众媒体自身也被“解大众化”。所有的信息都关乎“你自己”，这也是2006年《时代》(*Time*) 周刊评选“你”为“年度风云人物”的原因。[①]

综合来看，可以说，我们正在经历从大众媒体（mass media）到“乱众媒体”（mess media）的转化。这是媒体行业发生巨大动荡的原因。

而五到十年之后，大学老师的地位也将岌岌可危。今天的大学正在失去对高等教育的控制权，因为网络给学生提供了越来越多的选择，能够替代现在的高等教育模式。未来的大学一定是交叉的模式，大学将很多非核心的课程外包给可以提供优质课程的人，而保留自己真正能够做到最好的课程。

21世纪的大学应该成为一个网络和一个生态系统，而不是一座塔。互联网使我们有机会为学生创造一种前所未有的教育经历：把世界上最

① GROSSMAN L. Time's person of the year：you. Time，Dec. 13，2006.

好的学习材料收集到网上，学生能够在教师和教育促进者网络的支持下，选择一条定制的学习道路，其中一些人可能居住在当地的一所大学内，另外一些人可能是在地球的另一端。为了实现这一点，大学需要进行深入的结构性变革。过去的大学会变成“遗迹”，因为它无法让学生以适合自己的时间和节奏来学习。

与教育模式一样，旧的医疗模式存在巨大的问题：病人完全是医疗服务的被动接受者，医生主导一切。如果一个病人不喜欢某个医生告诉他的话，他别无他法，只能找另外的医生，再经历同样的过程，因为这些医生会对他采取相同的治疗模式。

今天的病人不是独自看病，而是形成了社区，病人之间会不断讨论遇到的问题。病人去看病的时候，也不再对医生唯命是从了，而是会拿着一堆从网上检索出来的东西去问询和质疑。医生一方却觉得，这样的方式对他们的权威构成了挑战，所以他们十分抵触。

但我们知道，协作式医疗的时代一定会到来。如果你一出生就建设一个有关你个人健康的数据库，里面有你应该拥有并且可以控制的数据，那么，当你患病去找医生的时候，医生就可以根据适当的权限看到你的数据。同时，数据与数据之间也会构成一个广泛的网络，这时就会使所有的协作最后产生的大量数据能够为后面新的医疗提供新的输入指导，并且共同构成我们所知的有关健康、医疗、科学的知识库的一部分。医师和其他医疗员工都参与进来，在医生的权威被打破之后，努力在专业人士和病人之间达成一种新的平衡。

随着自我量化运动和个性化药物的出现，医学评估技术将越来越多地掌握在个人手中。如果说旧日的医学地图是由医生绘制的，那么，它将开始被人们重写。

◎ 互联网产生新大陆

无论是哪个行业，在数字位移中，都有两个过程。

第一个过程是技术改变商业。当消费者完全进入互联网以后，形成了一个巨大的黑洞，这个黑洞对各类产业都形成强烈的吸附效应，不同的产业相继被吸入黑洞，距离黑洞越近的产业受到的冲击越厉害。黑洞的核心是云计算加数据。未来所有的行业，如果生意不依赖于数据，将彻底失去前景。

技术改变商业，又会引发第二个过程——商业改变生活。这是因为消费者希望更幸福、更健康地生活。这第二个过程的动力来自广大的网络用户。根据国际电联的数据，目前已有 41 亿人获得了互联网服务，占全球人口的 53.6%，但仍有大约 36 亿人处于“离线”状态，且其中大多数生活在最不发达国家，这些国家的平均上网人数只有两成。数据显示，发达国家的互联网普及率达 87%，已经接近饱和。欧洲是互联网普及率最高的地区，为 82.5%；普及率最低的非洲仅为 28.2%。①

互联网现在产生了一个新大陆，这个新大陆不是美国、欧洲和日本，而是亚洲、非洲、拉丁美洲，是俄罗斯、中国、巴西和印度。旧大陆和新大陆之间发生位移后，全球互联网的主导力量开始由发达国家向发展中国家倾斜，产生了一系列耐人寻味的现象。

世界经济论坛的一份报告提到互联网新大陆有四个特点。第一，如上所述，新联网的国家在这个新世界里占主导地位。第二，互联网全球

---

① 国际电联：全球 52%的女性未能使用互联网 数字性别鸿沟正在扩大．联合国新闻．(2019－11－05)．https：//news. un. org/zh/story/2019/11/1044991.

文化正在形成，对于表达自由、隐私、信任和安全问题，用户共享类似的价值观和态度。第三，用户什么都想要，他们既想要自由、隐私、信任，也想要安全，他们不认为这两类东西是彼此排斥的。第四，新联网的国家拥有更自由的态度、更创新的行为，它们更支持表达自由，社交平台应用更广；老的网络国家则更多使用传统的网络应用，态度更保守。①

我们居住的地球，它不仅仅是现实社会，也是虚拟社会，被互联网所覆盖。我们所面临的一个基本问题，是我们会不会拥有同一个世界、同一个网络。互联网域名的管理机构叫作“互联网名称与数字地址分配机构”（ICANN），它的愿景就是“同一个世界，同一个网络”②。

然而，我们很可能在不远的将来见证同一个互联网的四分五裂③，或者至少看到中美两国互联网发展渐行渐远。由于中美两个互联网大国的体量巨大，未来很可能会发生中美两国的应用程序和服务分别占据互联网的一半的情形，导致互联网（Internet）成为分裂网（Splinternet）——网络系统产生了正式分叉。④

由是，我们今天面临的关键选择是：我们是让刚刚开始的分裂变得更糟，还是大声反对并试图制止这种情况?

---

① The Gobal Information Technology Report 2010—2011. World Economic Forum in collaboration with INSEAD，comScore，and the Oxford Internet Institute，April 2011.

② ICANN，Feb 6，2013. https：//www. icann. org/en/system/files/files/ecosystem-06feb13-zh. pdf.

③ 2019年12月莫斯科宣布，俄罗斯“成功测试”了与世界不联通的全俄互联网。俄国“成功测试主权网络”试验与全球互联网断开 . BBC News 中文.（2019 - 12 - 25）. https：//www. bbc. com/zhongwen/simp/world-50912222.

④ KHARPAL A. The “splinternet”：how China and the US could divide the internet for the rest of the world. CNBC，Feb. 3，2019. https：//www. cnbc. com/2019/02/04/the-splinternet-an-internet-half-owned-by-china-and-the-us. html.

互联网本身取得了令人难以置信的成就。它是真正意义上的全球创造，使人们加强了社会联系，克服了地理距离与文化差异。它是使数十亿人摆脱贫困的关键因素。它加速了基础科学研究，从而带来健康方面的巨大进步。它使教育更容易获得，创造了更加平等的竞技场。

但我们也承认，50 多年来，我们未能好好利用同样的网络技术，来找到共识，凝聚力量，促成让人类生活更美好的实践。网络的分裂，其实反映了全球社会的分裂，“我们”与“他们”的差别不是缩小了，而是前所未有地加大。我们该怎样通过更好地利用互联网来打破这一魔咒呢？

尼葛洛庞帝的回答是：只需重要的一步——全面、彻底地开放互联网。

> 不要试图通过向内看而遏制它，只因这样做的结果会造成隔离而不是连接。不要再封锁应用程序的入口了。……确实是时候这样做了：实现完全接入；做更多开放性的研究；减少专有软件；建设更高合作程度的、全球范围的发展共同体。
>
> 所以，我请读者思考未来的数字化世界，它将滋养心灵抵御无明，分享繁盛，以合作取代竞争。①

想象一下一个全球性的 5G 互联网，它将中国网络的无摩擦用户体验与美国积累的信息流通相结合。如果我们愿意大声疾呼并采取行动，这样的未来仍然是可能的。

---

① 尼葛洛庞帝．数字化之后 数字化生存——20 周年纪念版．胡泳，范海燕，译．北京：电子工业出版社，2017.

7. 中国实体制造业转型之路*

现代制造业的网络化和信息化，
是中国实体制造企业需要攻坚的领域，
也是中国制造业取得战略性国际地位的关键一步。

互联网公司落地与实体企业转型是两种不同的战略。前者主张“互联网+”，把互联网思维分散到尽可能多的落脚点，凸显“虚”的渗透性。而我们主张，相对于所谓“互联网思维”①，CPS（即信息物理系统）理念更适合实体企业转型。实体企业转型必须有明确目标，改造实体结构，虚实深度融合，才能充分发挥“实”的优势。

解决经济转型和持续发展问题不能只玩虚的，应与机械化和自动化

---

* 与沈寓时、高汉中合写。

① 这一概念众说纷纭，并不严谨。例如，阿里巴巴的首席战略官曾鸣认为，互联网精神是八个字——平等、开放、互动、迭代；小米的雷军表示，互联网的核心思想是七个字——专注、极致、口碑、快。本书用以通指基于互联网的特征，对市场、用户、产品、企业价值链乃至整个商业生态进行重新审视的思考方式。

齐头并进，体能智能同步发展。在中国，更要强调工业化与信息化的两化融合。

◎ CPS：虚实的互相映射

美国是 IT 产业发源地，具有深厚的研发和创新底蕴。那里有许多头脑灵活的人，经常创造出一些独步天下的商业模式以及出人意料的预见，国内媒体往往大肆报道，国内企业也蜂拥模仿。另外，美国还有许多思考者和实干家，他们对真正的产业变革和商业创新开掘甚深，国内却少见曝光。其中，CPS 就是在美国国家科学基金会资助下，由致力于探索研究 IT 领域的应用和发展方向的有识之士酝酿的一个概念，已经积蓄了很多年的力量。它虽然没有“互联网思维”这样响亮的名头，却指出了实体经济转型的正确方向。

请注意，互联网也是在同一个基金会资助下，默默耕耘十多年才逐步被外界接受。

CPS 是 cyber physical systems 的缩写，翻译过来是“信息物理系统”，仅凭字面理解似乎难得要领。CPS 早期侧重于嵌入式机器的系统建模与现实互动。随着互联网、云计算、大数据等通用计算技术的门槛迅速降低，原来的计算和网络资源单位成本趋近于零。但是，在这种情况下，嵌入式系统固有的实时性、并发性和反馈基因保持不可替代，反而显得弥足珍贵。

嵌入式系统（embedded system）是嵌入机械或电气系统内部、具有专属功能的计算机系统，通常要求具备实时计算性能。它也具有并发性（concurrency）的特点，即在系统中可同时执行多项计算，而且其间存在潜在的交互。由此，系统的运行路径会有相当多个，结果可能具有不确定性。同时，绝大多数控制系统会利用反馈，嵌入式系统也不例外。反馈意味着一个带方向的循环，一个行为者的输出被返回，影响到同一行为者的输入。

在通用计算领域，软件泛指各种中央处理器执行的程序语言。在新一代的嵌入系统中，计算机架构将突破冯·诺依曼（John von Neumann）提出的五大组成部分（控制器、运算器、存储器、输入设备、输出设备）[①]，包含物联网等更多大系统元素。软件的重心将偏离传统程序，更加注重各类流程和算法创新。这个过程类似在成衣行业中，时尚设计师超越传统的裁缝师傅。

嵌入式系统的关键特性是专用于处理特定的任务，因此工程师能对其进行优化，以减小产品的体积和降低产品的成本，提升产品的可靠性和性能。嵌入式系统本身不定义规模上限，它可以是一台洗衣机、一套完整的智能家居、一架大型航空器、一个传统产业，甚至可能囊括整个社会。近年来，CPS 指导和建立大系统的能力日益显现。

与互联网一样，CPS 的意义也在进化之中。我们认为，CPS 的内涵不在信息和物理两个单词。cyber 源于一个古希腊词，有“舵手”之义，引申为“控制”。互联网诞生之初有意重启这个古词，用它来表示虚拟空间，国人音译为“赛博”。physical 一词，与 cyber（虚拟空间）放在一起，自然代表实体空间。那么，虚拟空间和实体空间放在同一个系统中说明什么呢？通过深入研究，我们发现 CPS 的内涵是两个空间的关联，即虚拟空间和实体空间互相映射而形成的升维系统。比较贴切的翻

① 美籍匈牙利科学家冯·诺依曼奠定了现代计算机的基本结构，冯·诺依曼机由五大部分组成，即运算器、控制器、存储器、输入设备和输出设备。

译应该是“虚实镜像系统”。镜像两字没有明说，但是，虚实放在一起已经强调了映射关系，而且系统理念也贯穿其中。

CPS的优势在哪里？与传统“云+端”的通用计算模式不同，CPS在当前火热的O2O和共享经济链条中插入了新的价值元素。也就是说，通过嵌入式计算和物联网构成虚拟（信息、数据、流程）和实体（人、机器、商品）紧密耦合的系统。例如，智能家居就是如此。

◎ 高维管理低维

我们要网络干什么？通信？连接？汇聚？云计算？大数据？这些都是表象。CPS的命题非常明确：在网络上建立实体空间的影子或镜像，为我们生活的时空增加一个虚拟空间维度，使实体得到全息和永生。如此一来，实体空间状态可追溯、可预测、可分析，一切尽在远程掌控之中。

多部好莱坞电影告诉我们，通过高维度空间能够有效管理低维度空间的活动。低维度空间中扑朔迷离的乱象，在高维度空间一目了然。这些电影背后都有一流的科学见识，尤其是物理学。

量子力学领域重量级人物戴维·玻姆（David Joseph Bohm）对物理学有一个极为重大的贡献，即全息宇宙观。“鱼缸里的鱼”就是说明全息概念的经典实验：在一个长方体玻璃鱼缸中放进一条鱼，两台相互垂直的摄像机“观察”鱼的活动，图像直接在两台电视机上播放出来。从电视机里我们可以看到，“两”条鱼分别做着方向不同、速度相等的游动。你最终会觉察它们之间存在某种关联。当一条鱼转动时，另一条也会做出稍微不同的相应动作；当一条正对前方时，另一条总会朝向侧面。

再看另一个实验。1982 年，物理学家阿莱恩·阿斯派克特（Alain Aspect）领导的研究小组，在巴黎大学进行了可能是 20 世纪最重要的实验之一。阿斯派克特发现，在特定情况下，次原子粒子，例如电子，无论彼此相距多远，都能互通信息。不管是 10 英尺还是 100 亿英里①，它们似乎总能知道彼此所处的状态。

玻姆对上述两个实验的解释是：两个纠缠粒子应当被视为同一高维现实的两个不同的低维投影，在三维空间看来，二者没有接触，毫无因果关联；而实际情况是，两个粒子之间相互关联的方式，非常类似于上面所说的鱼的两个电视图像之间相互关联的方式。因此，"普遍地说，隐缠序必须被扩展到一个高维现实，这个高维现实原则上是不可分割的整体"②。隐缠序（implicate order），意指在内隐层面事物是相互纠缠、相互参与的。

也就是说，宇宙本身就是一个全息投影，在"实在"的更深处，存有一种我们尚不知晓、更复杂的空间维度。在显现的宇宙秩序中，隐藏着绵绵不断的另一种秩序。如果想发现后者，就要超出前者所在的维度。在以上两个实验中，同一高维实现两个低维投影。在低维空间看来二者独立，实际上在高维空间二者互相关联。

玻姆的全息宇宙理论对我们理解 CPS 而言，启示在于要通过虚实镜像系统提升维度，从而更好地掌控实体空间。此外，鉴于虚拟空间内含网络存储能力，实体空间的影子可以永久保存，并且沿时间轴来回扫

---

① 1 英尺≈30.48 厘米；1 英里≈1.61 千米。

② BOHM D. Wholeness and the implicate order. New York：Routledge，1980/2002：240. 中译本见：玻姆．整体性与隐缠序：卷展中的宇宙与意识．洪定国，等译．上海：上海科技教育出版社，2013.

描。通过分析过去，可以预测未来的实体状态。

◎ CPS 与工业 4.0

CPS 的重要性也可以从产业变革史的层面加以认识。可以说，人类迄今一共经历了四次工业革命，可以分别称为工业 1.0 到工业 4.0。工业 1.0 时期，通过水和蒸汽动力驱动机械生产设备；工业 2.0 时期，电力带来流水线的发明，劳动分工和大规模生产成为现实；工业 3.0 时期，可编程逻辑控制器出现，通过电子和 IT 系统的应用，生产得以自动化；工业 4.0 时期，就是 CPS 大显身手的时期。

国内的研究成果，如易观智库《工业 4.0 专题研究报告 2015》[①]，把 CPS 解释为工业 4.0 的基础。我们认为，这个描述不尽准确。互联网、物联网、云计算和大数据都是相对独立的基础技术，由 CPS 完成深度统合，成为新经济的终极写真。“互联网+”是应用，工业 4.0 是产业升级，CPS 才是真正的纲，应用和产业都是目，纲举目张。实际上，CPS 对未来社会有效管理的潜力远远超越制造业和工商业。

仅就制造业而言，我们需要跳出原来的思考窠臼，不是从实体看实体，而是从虚拟看实体，要习惯于从信息科学的角度看待制造业。

以日益引起重视的车联网来说，通常以为，车联网是以车内网、车际网和车载移动互联网为基础，按照约定的通信协议和数据交互标准，在车—车、车—路、车—行人及互联网之间，进行无线通信和信息交换的大系统网络。它是物联网的一部分，让车辆的有关信息与现有的互联网联通，可以通过不同的控制终端比如手机等，联网了解车辆的相关信

---

① 易观.（2015－05－14）. https：//www.analysys.cn/article/detail/8954.

息。汽车的信息经过收集与共享，可以完美实现车与车主、车主与车主、车主与第三方服务商的沟通，让汽车生活更加智能。

这些理解并无不对，但远远不够。因为它们还是比较局限于汽车业的实体思维。如果以虚拟看实体，为什么不可以把汽车看成一种媒介？按照麦克卢汉的理论，媒介即人体的延伸，那么就可以认为汽车是整个人体视觉、听觉、四肢、头脑的延伸，我们可以通过车联网，实现交流、娱乐、交易、教育等功能，车联网因此推动了汽车媒介的真正成形。如果我们把家庭作为最大的媒介消费空间，那么，车联网可以让汽车成为家庭之后的第二媒介空间。在这个空间内，重要的并非硬件，而是软件，或者说是软件对硬件的驱动。

展望未来，CPS 的主体指向和战略意义主要在于现代制造业的网络化和信息化。这是中国实体制造企业需要攻坚的领域，也是中国制造业取得战略性的国际地位的关键一步。CPS 必将与各主要行业结合，形成拉动经济成长、优化产业结构的新鲜动力，把中国制造业带入下一个大发展的新天地。

8. 制造业与互联网要互相融合

制造商必须从多个角度实现数字化转型：
效率提升，自动化，以客户为中心，
以及利用整个制造价值链中的数据所带来的优势，
创造新的收入来源。

◎ 如何重新定义传统制造业

最近提硬件复兴或者是硬件革命，抑或很多其他的同义词，比如说新工业革命，甚至是物联网，都牵扯到如何重新定义硬件的问题，因此也牵扯到如何定义制造业的问题。当然，现在我们所看到的这些硬件，如独立设计、由创业企业开发、以消费者体验为导向的智能手机、健康跟踪器、可穿戴设备等，还有无人机、工业用机器人、3D 打印机等，其实跟传统所说的硬件已经差别很大。我们发现，这些硬件不是由传统的硬件厂商，而是由所谓的具有互联网思维的公司制造的。

这就给我们带来了一个问题，即具有互联网思维的公司所做的硬件和传统制造业生产的硬件到底有什么样的差别？我们过去更多讲的是制造，现在则是讲创造，其核心在于用户主导问题。传统制造业的用户资源是死的，而今天的互联网用户资源具有扩散效应，这就是为什么新的硬件革命会由创客发起，这样制造出的产品会取代没有生命体征的产品。新时代的产品应该是被创造出来的，因此我们把新的硬件革命称为“创客运动”。

◎ 制造业之于互联网，要你中有我、我中有你

互联网给我们带来的变革，不仅仅局限在互联网产业中，而且会逐渐深入真正构成产业技术的行业中，所以，不能简单地讨论很多价值链的高端和低端问题。

然而，很多时候，人们对制造业的认识仍然停留在以前的讲法上，比如说做原始设备制造商（OEM）、原始设计制造商（ODM）或者是品牌商，把低端价值释放出去，自己保留品牌和服务网络，然后利用世界上加工成本的差异转移制造环节。这些原本行之有效的策略在今天的环境下都已经是过去式了。包括讨论制造业的升级换代，如广东所说的“腾笼换鸟”等，都是在旧式思维下思考制造业。我们要看的不是简单的升级换代的问题，而是根基颠覆的问题。

1996 年的时候我翻译《数字化生存》，书的作者尼葛洛庞帝鲜明地提出一对概念，即原子和比特。我们这个社会的基本结构因素由原子变成了比特。如果用这个概念来考虑制造业，你会看到比特的变化速度和原子的变化速度差异巨大，比特的变化速度是几何级的，而原子的变化速度是算术级的。这样来看，制造业的创新远远没有达到大家所期待的成功。虽然比特的速度一日千里，但是原子的速度非常慢，类似龟兔赛

跑中的龟。

欲化解这个速度矛盾，需要设想能否让原子中有更多的比特，而比特中有更多的原子。硬件和软件、原子和比特不能再像以前那样割裂对待。互联网时代的制造业，要用软件的思维来改造硬件，要像做软件那样对硬件进行快速迭代。另外，也要意识到，很多硬件会被软件替代，比如可以用 App 来代替硬件的功能。这样就会把原子的缓慢如龟的速度，提升到兔子的速度，最终形成“软中有硬，硬中有软”。

美国数字思想者和创业者克里斯·安德森（Chris Anderson）对此有一个总结，他说我们现在见到的情形是“原子是新的比特，而比特是新的原子”①。这个命题可从两方面来分析：一方面是由创客运动造成的，将互联网的创新模式应用到原子世界里，使得特定的硬件制造成为颠覆式创新的热点；另一方面，诚如发明家和投资家马克·安迪森（Marc Andreessen）所言，软件正在鲸吞一切（Software is eating the world）。② 特定的硬件设备可以被软件应用所取代，使得软件也成为颠覆式创新的热点。这两个趋势可以分别称为“原子的比特化”与“比特的原子化”。两个趋势同时出现以后，就会出现凯文·凯利所预言的场景：“用一种诗意的说法，新经济的目标是一家公司接着一家公司、一个产业接着一个产业地摧毁工业经济中的一切。”③

---

① ANDERSON C. In the next industrial revolution，atoms are the new bits. Wired，Jan. 25，2010. https：//www. wired. com/2010/01/ff _ newrevolution/.

② ANDREESSEN M. Why software is eating the world. The Wall Street Journal，Aug. 20，2011. https：//www. wsj. com/articles/SB10001424053111903480904576512250915629460.

③ KELLY K. New rules for the new economy，Chapter 8，“No harmony，All flux”，1998. https：//kk. org/newrules/newrules-8. html.

◎ 比特与原子的辩证法

说到原子是新的比特，而比特是新的原子，我们现在已经有活生生的例子了。互联网产业中几乎人人知道长尾定律，可是提出长尾定律的克里斯·安德森已经不玩互联网，开始做硬件了，通过做无人机，使用崭新的思维来探讨硬件的可能性。

安德森的做法是：先建一个社区，这个社区由狂热的无人机爱好者组成，在其中讨论各种各样的无人机的可能性，进行无人机设计，对产品“品头论足”。这等于是利用社区的智慧给自己做研发。生产方面则充分利用外包，在加利福尼亚州建一个工厂，在墨西哥建一个工厂，而供应链可以是全球的。比如说，可以利用淘宝和阿里巴巴从深圳买发动机，只要性价比足够好，这些发动机就可以成为无人机的供应链的一部分。这是非常典型的将比特和原子置换的过程。

过去，我们倾向于将原子与比特两分。以位和字节为基础构建的公司，比如大多数互联网/软件公司，属于比特企业，比如 WhatsApp、脸书、推特，该领域的创新一直在加速。纯粹基于物质而建立的公司，也就是生产可见物理产品的公司，则是原子企业，比如福特、可口可乐、通用电气，该领域的创新一直在放缓。

然而，比特和原子并非总是如此泾渭分明。第三类公司结合了原子与比特世界两边最好的东西，开发出最成功的产品和服务。比如，苹果既有软件与应用商店，也有手机与电脑；亚马逊依靠信息和技术平台赚钱，但它的库存和配送是不折不扣的原子。如今，最有趣的初创企业似乎都位于两者的交集上，它们使用比特来操纵原子。优步把出租车与打车软件结合到一起；太空探索技术公司（SpaceX）从事火箭业务，然而它的火箭离开控制与发射软件将寸步难行。

网络时代刚刚开始的时候，我们利用信息高速公路，致力于将原子不断转化为比特。比如：将书籍转换为 Kindle；将 CD/DVD、随身听转换为 iTunes；现金变成了 PayPal/维萨卡；网飞取代了 Blockbuster；不再有相机胶卷，到处都是数字图像；新闻开始由脸书/推特来提供；大学课程转移到了在线课堂。抓住这些机会的人都取得了令人难以置信的成功。

随着数字化、智能化、自动化的不断推进，我们终于不得不啃将比特转换为原子这个硬骨头了。微处理器、无人驾驶、生物技术、机器人技术、3D 打印等，这些都涉及最高的监管规范，转换成本奇高。

但挑战所在往往就是价值所在。世界上最有价值的资源现在不再是石油，而是数据。或者也可以说，21 世纪的数据就像 19 世纪的石油一样，是一种尚未充分开发的、宝贵的资产。也像开采石油一样，那些看到数据的基本价值并学会提取和使用的人，将获得巨大的回报，因为数据与客户体验在网络时代的压倒性优势息息相关。对于制造业来说，要通过向产品输入更多的数据和信息而使产品更具价值。

另外，第四次工业革命将主要是比特和原子技术的融合。最棘手的问题总是原子——它们存在于众多的现实问题中（气候变化、粮食短缺、环境污染等）。而比特，将成为解决这些问题的工具。归根结底，没有原子的比特就是无源之水、无本之木。

将比特几乎无限的潜力与原子的有形世界相结合，不仅可能创造出新的产品和新的商业模式，也会为我们的生活、工作和彼此相处的方式开辟新的途径，这也是人类未来之路的驱动力。

◎ 万物互联对制造业的影响

我把拥有更多信息和数据的产品称为“大产品”，而所有的“大产品”都是有智能的。智能制造物的扩散已到达临界点。具有无线连接功能的产品（从灯泡到恒温器再到扬声器）如今在人们的家中越来越多。这些可连接设备的制造，本身也是智能化的。工业物联网（IIoT）大量采用联网的传感器和智能设备，并将这些技术直接用于制造车间，收集数据以驱动人工智能和预测分析。工业设备产生的数据越多，其潜在的商业价值也就越大。

IIoT 可以将传统的线性制造供应链转变为动态的、相互连接的系统，即数字供应网络（DSN），可以更轻松地整合生态系统合作伙伴。DSN 一旦建成，产品的制造和交付方式都将被改变，工厂效率由此将得到极大提升，不仅可以节约大量成本，工厂中的人类操作员也会获得更高的安全性。

例如，如果机器出现故障，连接的传感器可以自动查明发生问题的位置并触发服务请求。也许更重要的是，IIoT 还可以帮助制造商预测机器何时会发生故障或进入危险的运行状态。传感器通过分析给定机器的声音频率、振动和温度等来判断其是否在正常状态下工作。在没有 IIoT 技术之前，人类手动执行此过程会耗费大量时间。而通过使用传感器收集并快速分析云中的数据点，预测变得更加容易。这样就可以把传统的维护变成预测性维护，使工厂能够通过主动维修来减少设备的停机时间并提高安全性。通过减少停机时间，浪费减少，工厂可以更好地利用产能，从而显著提高运营效率。

IIoT 的另一个巨大优势是位置跟踪。以往工人们可能花费大量时间查找工具、设备和成品库存，而 IIoT 缩短了这些时间。

这一切听上去都很美好，然而也不能忽略互联网的破坏作用。工业物联网一方面提高效率、生产力和安全性，另一方面也可能破坏企业原有的业务模式。在不久的将来，可以看到高价值设备（从机器人到飞机发动机）会越来越多地被租用而不是直接销售。

想象一下，高价值设备配备内置传感器，可以被远程监控并自动进行维护、修理和升级。这样一来，制造商就可以专注于手头的工作，而不必担心自己使用的设备的状况。

由此来看，制造商必须从多个角度实现数字化转型：效率提升，自动化，以客户为中心，以及利用整个制造价值链中的数据所带来的优势，创造新的收入来源。这些共同构成了制造业数字化转型的关键方面。

9. 企业数字化转型的四大挑战

数字化转型与面向客户及其体验息息相关。

它是对客户在所有业务活动中都处于核心地位的一种认识。

◎ 一场大公司不占上风的对垒

在这个前所未有的大变局时期，旧时的企业无一例外会遇到转型问题。转型的根本，在于企业面临两种变化：市场结构变化和来自技术的变化。为应对这两种变化，需要进行一系列管理、市场营销和投资的转变。

根据克莱顿·克里斯坦森等人的分析，这个转型可看作已定型的大公司（incumbent）同新进入公司（entrant）的市场对垒。① 前者因为企业中正式的和非正式的资源分配过程，很难把充分的能量和人力集中在

① CHRISTENSEN C M，RAYNOR M E，MCDONALD R. What is disruptive innovation? Harvard Business Review，Dec. 2015. https：//hbr. org/2015/12/what-is-disruptive-innovation.

那些小的市场上，即便按逻辑它们有一天会成为大市场；而且，这些公司还会被用户牵住，只能够成功地执行延续性创新，却不能处理好破坏性创新。而新进入公司，由于财务激励不同，产品更加聚焦在用户的使用而不是功能上，更关注突破性创新。这些导致这两类公司的技术 S 曲线是完全不一样的。在破坏性创新的范围内，新公司几乎永远会取得胜利，老公司则在延续性创新当中保持领先地位。

新公司依靠破坏性创新击败乃至替代老公司的例子数不胜数。在 20 世纪 80 年代，钢铁巨头低估了微型钢厂的潜力；在 80 年代和 90 年代，个人计算机颠覆了数字设备公司、王安电脑公司和其他小型机制造商；近年来，网络零售商威胁到实体零售商的生存，Airbnb 和优步则分别把住宿和出行市场搅得天翻地覆。

期望辉煌的过去能够保护其免受变革力量影响的公司注定会失败。为了逃脱这一噩运，已定型的大公司必须奋起转型，实现凤凰涅槃。在转型过程中，它们将面临四个主要的挑战。

第一个挑战是开发杀手应用。一个杀手应用应该具有如下特征：

> 某一新技术或产品的特点、功能或应用程序，对用户而言几乎是不可缺少的，或明显优于竞争对手。
>
> 一个非延续性、创新性的发明，能产生范式转移的长期、巨大的效应。
>
> 能够创造新的市场和行为模式，摧毁旧的产业（故谓之“杀手”），改写或重新定义整个产业的游戏规则。
>
> 可以极大地提升平台能力，增强网络效应，发展大量用户，并达到临界规模。

这一挑战实际上考验的是已定型的大公司发起破坏性创新的能力。

破坏性创新理论预测说，当新进入公司正面应对已定型的大公司、提供更好的产品或服务时，已定型的大公司将加快创新以捍卫自己的“地盘”。这样看来，已定型的大公司基本上是处于守势的。

原因在于，老牌企业往往发现自己身处大趋势的错误一面。无论它们资产负债表和市场份额的表现有多强劲（有时恰恰是基于这些因素），在位者似乎都无法阻挡大潮的到来。对于它们来说，好消息是，许多行业仍处于数字化破坏的初期。媒体、音乐、旅行和住宿行业的先例，提供了越来越有价值的转型路径说明。如果想对变化予以有力的回应，现在还来得及。

要做的第一步是，老牌企业的领导者必须致力于实施一系列举措来培育具备潜在成长性并代表未来的小规模业务单元。可以将其视为如同风险投资所培育的新业务，这些新业务只有在迅速扩展的情况下才能获得回报。为了在游戏的这一阶段产生所需的加速，老牌企业必须大胆且不懈地将资源从旧模式再分配至新模式，并表现出愿意采纳与旧模式不同（通常是独立分开）的方式经营新业务。只有在这种情况下，杀手应用才能开发出来。

第二个挑战来自组织的“去耦合”。如上所示，主流公司不是在所有的破坏性创新当中都无所作为。在一种情形下，主流公司甚至可以取得成功：在内部建立了新的、独立的、围绕突破性业务的自治组织。这一自治组织可以自由分配资源，以便在破坏性的新市场当中获胜。

对于已定型的大公司而言，要解决的问题是，如何从一个紧耦合企业变成一个松耦合企业。紧耦合意味着各个组成部分有较高的相互依赖性，需要较多的协调活动，所有的工作都在公司内部完成；松耦合则意味着有很多独立的实体或者个体，相互依赖度较低，有更多的分享，很多的东西外包出去。我把这个从紧耦合到松耦合的过程称为“去耦合”。在我看来，21 世纪的组织，需要把权力和功能做到最大限度的分布，使组织可塑性非常强，同时具有持久性。

这一项挑战可以用加里·哈默尔（Gary Hamel）有关管理两种功能的框架来予以分析。哈默尔认为，管理最重要的是要解决两个问题：第一，在纵轴上，如何通过提供合适的工具、激励和工作条件，放大个人能力（amplifying human capabilities）；第二，在横轴上，如何将不同个体的能力聚合起来（aggregating human capabilities），完成那些个体无法完成的事情。过去，放大个人能力需要勤奋（diligence）、智力（intellect）、主动性（initiative），而今天决定企业是否有竞争力的关键在于员工是否有创造性（creativity）以及是否有热情（passion）。如何聚合个体的能力呢？汇聚（pool）、标准化（standardize）、定序（sequence）、一体化（integrate）、最优化（optimize），对行动聚合的要求依次越来越高（见图 9-1）。①

虽说现代管理的工具和方法是为了解决大型组织中的控制和效率问题而发明的，但我们可以将管理的目标设定得更加高远：组织的存在主要是为了拓展人的创造力，多方成就人。然而，没有任何人能够独自开发和生产复杂的产品，比如手机或抗病毒药物；大多数产品和服务需要整合多人的技能和专门知识。因此，管理的基本任务是在最大限度释放个人的创造力的同时，在许多个人之间实现合作与协调，以创造和提供

① HAMEL G, BREEN B. The Future of Management. Harvard Business School Press, 2007: 250-252.

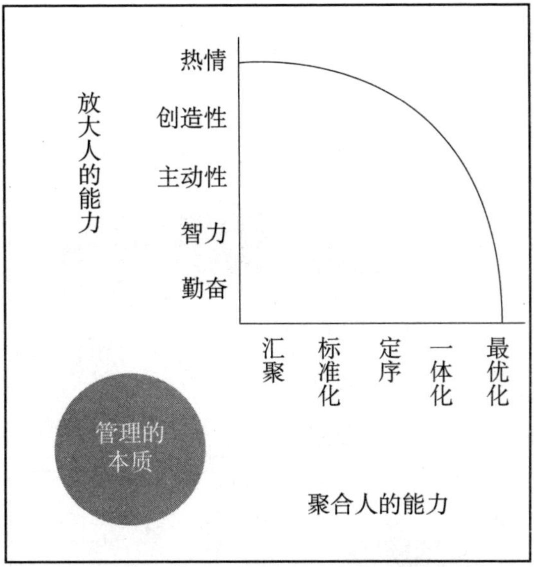

图 9－1　有效管理的两个维度

产品与服务。

那么，在转型过程中，有没有可能化解管理中这一对永恒的矛盾？怎么样做到既放大个人能力，又让个人之间协同？应对这一挑战的实质就是要打造充分的网络化组织。只在纵轴上行进，那是传统的市场模式，由市场提供高效且适应性强的系统，用于聚集信息和分配资源。只在横轴上前进则意味着传统的官僚制。现代管理的大多数规则、激励机制、预算系统、战略计划系统、人力资源管理系统、产品开发过程都是官僚制的具体体现，它限制了个人的企业家精神和响应能力，但其基本目的是使个人利益与组织利益保持一致。

市场和官僚制各有各的弊端，所以必须走第三条道路：以实时的分布式网络，结合市场和官僚制的优点，即既提高个人的创造力，又通过无处不在的实时连接对许多努力进行汇总。这样的网络化组织的力量在于，它具有赋权个人、促进协调的能力，同时避免了等级制和官僚主义的无效（见图 9-2）。

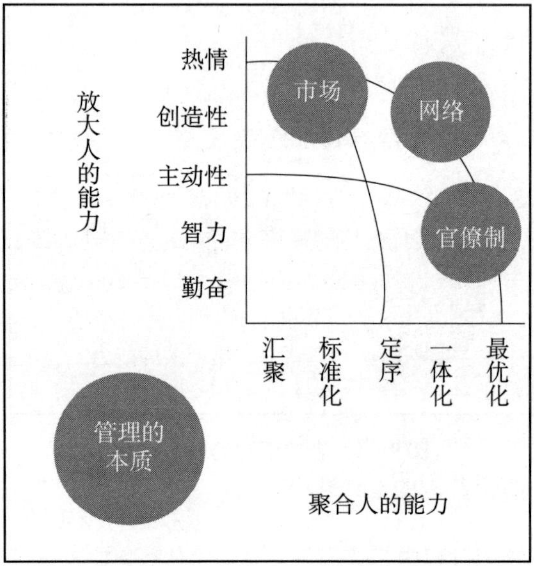

图 9-2　网络化组织的第三条道路

第三个挑战来自数字化的人力转型。技术破坏——数字化、自动化、智能化——迫使企业改变其工作方式。在这种环境下，领导者必须培养创新文化，通过提高员工参与度、职业流动性和促进技能的转型来带动员工队伍。

数字化转型改变了组织如何为最终客户创造价值的思维方式，为此，必须对流程和结构予以重新构想和塑造。然而，对于没有受过良好教育的员工，这一切都是不可能的。技术当然可以发挥重要作用，但是仅专注于技术可能会令组织陷入僵局，最终由选定的技术而不是人来领导决策。

所以，仅有技术是不够的，公司需要确保在价值创造的整个过程中对员工进行教育和放权。我们常说客户体验，也请不要忘记员工体验。员工与公司的每一次互动都是至关重要的。公司提供的技术工具是否可以帮助他们完成工作？公司的文化是否使工作场所高效而富有活力？当员工的技能有所欠缺时，公司能提供及时而充足的教育培训吗？体验的积极与否有可能提高或降低员工本应给企业带来的生产力。

投资于员工、致力于他们的发展并尊重他们的想法的公司才能建立忠诚度，使变革管理更容易在公司内部实现。同时，新世代的年轻人陆续进入职场，这些被称为“社交一代”（social generation）的新员工开始成为工作中的主体，这一代人喜欢与他人发生联系，希望拥有开放并且有利于社交的工作环境，期待同事和老板平易近人；他们乐于从事合作性的、以团队为基础的工作项目，渴望信息在各个层面无障碍流动；他们是数字交流的高手，擅长多任务处理，精力充沛；他们有社会意识，更强调工作与生活的平衡。

因此，“社交一代”对找工作有着完全不同的期待——找工作更像找对象或者买房子，需要搜寻和配对等。在这个层面，企业面临的是：如何从对新一代员工采取绩效至上加结构化的激励方式转变为提高其就业能力与灵活性。小规模业务单元需要一种完全不同的员工，他们有可能是非收入导向的，更看重个人的充实感和满足感，更希望同社会上更大的网络社区有互动，在企业内部有充分的信息流动。企业是不是有透明度，能否迅速反馈，对于转型期的企业员工来讲至关重要。

随着人工智能、VR/AR、大数据分析等技术开始进入业务领域，企业关键是要使用新技术来创造富有意义的体验，这些体验可以在更深层次上触及员工、客户和其他人——重要的是始终将人与人联系在一起。

第四个挑战是流程的转型。传统的硬件要经过规格的设定、物料清单的优化、设计、供应商谈判、原型制造、试产、大规模生产这样的漫长流程（可能需要18～24个月），最后再通过营销、销售才能到达用户手中，可以说，这样的产品开发出来时已基本上丧失价值。从想法酝酿到用户交互之间的时间长得让人无法忍受，产品迭代时间和成本过高，而这正是传统制造业不可承受之重。现在，发起硬件革命的独立公司和创业公司把流程改造成“敏捷开发”：设计阶段就通过开源研发，接着是快速的原型制造和试产，然后是营销和销售，最后进入外包生产阶段并最终送达用户。如此流程改造使我们摆脱了旧日的规格限制，原型制造和最终制造可以脱钩，销售和生产顺序发生逆转，加上大规模协作的增强、向云端的迁移，一场制造业的革命得以完成。

流程改造的关键是做到从以顾客为基础到以用户为中心。这可以分解为三个方面：第一，能不能打造用户的“活”数据，结束与用户之间的“失联”状态？家电公司从电器到“网器”的转化就是在往这一方向发展。第二，加强交互思维，把用户真正当成主体，视产品为有生命的、可以不断演化的有机物，同时打破过去运营的分工思维，采用合工思维解决运营模式问题。第三，拿到用户数据之后，就要向互联网公司学习如何引流，因为没有流量，就难以产生销量；没有流量，就难以提升用户的体验，就无法形成黏性。

◎ 转型为什么

很多时候，公司将数字化转型定义为从传统向数字化的转变。仅仅这样做是不够的。数字化转型与面向客户及其体验息息相关。它是对客户在所有业务活动中都处于核心地位的一种认识。最终，转型是为了满足客户需要，而不是为了满足企业的需要。

诚如张瑞敏先生所言，“没有成功的企业，只有时代的企业”。纵观世界企业的发展，1900 年至 1960 年的漫长时期都是生产时代，主导那个时代的企业都是以制造见长的；1960 年至 1990 年，是分销的时代，“渠道为王”成为当时的响亮口号；1990 年至 2000 年是信息时代，有没有 IT 竞争力决定企业是不是可以在这个时代占据主导地位；2000 年至今，互联网全面渗透，我们来到了客户时代（age of customer)。

客户时代，在技术的支持下，客户比以往任何时候都拥有更大的影响力和更高的期望，因为他们可以通过网络实时访问有关产品和服务的信息。客户快速访问信息的能力引发了市场的巨变。这个时代代表着从企业和组织向客户的权力过渡，为痴迷于客户的领导者和企业提供了前所未有的机会。

为了充分满足客户需求，企业必须锻造更高效、连接丰富、权力分散、分析驱动且自动化的工作方式。今天，我们大量谈论人工智能替代人的可能性。随着机器人的应用与发展，越来越多的工作将实现自动化，尤其是那些最具重复性的工作。失去工作对员工不利；但有利的一面是，人类能得到的工作再不会那么单调乏味。

这看上去自相矛盾，但人类情感的非理性正可导向一种解决方案，用以战胜自动化取代人力之势。自动化所剩下的工作是最适合人来做的，这些工作更看重的是人情味而非例行公事。这就意味着，未来需要拥有智慧而不是智能的人。

人怎样才能有智慧？首先要给人以自由。归根结底，管理有关人性。组织如果还想生存，就必须以某种方式在人性上做出较大幅度的改变，尤其是在我们进入了自由的互联网时代之后。转型之路，也就是企业的智慧自由之路。

第二部分>>>

先拔头筹·战略篇

10. 社会性企业的崛起

为什么企业要走向社会性？

因为我们需要寻找一种新的关系模式。

◎ 人为什么需要顽强地彼此联系

我翻译了克莱·舍基（Clay Shirky）的《人人时代：无组织的组织力量》（*Here Comes Everybody*：*The Power of Organizing Without Organizations*，2008），这本书的主题是：基于爱、正义、共同的喜好和经历等，人和人可以跨越传统社会的种种藩篱，灵活而有效地采用即时通信、移动电话、网络日志和维基百科等新的社会性工具联结起来，一起分享、合作乃至展开集体行动。人人时代已经到来。

从远古时开始，人就是一种社会动物、相互依赖的动物，个人以各种各样的方式同其他人联系在一起。人为什么需要顽强地彼此联系？各个学科都给出了自己的分析答案。

政治学认为，作为一种政治性动物，人类个体只有在与其他人进行集体协商的基础上，才能建立起共同的治理制度；否则，人类将受制于万劫不复的丛林法则。

经济学则强调分工的必要性：随着社会分工的发展，人们在提供商品和服务方面也存在着彼此依赖的关系。这意味着，财富的生产、市场交换关系的产生，都不是个人进行孤立选择的结果。所有的市场交换都会产生其外部效应，而不只是影响到买卖双方。这种外部性必须得到共同体的集体管理。

而从人类个体来看，在每一个人的生命历程中，都存在一段特别依赖他人的时期。为什么海豚一出生就会游泳、马一出生就会走路，而婴儿如果没有父母辛苦的培养，就几乎什么都不会？1995 年，人类学家莱斯利·C. 艾洛（Leslie C. Aiello）和彼得·惠勒（Peter Wheeler）提出了"昂贵组织"假说（expensive-tissue hypothesis）。[①] 他们认为，大脑是我们全身最复杂、最重要的部位，在发育过程中，大脑"抢占"了身体的大部分能量，所以才导致了身体其他器官发育迟缓。不论怎样，成年人都必须接受婴儿的依赖，因为没有一个婴儿可以独立存活。

然而，人类社会还有一个特点，即我们有些时候是照顾者，有些时候又变成被照顾者，因为每个人都会步入老年。与婴儿不同的是，老年人已独立生活了几十年，又重新变回依赖他人，常常难以适应。此处，一种观念的改变在于，要相信自己对他人的依赖是正当的。

最后，我们与自然也处于一种相互依赖的关系中，自然滋养我们，我们对自然负有责任。对自然环境负有责任，当然也是对下一代负有

① AIELLO L，WHEELER P. The expensive-tissue hypothesis：the brain and the digestive system in human and primate evolution. Current Anthropology，1995，36 (2)：199-221.

责任。

这一切都表明，人类之所以成为社会性生物，不是偶然的，而是向来就是如此。

◎ 网络化的个人主义

拜互联网所赐，在人类历史上第一次，我们的交流工具支持群体对话与群体行动。聚集一群人并使之行动原本对资源有极高的要求，使得全世界范围内的群体努力都被置于一种制度的垄断之下。今天，全球分享与合作的工具终于交到了个体公民的手中。旧日的垄断由此打破，新的组织形态呼之欲出。

马化腾在推荐《人人时代：无组织的组织力量》一书时说道："在传统产业经济时代我们所习以为常的组织形态，正变得越来越不敷重用，我们需要寻找一种新的关系模式。"一语中的。我们正在见证社会性企业的崛起。

社会交往性（sociability）是我们的核心能力之一，它在我们生活中的几乎每一个层面都既以原因也以结果的面目出现。社会不仅仅是个体成员的产物，也是群体构成的产物。个体与群体的集合关系，群体内部的个体的集合关系，以及群体间的集合关系，共同构成了一个极为复杂的网络。

而群体活动在人类生活当中的中心性意味着，任何群体作用方式的改变都会对举凡商业、政治、媒介和宗教等诸多领域产生极为重大的影响。新的社会性技术使得新式群体的形成成为可能。获取一个巨大而分散的群体的自由和随时随地的参与，已经从不可能之举变为轻易之事。如何在组织中使用新的社会性技术，以改变过去的资源分配与人力动员模式，从而扩大全员参与、促成更多合作？

最近这几年，“social”一词极为流行，是因为在技术层面，软件变成了社会性的。社会性软件（social software），与其名称不相称的一点在于，它首先是个人软件，是个人网络化的工具。社会性软件的出现标志着，互联网应用模式开始从传统的“人机对话”逐渐转变为“人与人对话”。

如果给社会性软件做一个简单的概括，它具有如下的特点：首先，它是使用开放标准的简单易用的工具和服务；其次，它可以通过网络效应创造社交可供性（affordance），这使得人类对社交的需求可以被极大地满足，但又不是取代人类日常的交流而是放大它；最后，它的使用可以导向一种网络化的个人主义（networked individualism）。

所谓网络化的个人主义，代表着我们可以借助由信息和通信技术发展所提供的手段，使围绕着等级制官僚机构或紧密联系的社会团体而形成的社会安排的经典模式向彼此互联的个人网络转变。在这样的个人网络中，枢纽是个人，而不是家庭、单位、社区和社会团体。

尽管转向网络化的个人主义的过程在互联网出现之前就已经开始，但社交网络的出现大大促进了这一发展。这里面的关键是如何从以群体为基础的社会转向网络化社会。

以企业为例，工人（这里指专业人员、技术工人和经理）日益要求在如何工作方面拥有更多的自由裁量权。他们可能和多个同事工作上有交叉，向多个上司汇报，而不是仅仅待在一个工作单元内。通过网络进行的管理正在取代通过等级树（hierarchal tree）或矩阵（matrix）设定的管理。参与者固有地具有多重忠诚度，其承诺也不再是单一的。每个人都身兼数职，同时身处若干项目和任务组。在岗位上，人们经常与距离遥远的而不是坐在身边的人一起工作。

放大到整个公司，其越来越难以成为自给自足的企业。企业经常链接到复杂的网络中，与同盟者甚至潜在的竞争对手交流。有时，不同组织的成员聚集到一起，结成一个临时的虚拟组织来处理特定的问题或应对市场，同时却保留其在原本组织中的成员资格（并忠于其组织）。

以群体为基础的社会，更像一个个小盒子，是封闭的、有界的、刚性的；网络化社会则是开放的、可渗透的、灵活的。在后者当中，每个人并非同身边的其他人融入一个群体，而是有着自己的个人网络。大多数人在多个社群中局部活动，运营变化的亲戚、邻居、朋友和同事的网络。这些活动和关系往往是非正式的，而不是有结构的组织形式。每个人通过分别运营自己的网络来获取信息、协作、订单、支持、社交性和归属感。

所有操作比特而不是原子的、基于信息的工作组织都正在转向网络化的个人主义。工作关系是分散的，关系通常延伸到城市、省、国家甚至大洲。社会性软件为网络化组织、虚拟组织以及网络社区中的交互提供了所需的灵活性，物理情境变得不那么重要了。

◎ 公司平台化，用户数据化

网络化的个人主义并不是独往独来的个人主义，支持它的毋宁说首先是集体智慧。蒂姆·奥莱利（Tim O'Reilly）——Web 2.0 术语的提出者，在界定这个术语时提到："一个真正的 Web 2.0 应用意味着：用户越多，服务越好。每当有人在网上做一次链接，每当有人进行一次搜索，每当有人点击一次广告，谷歌就会变得更加聪明一点。它会立即利用刚刚获取的信息改善其他人的体验。由此，我认为 Web 2.0 的实质是利用集体智力。出于同样的原因，我认为 Web 2.0 不仅是计算机业的一个转折点，也是世界的一个转折点。”①

除了集体智力，还有集体资源。这方面最好的代表是 P2P。P2P 服务的精髓是：每个客户端同时是一个服务器；每个节点同时是一个中心。

要想充分利用集体智力与集体资源，就必须打造一个基于信息的工作组织。这可以从战略定位、用户定位和核心竞争力等几个层面来着手。

从公司的战略定位来讲，一个很重要的前提在于公司必须平台化。1984 年，太阳微系统公司的联合创始人约翰·盖奇（John Gage）提出了一个著名的说法：“网络就是计算机。”（The network is the computer.）② 业界用了 20 年时间才认识到这句话的力量。

江湖传言，在大型机诞生的年代，IBM 的托马斯·沃森（Thomas Watson）做过一个贻笑后人的预测，他说：“世界上只需要五台计算机。”据考证，沃森并没有说过这话，但在计算机发展的早期，不止一位专业人士的确是这样想的。我们现在都知道他们错了。从那以后，市场上卖出了数以亿计台个人计算机。但我们搞错了错误的原因。这个预测的错误在于：把计算机的数量夸大了四倍。上网工作时，我们仅需要使用一台能量可无限扩充的庞大计算机。

借鉴这个著名的说法，在企业管理中，我们可以提出一个主张：

---

① O'REILLY T. My commencement speech at SIMS, May 14, 2006. http://radar.oreilly.com/2006/05/my-commencement-speech-at-sims.html.

② GRAHAM-CUMMING J. The network is the computer: a conversation with John Gage. Cloudflare, June 11, 2019. https://blog.cloudflare.com/john-gage/.

“公司就是平台。”或者说，曾经我们有公司，现在我们只有平台化企业。平台首先意味着一种数字化的业务；其次，无论内部还是外部，都有许多开发人员和追随者加入业务之中。波士顿咨询与阿里研究院推出的《未来平台化组织研究报告》将基于互联网的平台模式概括为“大平台＋小前端＋富生态＋共治理”。在宏观经济和中观产业层面上，平台“实际上是一种对多个产业甚至是全社会资源进行开放重组和融合再造的组织方式”。而在微观层面上，则如索尼前董事长出井伸之（Nobuyuki Idei）所言：“新一代基于互联网的企业的核心能力在于，利用创新模式和新技术贴近消费者，深刻理解消费需求，高效分析信息并做出预判，而所有传统的产品公司只能沦为这种新型用户平台级公司的附庸，其衰落不是管理能扭转的。”①

所谓用户定位，可以理解为用户数据化。过往和现在每一个重要的互联网应用程序都由一个专门的数据库驱动：谷歌的网络爬虫，雅虎的目录，亚马逊的产品数据库，eBay 的销售商数据库，MapQuest 的地图数据库，Napster 的分布式歌曲库，等等。数据管理是平台公司的核心竞争力，其重要性使得有时候这些程序被称为“讯件”（infoware），而不仅仅是软件。② 为获得竞争优势，应设法控制独特的、难以再造的数据源，并且用户越多内容越丰富。

在那些创建数据需要巨额成本的地方，可能存在一种如同内置英特尔（Intel Inside）方式一样以单一数据源取胜的机遇。其他情况下，胜

① BCG & 阿里研究院．平台化组织：组织变革前沿的“前言”．（2016－09）．http：//image-src. bcg. com/Images/BCG _ Future _ Platform _ Organization _ Sep _ 2016 _ CHN _ Final _ tcm9－124495. pdf.

② O'REILLY T. Hardware，Software，and Infoware//DIBONA C，OCKMAN S，STONE M. Open sources：voices from the open source revolution. O'Reilly Media，1999.

者将是那些通过用户聚合来达到临界规模，并且将聚合的数据融入系统服务中的公司。正如专有软件的增长导致了自由软件运动，在下一个10年中我们会看到专有数据库的增长将导致自由数据运动。

而为了建立新时代的核心竞争力，企业需要践行一系列新规则：

企业应更多专注于销售服务，而不是销售硬件或者打包的软件。例如，谷歌从不出售或者打包其程序，而是以服务的方式来获益。客户直接或间接地为其所使用的服务向谷歌付费。苹果公司正在努力增加其硬件以外的服务收入，以避开硬件生命周期带来的波动。

充分利用长尾。企业要利用客户的自服务和算法上的数据管理来延伸到整个互联网，到达边缘而不仅仅是中心，到达长尾而不仅仅是头部。

以病毒式营销来撬动。伟大的互联网成功者并不主动地到处推销其产品，这几乎成为公理。它们采用病毒式营销的方式，也就是说，推介会直接从一个用户传播到另外一个用户。如果一个产品或服务依赖广告来进行宣传，你几乎可以断定它不是出自用户平台公司。

巧妙搭建参与架构。人们很容易在他们的网站或应用上创建他们喜欢的另外的内容的链接、给歌曲打分或通过在线产品评论炫耀自己的知识，也很容易把自己喜欢的东西分享给他人。不管开展什么项目，都应该建构一个很小的核心、一种设计良好的扩展机制，以及一种让任何人来添加任何合乎规定的组件的方式，通过这样的设计来实现网络效应。而源于用户贡献的网络效应，是在平台时代统治市场的关键。

让运营成为一种核心竞争力。在产品开发方面的专门技术，必须同日常运营方面的专门技术相匹配。举例来说，谷歌的系统管理可能比其搜索算法更有价值。

最后，把用户当成合作开发者来信任。这是从开放源代码实践的反思中得出的。开放源代码的格言是“早发布并常发布”（release early and release often)。[①] Web 2.0 的格言是“永远的测试版”(the perpetual beta)。[②] 产品在开放状态下开发，新的功能以每月、每周甚至每天的速度被加进来。由此，实时监测用户行为，来考察哪些新特性被使用以及如何被使用，将成为一种必备的核心竞争力。

如张瑞敏所说，“企业要么是平台，要么被平台拥有”。而平台的关键经验在于：用户增加价值。

◎ 敏捷企业的需求

颠覆性技术和消费者赋权正在加快整个市场的运行速度，平台企业必须变得更加敏捷才能够保证自身的生存。如果不能够打造出一种追求创新与敏捷的运营模式，企业将无法适应、竞争和成长。为此，企业要随时准备破坏当前的策略，以持续与市场保持同步。

旧有的等级制结构无法迅速处理信息，因为现在每日每时都需要做出商业决策。敏捷的企业也就是即时企业（real-time enterprise)。在所有的组织中，时间都在被浪费：获取信息的时间、回应市场需求的时间、做出决策的时间……很多组织之所以浪费时间，是因为它们遵循着多年以前建立的流程，而没有认识到当时起作用的东西在眼下却可能引

① RAYMOND E S. The Cathedral and the Bazaar：musings on linux and open source by an accidental revolutionary. O'Reilly Media，1999：28－33.

② O'REILLY T. What is Web 2.0：design patterns and business models for the Next Generation of Software，Sep. 30，2005. https：//www. oreilly. com/pub/a/web2/archive/what-is-web-20. html? page=1.

发致命的拖延。而缺乏即时的流程和时时更新的信息，企业会付出惨痛的代价：低效导致成本上升，宝贵的商业机会被错过，在竞争速度上输于他人。

我们用一个即时企业气旋来示意企业对时间的浪费如何可以得到纠正。气旋分为三组，第一组叫作领导流程，第二组是管理流程，第三组为运营流程。领导流程有两个气旋，分别是把资本转化为能力和把刺激转化为战略。管理流程有四个气旋：威胁带来回应、概念化为具体、目标转为组织、结果推动反应。运营流程有四个气旋：采购付款、订单套现、按需服务、资源随调（见图 10－1）。一共十个气旋，每一个都有从此到彼的进程，对应着相匹配的实践操作；而在操作环节中，环环都可能存在时间的巨大浪费。比如，面对外部或内部刺激，是否可以迅即制定出新的经过改良的商业战略；对威胁的有效反应有多快；假定企业想出了一个创意，它在多长时间内可以变成产品或服务；等等。消除浪费的步骤，从细部上，包括供应链管理（供应商的选择、签约与反馈机制）、销售订单管理（处理订单、发货、记账、现金管理）、战术性营销（广告投放、客户获取、客户信息与客户服务的提供）、内部价值创造流程（包括企划、订立日程、分配资源、利用资产）等。三组流程层层咬合，做到以目标为导向，将人员、文化、技能、组织和工作结构予以系列推进。

消除了这种种浪费并不足够。打造敏捷企业最终的核心是，在企业当中形成自组织状态。归根结底，公司怎样才能变得敏捷？答案是必须从下到上。等级制需要让位于自组织。这意味着，控制和决策不再单纯来自上层，个体的团队必须被赋权实践。这并不等于混乱和无政府主义，也不等于完全缺乏计划；而是说，设定全球目标，但激发

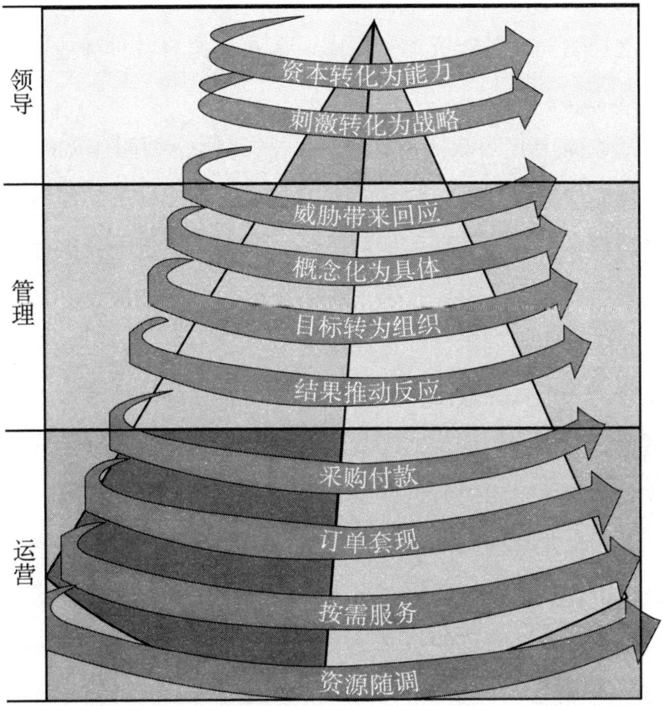

图 10－1　即时企业气旋

当地行动力。每个团队都须同时具有工具、动机和授权，以成为最好的团队。

在自组织的框架下，一个公司如果处理一个商业问题，整个管理的过程与之前相比就会发生翻天覆地的变化。从遇到问题开始，公司会启动一个体验式的反馈闭环过程，这个闭环的核心是组织内部的社会性创新资本。闭环的开始是调动知识解决问题。在解决问题的过程中，个人展开学习，在企业中形成团队之后进行团队学习，个人和团队共同努力发现问题的解决方法。问题一旦解决，企业需要把这些知识累积为知识库，再将知识库予以分享和扩散，形成下次出现新的问题时的知识储备。通过这样的一个创新资本知识库，企业在面对各种商业问题时，就能立于不败之地。

我们把敏捷企业的敏捷度归纳为三种：第一种叫作战略性的敏捷度，关键是如何发现并抓住改变游戏的机会；第二种叫作组合性的敏捷度，能够把现金、人才和管理重点迅速有效地从前景不佳的商业领域转移到更有吸引力的商业领域；第三种叫作运营性的敏捷度，懂得如何在集中的商业模式中挖掘机会。在动荡的市场环境下，只依赖于一种敏捷度是危险的，一个好的敏捷企业必须同时发展三种敏捷度。通过建立组织在战略上、组合上和运营上的敏捷度，企业领导人能够使他们的企业立于不败之地，无论遇到何种惊涛骇浪。

传统上，企业领导人常常被比作船长，手持望远镜洞察未来，建立长期的愿景，并坚定不移地向前推进。然而，今天的常态更像是，领导人要带领众人在难以穿透的重重迷雾中航行，这迷雾笼罩着整个未来。或许我们应该彻底抛弃这个船长的隐喻，因其暗示了对领导者的传统看法：作为企业金字塔时代的隐喻，船长似的领导高踞塔尖之上，掌控全局，发号施令。

现在，追随者更自主、更大胆，领导者主要依靠说服和建议，而不是命令。这仿佛历史上婚姻和政治的转变，在其中权力的转移是显而易见的——从不平等的权力平衡转为更加民主和公正。今天，我们谈论领导人，我们的榜样是马丁·路德·金（Martin Luther King）、纳尔逊·曼德拉（Nelson Mandela）和圣雄甘地（Mahatma Gandhi），他们令人信服的领导力并不来自威权命令而是来自说服动员。

领导者必须努力赢得他们的追随者。领导力远不只是一种头衔功能，而是指向效力和伦理。如同詹姆斯·麦格雷戈·伯恩斯（James MacGregor Burns）在他的名著《领袖论》（*Leadership*，1978）中所说，领导的目的是“满足人的需求和期望”，并反复确定“在人类事务中人类意志和共同的正义标准的可能性”①。

① BURNS J M. Leadership. Harper & Row，1978：3-4.

11. 超越单一的平台策略

所有的组织必须以这种方式思考：

不仅仅是自己能创造什么，

而且是在更广泛的生态系统中通过合作精心调配好全部价值。

成为平台企业意味着什么？这是当今每个企业都要走的一条路吗？其实，更准确的说法是，哪怕你的企业不能成为平台，也要具备平台思维（platform thinking），因为经济的许多层面已然被平台所改写了。平台被视为当今数字时代取得成功的最佳途径。

问题在于，平台企业的定义是飘忽不定的。为了让平台思维具体化，我们聚焦平台的两个关键要素，其中一个是平台的开放性，即向所有利益攸关方开放自身的数字资源，这突出地表现为，平台业务可以通过建立在一个可扩展的技术基础上的应用程序和应用程度接口所提供的服务来获利，客户和供应商可以将其集成到自己的运营中和整合到自己的产品中，还可以进一步拓展这些业务。

简而言之，平台业务是一种无论企业内部还是外部都有许多开发人员和追随者拴入其中的数字业务。一个平台越是功能良好，越能吸引优秀的开发人员和忠实的追随者。当然，要想让这些人将时间和精力投到构建和支持平台上，必须让他们看到自己业务的价值。这就引出了平台的另一个关键要素：利益攸关方必须和平台共赢。

开放＋共赢，就是平台竞争力。

◎ 开放平台的六条法则

开放平台是互联网行业经常谈论的一个概念和经常从事的一种实践。其奥妙在于，越是开放的东西成长得越快。但如何成为一个开放平台呢？在《宏观维基经济学》（*Macrowikinomics*：*New Solutions for a Connected Planet*，2010）中，唐·塔普斯科特（Don Tapscott）和安东尼·D. 威廉姆斯（Anthony D. Williams）提出了让公司成为开放平台的六条法则，或者说六种工作方式。①

第一，把你要做的事情（无论是实物还是服务）转换成一个平台，其他人可以围绕平台自组织并创造新的价值，而不是自己创造一些事物并强势地加以守护——正如大多数组织所做的那样。换句话说，不要只做一个创造者，也要做一个管理监护者（curator）。

很多组织在利用网络上采取了错误的方式。它们会采用同样的方式去创造所有的内容——无论是一个网站、一种新产品或服务，还是一种应对顾客的新方法。在任何情形下，它们都会把自己看成内容的创造者。然而，为了能在开放世界中成功，你不能只把自己看成内容的提供

---

① TAPSCOTT D，WILLIAMS A D. Macrowikinomics：new solutions for a connected planet. Penguin，2010：Chapter 18.

者，而是要变成管理者，能够创造环境或平台，从而让其他人去自组织并创造一些有价值的东西——为你，为他人，甚至是为这个世界。

例如，我们是一张报纸。老的方法是，我们会告诉你今天有什么重要的新闻；而新的方法是，我们是一个交流的场所、一个社区的创建者。渐渐地，所有的组织也必须以这种方式思考：不仅仅是能创造什么，而且是在更广泛的生态系统中通过合作精心调配好全部价值。

第二，为了协作，你需要分享你的一些知识产权，因此需要掌握分享的艺术。这意味着，你要清楚地辨别，你的业务中哪部分能够因为公开而受益，哪部分需要你自己牢牢掌握。

聪明的企业会通过很多种方式来利用“分享”：战略性地转移所在行业的竞争场所，更快地接近市场，减少研发费用，产生有价值的后续发明，刺激互补性用品的需求，同协作者社区发展关系资本。当然，我们并不是要企业去分享一切——在放开和封闭之间会有一系列的选择。有趣的模式是介于两者之间的。可以以协作的方式去构建一些东西，可能同协作伙伴共有，或者根据开放的程度来分配相应的所有权。很明显的是，协作创新的未来存在于参与者既能分享又能占有的这种混合模式。

第三，为了能够在这个动荡的世界中控制你的未来，你还需要从一种自相矛盾式的态度开始：放手。鼓励人们通过自组织来解决你的问题并产生新的创意。

这种放手可能会有很多种形式。或许意味着给你的员工更多的自由和灵活性去创新，并且和他们的同事共同创新。也可能意味着从你的供应商和合作伙伴那儿获取想法，在产品设计和生产上开展更为紧密的合作。也可能意味着至少和公众分享你的一部分资产从而扩大你的业务范围，或者吸引一个更大范围的贡献者网络。还有可能意味着让一个忠诚活跃的爱好者社区，利用社区成员自己策划的市场推广活动，来帮助你的品牌成长。

第四，即使是自组织也需要激励。在任何一次大规模的协作中，必需的领导力通常来自一小群充满激情的人在前面充当先锋。因此，要加强这种先锋作用，并通过提供奖励、认同他们的成绩和提拔有才华的人到领导位置等方法来激励他们。

如何在组织内部或者更广的范围内强化这种先锋精神来促进社区成长？需要构建一个平台供社区成员创新；需要分享知识产权，提供他们做事的基础；让他们自由地蓬勃发展。最重要的是，提供各种激励手段来激发这些先锋的进取之心，让他们在为企业创造价值的同时获取自身的成功。给予足够的耐心和宽容，让他们慢慢地、一步一步地发展，把协作当作真正的工作，而不是一种三心二意之举。

第五，拓宽和加深组织内部的协作文化。要想对组织创造价值的方式产生一种持久的变革，这一点至为关键。改变旧的等级制度，创造一种充满活力的精英制度（meritocracy），从而使想法和信息能够通过组织自由流动。

为了让组织变成协作性的场所，组织的领导者必须做出决定，把协作看成业务或公司使命的不可或缺的部分，并让整个组织朝这一共同目标努力。需要恰当地分配好资源来专门保证最基本的协作行为。必须不断地传播这种需求，使强化的协作取得成功，并使其持续发展下去。

协作并不只是简单地与工具有关，或者与公司内实施协作的花费有关。对于成功的企业，这与部落、社会学和文化变革有关。这意味着调整方式去适应相关的人员和过程——为了实现一个目标而协作，而不是为了协作而协作。

第六，放权给“网络一代”。如今的年轻人是最早伴随着对数字世界和它的各种可能性的先天理解而长大的一代人，协作对他们来说十分自然。英明的领导者会通过放权给年轻人，让他们帮助领导重塑过程，从而充分利用年轻人的优势。

不幸的是，大多数企业的做法正好相反。这些企业不是充分利用组织内这种年轻的能量、协作的本能和传播新的协作性工具的激情以及新的工作习惯，而是严格限制、禁止它们，甚至宣告它们的非法性。许多公司禁止上班时间使用社交媒体；而聪明的公司明白这些工具和平台正在成为其业务的新式操作系统。对于新一代来说，这些工具是很自然的，就像空气。

◎ 巧妙实现网络效应

通过开放平台，企业不仅提供自身的服务和功能，也可以访问和消费其他人的资源。而平台经济参与者的最大动力是，每个人都在寻求“网络效应”，传播自己的信息，扩大自己的销售，以期远远超出现有的基础。

戴维·麦金太尔（David McIntyre）在《麻省理工学院斯隆管理评论》（*MIT Sloan Management Review*）的一篇文章中提出，寻求网络效应采取不同的形式，具体取决于公司、行业、开发人员的动机和用户。①

麦金太尔表示，可以通过三种方式实现网络效应，以提高平台的成

① MCINTYRE D. Beyond a “Winner-Takes-All” strategy for platforms. MIT Sloan Management Review，Jan. 3， 2019. https：//sloanreview. mit. edu/article/beyond-a-winner-takes-all-strategy-for-platforms/.

功率。

“跨端”网络效应：平台充当了难以开展交互的不同用户群或组织之间的中介。例如，在一个求职网站上，求职者关心自己被招聘公司发现的可能性，招聘公司则希望高效率地招到自己想要的员工。此一效应是由网络中多边的互补商品或服务产生的。

本地网络效应：对于许多平台来说，用户不关心用户网的总规模，而在乎附近几个关键参与者的存在。例如，在打车平台上，用户从自己周边地区潜在的司机数量中获取价值，至于全国司机规模则与他们关系不大。

信息网络效应：查看产品（和消费产品）的人的能力为消费者创造了信息性网络效应。在这种情况下，网络的价值并不通过直接交易体现出来，而是通过网络中有关先前交易的信息或用户网络本地信息的易得性体现出来。

网络效应的基本内涵是，那些拥有最大用户网的平台会为参与者提供最可观的价值。然而，这也不是放之四海皆准。对于很多平台，总网络规模以外的其他特征可能是保持平台竞争力的关键。例如，平台用户可能会非常在意是否可以高效接触到平台另一端的特定群体或组织，关心平台的本地能力或平台用户中一个更高质量的子集，或是对有关网络或其参与者的信息获取给予更多的重视。

随着平台业务模式在各种各样的环境中持续受到关注，了解以平台为中介的市场的特征是制定有效策略的先决条件。很多情况下，你可能无须建立最大的用户网，而需要更加细致入微的平台策略，因为平台竞争的实情并不像“赢家通吃”的故事那样简单。

12. 你需要战略吗?

对组织而言，战略到底是什么？

战略有多大的用处？

组织的成败跟有无战略是否有关？首先，我们来看一个绝妙的实验：把六只蜜蜂和同样多只苍蝇分别装进玻璃瓶中，然后将瓶子平放，让瓶底朝窗户，看看会发生什么情况。

你会看到，蜜蜂不停地想在瓶底找到出口，一直到它们力竭倒毙或饿死；苍蝇则会在不到两分钟之内，穿过另一端的瓶颈逃逸一空。事实上，正是蜜蜂对光亮的喜爱让它们灭亡了。

蜜蜂以为，囚室的出口必然在光线最明亮的地方，因此，它们不停地重复这种合乎逻辑的行动。那些“愚蠢”的苍蝇则对事物的逻辑毫不留意，全然不顾亮光的吸引，四下乱飞，结果误打误撞地碰上了好运气——这些头脑简单者总是在智者消亡的地方顺利得救。因此，苍蝇得以最终发现那个出口，并获得自由和新生。

这里，蜜蜂似乎是有“战略”的，因为它们坚守一定的“逻辑”，而坚守的结局却是死亡；苍蝇似乎是没有“战略”的，因为它们试验、坚持不懈、试错、冒险、即兴发挥、迂回前进，而所有这些都有助于应付变化。

◎ 不运用战略也有好处

对组织而言，战略到底是什么？战略有多大的用处？组织的成败跟有无战略是否有关？这些都是难以回答的问题。

我们曾经无数次听过关于战略对组织的重要性的说教，但不知有多少人意识到，不运用战略也有好处。像世界上的很多事情一样，战略也是一把双刃剑。亨利·明茨伯格（Henry Mintzberg）等人在《战略历程：纵览战略管理学派》（*Strategy Safari*：*A Guided Tour Through the Wilds of Strategic Management*，1998）一书中明确指出：采用和不采用战略与战略管理过程对组织都很重要。

这是因为，战略固然确定了方向，但也会像眼罩一样遮住眼睛，让人看不到潜在的危险；战略强调了集体的行动，但行动的过度集体化将导致“群体思维”（groupthink）；战略定义了组织，却容易使组织陷于模式化而丧失整个组织体系的丰富性；战略提供了一致性与有序性，而非一致性却是创造力的源泉。

至为关键的是，今天，企业生存的环境可能突然从正常状态变得不可预期、不可想象、不可理解，企业中的“蜜蜂”们随时会撞上“玻璃之墙”。但这样说，也不是鼓励我们对世界持悲观看法。对付不确定性的办法，是在瞬变时刻赋予事物合理性，就像上述实验中的苍蝇一样。这意味着，面对趋于复杂的世界，如果你想“使之成理”（sensemaking），你就必须拥有随机性的智慧而不是教条式的智慧。随机性的智慧的一个例子是居住在加拿大东北部的布拉多印第安人通过炙烤鹿骨来决定狩猎的走向。

为什么这样讲？由于狩猎是布拉多印第安人要进行千百次的一项活动，所以他们得以积累丰富的有关猎物、追踪、天气和地形的经验。通常情况下，他们会依靠狩猎队伍中经验丰富的猎手的知识和智力对狩猎方向进行判断；然而，当外界环境的变数加大或遭遇其他特殊情况时，布拉多印第安人会把经验搁置一旁，转而求助于非逻辑性的"魔法"。

以现代理性人的观念来看，这样做简直荒唐可笑，但布拉多印第安人的魔法却带来了一些超出经验的新事物，为固定的狩猎模式引入一种随机的变数，狩猎的战术因此不会墨守成规，避免了一味遵从僵硬的战略决策模式而可能造成的无效追逐。智者如蜜蜂往往正是因热衷于"战略"而陷入死地。

◎ 战略是一种艺术

一些企业家特别喜欢描述他们在过去三年或五年中所实现的战略，你可以向他们提出如下的问题：三年或五年前的预期战略是什么呢？和已实现的战略是同一个吗？有的人会宣称他们的战略意图完全实现了。这不是一种老实的说法。有的人会说已实现的战略与计划战略毫无关系，这种回答也不属实。

战略不可能圆满实现，因为这意味要有精确的预见性。与此同时，根本不存在任何漫不经心的战略实现。绝大多数人对上述问题的回答介于两个极端之间，是两者的混合体。高效的战略家既有很高超的预见能力，又有很好的对意外事件的反应能力，这一点在军事战略上尤为明显。

战略的概念来自军事，意即对战争总体的谋划。运筹帷幄，决胜千里，刻画了战略对最终战事结局举足轻重的作用。

古人云："国之大事，在祀与戎。"长期以来，战争能够影响整个国家、民族的生存，所以，《孙子兵法》（约公元前5世纪）首篇就说："兵者，国之大事，死生之地，存亡之道，不可不察也。"孙子用一个"兵"字概括了武力和战争，包含了战略、作战、战术、战斗之义。他虽未明确提出"战略"一词，但他书中泛称的"谋""计""画""策""筹""韬""略"等，都被后人认为是战略概念的原型。"战略"一词的英文"strategy"出自希腊语"strategos"，意思是"将军的功能"，引申为"将军指挥军队的艺术"。《孙子兵法》的英译名正是《战争的艺术》。

把战略看作艺术，这在古今中外的军事大家那里是共通的。《孙子兵法》中多次提到"势"，其中最著名的一句，是"兵无常势，水无常形，能因敌变化而取胜者，谓之神"。孙子以水为喻，指出"兵形象水"，并一再强调"无形"的观念，在《虚实篇》中说："形兵之极，至于无形。"又说："微乎微乎，至于无形。"而"无形"这两个字，不乏高度的艺术含义。

像中国的兵家一样，西方近代军事理论奠基者克劳塞维茨（Carl von Clausewitz）也认识到，战争是由非常复杂的互动所组成，是一只真正的变色龙。《战争论》（*On War*，1832）中这样讲："敌人不是没有生命的目标，而是独立的生机勃勃的力量。……敌人想方设法抵抗我们的意图，并且迫使我们接受他们的意图。"① 这种敌我双方间的相互作用使

① CLAUSEWITZ C V. On War. Eds. & Trans. Michael Howard & Peter Paret. Princeton University Press，1984：77.

战争变得更为艰难和复杂。军事行动所引发的并非一种单一（single）或单纯（simple）的反应，所以，战争的发展不是某一方面所能单独决定的，而必然是互动的结果。

战争需要拿破仑（Napoléon Bonaparte）所形容的“天意的火花”①。克劳塞维茨说：“没有任何其他的人类活动是如此连续地或普遍地和机会连在一起。于是透过机会因素，猜想和运气遂在战争中扮演重要的角色。”他又指出，“在整个的人类活动中，战争是最接近纸牌赌博的（a game of cards）”②。在形容战争方面，克氏也有一个绝妙的比喻：“战争不像一块麦田。不管麦田中麦秆的个别情形怎样，都可以用镰刀将其割刈，其效率只是依照镰刀的质量而有高低之别。战争像一片由大树所构成的森林，所以在运用斧头时，必须正确地依照每一棵树的个别特性和发展来下手。”③

历史上一些诚实的战略家干脆承认：战争没有规律可循，战略实质上是个行动问题。这类战略家包括18世纪的著名将领之一、法国元帅莫里斯·冯·萨克森（Maurice de Saxe）。巧得很，他的大作就叫《战争艺术的沉思》（*Reveries on the Art of War*，1757），他在序文中是这样说的：

> 战争是一种充满了阴影的科学，在这种阴影之下，一个人在行动时是很难有把握的。它的基础就是惯例和偏见，这又都是无知的天然后果。
>
> 所有的科学都有原理，唯有战争的科学独无。那些曾经著书立

---

① 薄富尔．战略绪论．台北：麦田出版社，2000：26.

②③ CLAUSEWITZ C V. On War. Eds & Trans. Michael Howard & Peter Paret. Princeton University Prss，1984：153.

说的名将们，并不能把任何原理赐予我们。那只不过是一些战例而已，至于它们的原理，我们还是完全不知道。[①]

这当然未免将战争过于“艺术化”了，忽略了战争也有科学的一面。毛泽东在《中国革命战争的战略问题》中这样定义战略：“战略问题是研究战争全局规律性的东西。”“凡属带有要照顾各方面和各阶段的性质的，都是战争的全局。研究带全局性的战争指导规律，是战略学的任务。”战争是存在一些基本原理的，从这些原理也可引出一定数量的应用方法，虽然依照不同的环境，常常应该对其加以修改，但一般说来，在战争的混乱和动荡中，它们却可以指导军队的主将完成困难而复杂的任务。所以，对于战略，正确的认识应该是：战争领域中有规律和原则的存在；原则不变但运用却千变万化；原则的应用则有赖于天才。

南宋名将岳飞早就说过：“运用之妙，存乎一心。”岳飞之前，宋朝的常规阵法基本适用于步兵，但遇到了契丹、女真等游牧部族的骑兵，不知变通，仍然“阵而后战”，于是屡战屡败。而“岳家军”采取步、骑配合的灵活战法，击败了金军强大的骑兵。无独有偶，普鲁士腓特烈大帝（Frederick the Great）也根据战局需要，改变了欧洲军队传统的横队队形，代之以斜线式队列，实际上是“集中兵力于决定性地点”的普遍原则在那个时代的具体运用。后来的各国纷纷模仿，却不得其思想精髓，结果把它变成了教条，因此才有拿破仑战争中死抱斜线横队战术不放的普鲁士军队惨败于耶拿和奥尔施泰特会战的教训。

---

① COMTE D S M. Reveries on the art of war. Dover Publications，2012：17.

毛泽东曾经讲过，古人所谓“运用之妙”的“妙”，就是灵活性，“是聪明的指挥员，基于客观情况，‘审时度势’（这个势，包括敌势、我势、地势等项）而采取及时的和恰当的处置方法的一种才能”（《论持久战》）。

13. 向内看还是向外看

——数字化时代企业的战略选择

企业可以深度开发内部能力，
以使自己在市场上脱颖而出；
也可以积极利用其他企业所拥有的资源，
为消费者传递更大的价值。

◎ 两种战略，优劣互见

关注企业战略的人不可不注意到，地理屏障、政策限制、规模经济，这些传统上赋予企业战略优势的结构性资源如今正渐渐消融。靠在运营环节上挤压成本一度是奏效的，但现在越来越难以收到明显的效果。在寻找新的优势资源的过程中，形成了两个主要的战略学派。

核心竞争力战略学派（core competency school of strategy）：加里·哈默尔和 C. K. 普拉哈拉德（C. K. Prahalad）的《竞争大未来》（*Competing for the Future*，1994）是一部扛鼎之作。作者在书中指出：企业应

该把商业战略构筑在核心竞争力之上。他们形成了核心竞争力战略学派。该理论认为，战略优势来自清晰地认定并加强公司内部的核心能力。

杠杆战略学派（leverage school of strategy）：在《竞争大未来》出版若干年后，以亚当·M. 布兰登伯格（Adam M. Brandenburger）和巴里·内勒巴夫（Barry Nalebuff）的《合作竞争：博弈论战略正在改变商业游戏》（*Co-opetition: A Revolution Mindset That Combines Competition and Cooperation*，1996）及詹姆斯·F. 穆尔（James F. Moore）的《竞争的衰亡：商业生态系统时代的领导与战略》（*The death of competition: Leadership & Strategy in the Age of Business Ecosystems*）为标志，诞生了战略思维的第二个学派，可以称之为杠杆战略学派。在这两部书中，战略重点不再完全放在公司内部，而是强调更多地借助公司外部资源，以杠杆作用来加强自身的能力。

两个战略学派各有各的拥护者，其相对优劣随着商业大潮的起落而此消彼长。在 20 世纪 90 年代末的商业繁荣时期，杠杆战略学派似乎占据了上风，许多公司增设了新的高管职位——组织发展（organizational development，OD）副总裁，其主要协调管理与商业战略伙伴的关系。2000 年，随着经济开始下滑，公司战略领域又出现了返本归源的趋势，高管们转而埋头到公司内部，核心竞争力战略学派再度盛行。

商业战略思想家约翰·黑格尔三世（John Hagel Ⅲ）和约翰·斯利·布朗（John Seely Brown）认为，两个战略学派各有所长。企业可以深度开发内部能力，以使自己在市场上脱颖而出；也可以积极利用其他企业所拥有的资源，为消费者传递更大的价值。

可是，单独看每种战略，其又是不完整的。当消费者要求更高、控制力也更强时，企业不能只依赖于自身的资源——无论它是多么伟大的企业。同样，企业也不能只想着利用别人的资源，而不管是否能够加强自身的实力。①

在《领跑未来：打造企业可持续的竞争优势》（*The Only Sustainable Edge: Why Business Strategy Depends on Productive Friction and Dynamic Specialization*，2005）一书中，黑格尔和布朗提出了获取竞争优势的一种全新方式——加快能力建设。这里所说的“能力”，泛指企业使用资源、创造超出成本的附加值的力量，“资源”则广泛地涵盖了可见资源（财务、人力、物质）和不可见资源（知识产权、关系网络、品牌）。这些资源可能在一家企业内部，也可能属于其他企业。

◎ 内外兼修，抢占先机

初看上去，“能力”的提出似乎没有多少奥妙之处，但仔细辨别，黑格尔和布朗的见解自有其深刻内涵。

学会更加动态地看待能力。随着竞争的加剧，那些认为能力静止不变的经理们将会领教到被竞争对手迅速赶超的滋味。挑战在于：要加快能力建设，还要尽快地将其转化为公司业绩的全面提升。

扩大创新的内涵。企业从事能力建设，意味着它应该通过创新来创造更大的价值。然而，多数企业苦苦追求的仍然只是效率，而不是创新。此处的“创新”比公司管理者们通常所说的“创新”含义要广得多。后者主要指的是产品创新，因为推出新一代产品能够巩固企业的市

---

① HAGEL Ⅲ J，BROWN J S. Finding new sources of strategic advantage. Harvard Business School Working Knowledge，May 2，2005. https：//hbswk. hbs. edu/archive/finding-new-sources-of-strategic-advantage.

场地位。但与产品相关的改变实际上只是企业面临的创新挑战的一部分。创新必须包含能力的元素，尽管有时只表现为产品或服务层面的创新，但有时也会伴有整个流程甚至是商业模型的创新。

勇于跨越企业边界。多数企业没有付出足够的努力去了解边界上正在发生的变化，以及这些变化对自身核心业务的意义。那些勇敢跨越边界的企业会比只知捍卫和发展自己的核心业务和核心市场的企业更快地建立起自身的能力。

重新思考企业存在的合理性。经济学家罗纳德·哈里·科斯认为，企业的存在是为了实现市场交易的经济性。根据这种观点，效率是设立公司的主要动机。

然而，随着信息技术系统地降低企业内外的互动成本，企业存在的根本原因也在改变。或许我们应该重新评估公司存在的合理性，从以效率为出发点转向以能力建设和系统性创新为出发点。

可以说，黑格尔和布朗的"能力说"为两种战略学派增添了更多的活力。独有能力依然是战略的基础，但企业必须不断通过与他人合作来发展独有能力，如此方能保证它始终为企业创造出战略先机。

◎ 新战略的三大任务

在能力建设上，公司管理者需要关注三个战略重点。

动态专业化。"动态专业化"是指，无助于企业实现差异化的资源和业务要懂得放弃，能使企业在市场上脱颖而出的能力要大力发展。

企业集团化潮流在20世纪60—70年代早期达到顶峰，然后逐渐退潮，业务剥离的趋势取而代之，但这只是第一波专业化浪潮。

现在，离岸（及相关的外包）潮流正促使企业加快新一轮的业务集中化行动。在这个过程中，企业分切出自己业务的一些核心部分，把它们交给第三方。这样做可以带来创新动力、开启创新机会、打造创新能力。

连接与协调。通过流程网络，企业可以在很长的商业流程内组织起资源。它采取的不是那种通过预测需求来准备资源的“推”模式，而是可以根据特殊市场需要灵活获得资源的“拉”模式。流程网络代表了一种在全球范围内获取专业化能力的机制。这一网络要想有效率地运作，需要有共同绩效体系做保障。

杠杆能力建设。它是指跨企业的快速能力建设。真正的考验在于企业是否能够创建起一种关系，以加快所有参与者的能力建设速度。一家企业无论多么优秀高效，都不应孤军奋战，只有借助于其他企业的互补性专业化能力，才能将自己的业绩更快提升到一个新水平。

总之，新战略应当有效地结合起三大任务：密切关注独特的个体能力；有效利用商业伙伴的其他专业化能力；积极推进网络间和商业伙伴间的能力建设。

14. 利用悖论寻找更好的道路

任何有雄图的企业，

在发展、运行以及持续改造中都会面临许多悖论。

只有通过巧妙平衡由悖论产生的各种相互矛盾的需求，

企业才能找到通向未来的道路。

在《空雨衣》（*The Empty Raincoat*：*Making Sense of the Future*，1994）中，查尔斯·汉迪（Charles Handy）描绘了一个令人难忘的意象：朱迪丝·希亚（Judith Shea）创作的一尊铜铸的雨衣雕塑，笔直站立，里面空无一物。对汉迪而言，这件空雨衣就是现代人无法摆脱的悖论的象征。避免让生命成为空雨衣，让未来变得有意义的关键，就在于认识和走出悖论。

◎ 商业中的一切都构成悖论

管理日益成为一种复杂环境下的复杂行为。虽然有关管理的说法层出不穷，人们却被这些说法弄得越来越糊涂：战略不可或缺，但灵活性同样重要；企业应该面向全球，但本地化也是不可不走的一步；集权为企业发展之必需，分权又何尝不是如此？大企业向往小企业的激情，小企业羡慕大企业的规模；公司期望雇用不是那么自以为是的员工，以便让他们胜任团队工作，又祈祷找到愿意分担责任的经理人……

大多数公司就这样被各种说法推来搡去。然而，不执着于某一种固定的“意识形态”，可能恰好构成了管理者认识所处世界的良好方法，因为没有一种管理风格不是双刃剑，管理者必须学会在两个极端之间走钢丝，“悖论管理”（paradox management）由此应运而生。

什么是悖论？自相矛盾之论就是悖论。悖论在生活中无处不在，世间几乎不存在“完美”的行动计划。而商业也像生活一样充满悖论。汤姆·彼得斯（Tom Peters）说：“商业中的一切都构成悖论。要做到出色，你必须保持一致性。而当你保持一致性的时候，却很容易受到攻击。”[①] 悖论式管理要处理的，就是表面看起来自相矛盾，实际上可能都正确的问题。

悖论使我们感到不自在，它需要我们在两种相反力量的作用下仍然保持平衡。但实际上，悖论是一个强有力的概念。克尔凯郭尔（Søren Kierkegaard）称：“悖论是思想者激情的源泉，没有悖论的思想者就像一个没有感情的恋人，一个微不足道的庸人。”[②]

◎ 悖论：既令人困惑又激发挑战

那么，悖论这种智力游戏对常需要在现实中挽起袖子大干的管理者

① PETERS T. Tom Peters's true confessions (continued). Fast Company, Nov. 30, 2001. https://www.fastcompany.com/44173/tom-peterss-true-confessions-continued.

② 克尔凯郭尔．哲学片断．王齐，译．北京：中国社会科学出版社，2013：3.

有什么用呢？关于这一点，一个重要的事实是，经营管理中的悖论正在数量和品种上不断增加。普华永道变革整合小组认为，最令管理者感到困惑的几个主要悖论包括[①]：

积极的变革需要稳定的基础

当领导变革时，那些成功的企业领导者会牢牢把握促成稳定的关键因素，如企业文化、归属感、愿景、使命、战略以及核心竞争力等。在变革的风浪中，这些稳定因素犹如灯塔，引导员工前进。

企业是由员工构成的整体，但它的基本构件是个人

要想创建一家全球企业，你必须意识到构建企业的最基本单位是员工个人。你必须认识到，每个员工都是在技能和志向上独一无二的个体，也是组织不可或缺的一部分。既要照顾大多数，又不能忽略个人。

改造企业文化既要单刀直入，又要以迂为直

文化决定了企业的决策模式，指导组织行为并且规范所有成员的个人行为。在可见的层次，它是“我们在这里做事的方式”，而在深层次里，它包含着信念、价值观以及在整个组织中人们待人接物的态度。企业文化的持久性和影响深度确保了组织行为的延续性，这显然是组织的一项重要资产。但是，文化的这种惰性也使文化的变革十分困难。在各种细微之处，文化的影响无处不在。另外，能够体现组织文化的地方是绩效考核体系和薪酬制度。以迂为直，指的是运用绩效考评、薪酬制度或是员工日常行为规范这类工具来达到改造文化的目的。

---

① 普华永道变革整合小组．管理悖论：高绩效公司的管理革新．北京：经济日报出版社，2002.

真正的分权需要强势的领导

复杂的形势下，新的领导模式正在形成，既满足对果敢的领导风格的迫切需要，同时兼顾个人自由与主动性。如一位首席执行官（CEO）在谈到和下属的关系时所说："我只是教给他们方法，至于具体怎样做，我让他们放手去干；但在需要干预时，我也当仁不让。"

一线管理者同时必须是战略思考者

诺曼·施瓦岑科普夫（Norman Schwarzkopf）将军说："任何战争计划在面对敌人时都会土崩瓦解。"他的潜台词是：最好让你的地面指挥官制订和实施"实时"的战略和策略，否则不可能取得胜利。对企业来说，战略计划不能再由总部在"后台"策划，然后强行推出，而要由一线来制订。一个跨国公司的高管说得好："我的意思不是说让计划人员把手弄脏，我的意思是只有那些手脏的人才应该做计划。"既有计划者又有管理者的奢华时代一去不复返了。要想取得良好的效果，二者必须合而为一。

◎ 成功之后的衰败

在种种悖论之中，最能引发深层思索的是一种已被广泛认知的现象——"成功之后的衰败"，也可以称为"成功的悖论"（paradox of success）。简单地表述就是：让你到达今天位置的东西和方式，可能很少是令你继续到达明天位置的东西和方式。

汤姆·彼得斯和罗伯特·沃特曼（Robert H. Waterman）合著的《追求卓越》（*In Search of Excellence*，1982）十分有名，但书中很多得到"卓越公司"称号的企业却似乎受到了诅咒。在该书出版发行后的10年里，灾难降临到了这些"明星企业"头上。这种情形在高科技领域尤其明显，美国国家半导体公司、王安电脑公司、数字设备公司等一系列被评定为业绩优良的企业一个个栽了跟头。此类现象预示着声誉和成功的脆弱性。

导致“成功之后的衰败”的因素是什么？企业昨天的制胜之道怎样演变成今天的惯性思维和僵化教条？成功企业内部日益滋长的自我满足甚至是傲慢自大如何令其丧失了直面现实的能力？很少有人能回答这些问题。只有到了日趋僵化的政策和日积月累的管理层的自我良好感将企业拉入危机的深渊之时，管理者们才不得不坐到一起自问：“究竟是什么地方出了错?”

这样的悲剧是不可避免的吗？欧洲工商管理学院（INSEAD）的保罗·埃文斯（Paul Evans）教授认为，原因在于公司的一种强大惯性，管理者不断完善自己赖以成功的那些做法，直到走向危险的极端。[①] 领导力顾问约翰·奥尼尔（John O'Neil）则把“成功的悖论”归咎于成功者无法忘记过去的心态。如果一个人在情感上和过去存在太多的联系，就很难在任何方面和过去有所不同，也就会太久地坚持过去的东西。[②]

◎ 摆脱非此即彼的框限

和悖论相处，既不舒服也不轻松。管理者必须明了的是，虽然他们能够而且应该化解某些矛盾，但绝对不可能完全消除、解决或回避这些矛盾。混沌、复杂、矛盾，这就是今天的企业所面临的全新现实环境。

---

① EVANS P. The dualistic leader：thriving on paradox. CHOWDHURY S. Management 21c：someday we'll all manage this way. London：Prentice Hall-Financial Times，2000：66－82.

② O'NEIL J R. The paradox of success：when winning at work means losing at life. TarcherPerigee，1994.

曾经有过一些时候，人们坚定不移地认为，应该存在管理其组织和生活的正确的途径。然而，复杂科学和混沌理论都告诉我们，动荡是产生创造性和某种新秩序的必要的前奏。任何有雄图的企业在发展、运行以及持续改造中都会面临许多悖论，只有通过巧妙平衡由悖论产生的各种相互矛盾的需求或所谓"张力"，管理者才能获得好的业绩。

不止一位学者注意到这种现象。悖论式管理的宗师是英国商业经济学家查尔斯·汉迪，他在《空雨衣》中号召管理者学会和对立物相处："为了在各个方面都能生存得更好，我们必须学会利用悖论，平衡矛盾及不一致性，并将矛盾和不一致性当作寻找更好道路的门票。"①

加里·哈默尔则称："未来几年的组织成功将取决于各级员工管理看似不可调和的折中（trade-off）的能力——包括短期收入与长期增长、竞争与协作、结构与浮现、纪律与自由以及个体业绩和团队成功之间的折中。"②

这些折中有什么共同点？它们是极化的对立物（polarities）。一种条件、行为或人，如果具有看似矛盾的品质，而矛盾的两极都是正确的，都构成长期成功的必要条件，我们就说其具有极性。

有效地管理极性需要一流的领导才能，才能在要解决的非此即彼式问题（either/or problems）与要永久管理的两者兼顾型折中（both/and trade-offs）之间进行区分。如果想长期取得成功，则必须采取两者兼顾的方式消解极化对立。正如柯林斯（Jim Collins）与波拉斯（Jerry

---

① 汉迪所著《空雨衣》在美国出版时，名字改为《悖论年代》。HANDY C B. The age of paradox. Harvard Business Press，1995.

② HAMEL G. Moon shots for management. Harvard Business Review，Feb. 2009. https：//hbr. org/2009/02/moon-shots-for-management.

I. Porras）所说，高瞻远瞩公司的一个关键成功要素是，它们不用“非此即彼”的暴力（Tyranny of the OR）来框限自己，而是用“两者兼顾”的天才（Genius of the AND）来摆脱困局，成功的要素在于同时拥抱两种异类。①

对悖论管理的鼓吹者来说，悖论管理不是在不清楚答案的情况下做模棱两可的骑墙派，而是在承认商业中充满悖论的同时，创造一个心理上的参照点。因为管理者越是对情境的复杂性表现敏感，通向成功的正确途径就越可能在合适的时间出现。

悖论管理会催生出一种新模式，不是提供一种稳定的方法去化解冲突，在“二者择一”的矛盾目标间精心地做出选择或妥协，而是维持组织里的动态平衡。换言之，领导人面临的挑战，是认清不同替代方案都必须处理，了解我们所处的世界不会奖励一致性，至少长期来说不会。由此可以说，管理动态平衡是悖论管理术的核心。

“太多的事情似乎都包含它们自己的矛盾，太多的良好愿望得到的是意想不到的结果，太多成功的规则尾巴上都带着刺。”汉迪写道。② 在悖论如天气多变的时代，管理不就意味着在相互对立的力量作用之下摇摇摆摆地前进吗？

---

① COLLINS J，PORRAS J I. Built to last：successful habits of visionary companies. Harper Business，1994：43.

② HANDY C B. The age of paradox. Harvard Business Press，1995：x.

15. 能力决定速度

企业发展速度的快与慢不是可以强求的，
而是取决于自身竞争能力的强弱。

快速发展是一种趋势。在《未来时速：数字神经系统与商务新思维》① 一书的序言里，比尔·盖茨说过："如果说1980年代是注重质量的年代，1990年代是注重再造的年代，那么21世纪的头10年就是注重速度的时代，是企业本身迅速改造的年代。"

就整个社会产业发展的历程来看，工业时代企业的平均发展速度比农业时代要快，信息时代的企业发展速度则更快，这个趋势很明显。一个企业要想在十倍速的时代立足，发展速度太慢肯定不行，但是一味地追求高速度也会出现很多问题，这就要求企业把握好快与慢的分寸。对这个分寸的把握就是对速度进行管理的问题。可以说，速度管理，是所

① 盖茨．未来时速：数字神经系统与商务新思维．蒋显璟，姜明，译．北京：北京大学出版社，1999.

有新经济时代的公司所面临的一个新课题。

麦肯锡公司曾就新经济时代企业的发展速度问题做过一项专题研究。在80家样本公司中，有B2B公司，也有B2C公司，还有基础设施供应商。研究结果显示：影响企业发展的因素很多，速度只是其中一个，而如果单纯地追求快速，则很少会得到满意的回报。在80家公司中，有10%的公司在满足某种条件的前提下依靠快速发展得到了好处；而在另外90%的公司中，有80%的公司并不适合于快速发展。

这样的研究结果一定出乎很多人的意料，因为我们似乎早已习惯了“不是大鱼吃小鱼，而是快鱼吃慢鱼”的说法。事实上，对新经济时代的企业来说，快速的确能够带来极大的竞争优势。然而，麦肯锡的研究显示，只有速度与稳定性达成平衡的公司才是真正健康的。它将结合了速度和稳定性的公司称为敏捷公司。

没有人认为迟钝的公司会蓬勃发展。同样，通过突如其来的速度取得成功，却无法稳定脚下的基础（包括流程和结构），也会很快失去上升的势头。不过，一些高管认为，速度和稳定性是两股方向相反的力量，而且还假设它们之间可能存在负相关。麦肯锡的研究证实，事实恰好相反：敏捷公司一方面可以快速行动，另一方面又能够使其与组织的透明度、稳定性和结构性取得平衡。这样做的公司不但保持了绩效，而且促进了学习与创新，企业从上到下的动力也更为强劲。①

企业的发展有其时间约束。管理艺术的要诀在于，懂得并选择何时须快和何时要慢。受益于速度的公司大多具有以下特征：是大市场的先

---

① BAZIGOS M，DE S A，GAGNON C. Why agility pays. McKinsey Quarterly, Dec. 2015. https：//www. mckinsey. com/business-functions/organization/our-insights/why-agility-pays.

动者，能建立壁垒阻挡对手入侵，直接控制启动公司的关键性商业元素。具体地讲，只有在以下条件下，快速才会有效：

能够建立入市壁垒。如果对手能通过快速复制进入市场，花很大代价快速冲进市场就显得很不明智。只有在能锁定客户，将对手排除在外的情况下，急速前进才有意义。

有强大的市场潜能。仅仅建立壁垒是不够的，市场潜能足够大（几十亿美元或更多）时才有冒险快速前进的可能，大的市场意味着得到的回报比进入时的消耗要多。

有对几个风险因素的操控能力。如果企业依赖的是那些自己无法控制的因素，那就不要太专注于速度，比如技术的不确定性、标准经常变换、大量现存的竞争对手、核心资源掌握在别人手中，等等。合作伙伴很麻烦也是一个障碍。

不过，同时满足这三个条件并非易事。如果企业面临的是一个全新复杂的市场，而且其种种不确定因素非企业本身所能控制，那么企业当慎重行事，切不可冒进。当行业技术标准不确定时，企业的发展速度也不宜太快，除非有把握自己能成为新的行业标准的确立者，否则，一旦技术标准有变，企业的转换成本会非常高，那时企业将进退两难。如果企业提供的产品或服务能被竞争对手快速复制，那么一味追求发展的快速亦不明智，因为这往往导致员工的流动性大，顾客也很难锁定，品牌的建设周期大大拉长，随时都可能出现大量的竞争者。此外，当企业要进入一个容量有限的市场时，就完全没有必要追求速度，因为追求速度必然花费高昂的成本，而市场对企业的回馈却有限，企业的发展将难以为继。研究表明，只有当一个市场的容量达到几十亿美元以上时，快速发展才会有所值。

如果仔细研究一下高新技术产业的发展过程，我们会发现，尽管企业界弥漫着浓厚的求快气氛，但是激烈竞争的最终胜出者往往是那些善于把握节奏，快慢得法、张弛有度的公司。

微软就是一个典型的例子。也许大家会不假思索地认为微软应该是速度制胜的代表，其实不然。与其说微软的成功缘于“快”，倒不如说是缘于“慢”。纵观微软，可以说，尽管其战绩骄人，但其所赖以攻城略地的所有产品技术或服务并没有一项真正属于其独创。也就是说，在创新方面，微软并不一定比其他公司更快。然而，微软的过人之处在于，一旦它看准了某一方面，它便总是能蓄势而进，以很快的速度实现赶超，后发制人。

企业发展的速度应该快还是应该慢，要视具体的情况而定，不可拘于一端。其实，快与慢并不是最重要的问题，最重要的问题是企业是否已拥有自己的核心能力，快与慢的策略选择说到底是根据企业核心能力的情况而定的。核心能力的培养需要一个过程。每个企业都不可能跳过培养核心能力的过程。如果没有形成自己的核心能力，企业即使能享有繁荣，这种繁荣也一定不能持久。

16. 在变革之风下，游向彼岸

我们需要把自己暴露在变革之风下。

安德鲁（安迪）·格鲁夫（Andrew Grove）曾在 65 岁的时候写下他 20 岁之前在匈牙利的故事，回忆录的名字叫《游向彼岸》（*Swimming Across*：*A Memoir*，2001）。书中讲到大学预科的一位物理老师瓦伦斯基先生在一次家长会上给了格鲁夫一段评价："人生就像一个大湖泊。所有的男孩子都从一端进入水里并开始游泳。并不是所有的人都能够游过去。但是，我相信他们中的一个人能够游过去，这个人就是格鲁夫。"①

一语中的。2016 年 3 月 21 日，格鲁夫故去。一份讣告这样写道："安迪·格鲁夫，经历了纳粹占领、苏联压迫，与前列腺癌搏斗，建成了世界上最大的芯片制造企业，于 79 岁辞世。"②

① GROVE A. Book excerpts：escape from budapest. Fortune，Nov. 26，2011. https：//fortune. com/2001/11/26/book-excerpt-escape-from-budapest/.

② FRIED I. Legendary intel CEO Andy Grove leaves a legacy of tenacity. Vox，Mar. 21，2016. https：//www. vox. com/2016/3/21/11587168/legendary-intel-ceo-andy-grove-leaves-a-legacy-of-tenacity.

格鲁夫1936年出生于匈牙利布达佩斯的一个中产阶级犹太人家庭，无忧无虑的童年很快就被剧烈的动荡打破。8岁，纳粹德国入侵了他的家乡，把将近50万名犹太人送进集中营，包括臭名昭著的奥斯维辛集中营。该集中营的指挥官鲁道夫·霍斯（Rudolf Höss）在战后受审时承认，他在3个月之内就杀害了40万名匈牙利犹太人。

为了避免噩运，格鲁夫和他的母亲隐姓埋名、东躲西藏，父亲则被关进集中营做苦力，直到战后才全家团圆。

20岁，在1956年的匈牙利革命中，格鲁夫背井离乡，深夜穿过奥地利边境线。1957年，格鲁夫终于辗转到了美国，不仅身无分文，也不会讲一句英语。在回忆录当中，他这样总结自己的前20年：

> 那时我已经历了匈牙利法西斯独裁、德国军队占领、纳粹对犹太人的“最终解决”、苏联红军包围布达佩斯、第二次世界大战刚刚结束之后的混乱民主、匈牙利共产体制的高压统治以及一场被镇压的人民起义……许多年轻人死去，不计其数的人身陷囹圄。大约只有20万名匈牙利人逃到西方，而我是其中一员。①

此后，格鲁夫再也没有回过匈牙利。他说：“我在匈牙利有什么样的根，都在我离开的时候被切断了，而且从此以后都枯萎死亡了。”②

这个年轻的布达佩斯人的生活在美国重新开始。他自学了英语，靠当侍者支付自己的学费，分别从纽约城市大学和加利福尼亚州大学伯克利分校获得化学工程的学士学位和博士学位，在加利福尼亚的仙童半导

---

① GROVE A S. Swimming across：a memoir. Hachette Book Group，2001：Prologue.

② MARTON K. The great escape：nine jews who fled Hitler and changed the world. Simon & Schuster，2006：224.

体实验室开启职业生涯，直到追随罗伯特·诺伊斯（Robert Noyce）和戈登·摩尔（Gordon Moore）创建英特尔公司，成为这家公司的第一位雇员，并在其后展现出其惊人的管理天分。

可以说，是仙童实验室和英特尔公司使旧金山湾区南部的圣塔克拉拉谷获得了“硅谷”的名称，开创了以硅为基础的芯片纪元。这一地带本来叫作“果树林”，经由格鲁夫及其同代人的努力，成为今日全球高科技创新和风险投资的圣地。

马克·安迪森说：“如果要选出一个创建了硅谷的人，那非安迪莫属”“安迪为所有后来的一流硅谷公司树立了样板”①。由于安迪森企业家和投资家的双重身份，他的话令人信服。

1979 年，格鲁夫被任命为英特尔公司总裁。1987 年，他被任命为 CEO。1997 年，他开始担任董事会主席兼 CEO。1998 年 5 月，他辞去 CEO 职务。此后，他作为英特尔公司的董事会主席供职至 2005 年 5 月，并在那之后留任公司高级顾问。

今天，人们会因很多东西记住格鲁夫：预见到中央处理器超过存储芯片的远景，抓住机遇成长为半导体巨人；发动“Intel Inside”的营销大手笔，令英特尔成为产业链霸主，以及家喻户晓的消费者品牌；与微软结盟，“微软英特尔联盟”雄霸个人电脑时代，全世界的个人电脑用户都成为英特尔的追随者。

但或许，格鲁夫留给英特尔和整个世界的最重要的教训是：不论成功多美好，失败只在一瞬间。

---

① KIM E. Mark Zuckerberg and Marc Andreessen pay tribute to a Silicon Valley legend in this heartwarming video. Business Insider，Oct. 9，2015. https：//www. businessinsider. com/andy-grove-tribute-video-2015 - 10.

格鲁夫曾将自己的管理精华汇编为一本书《只有偏执狂才能生存》(*Only the Paranoid Survive*: *How to Achieve a Success That's Just a Disaster Away*, 1998)。在这本书中，他提出了著名的“战略转折点”(strategic inflection point) 的说法。

> 战略转折点出现时，各种因素的平衡无论在结构上、企业经营方式上还是竞争方式上都实现了新旧交替。在战略转折点出现之前，企业比较近似于过去的形态；而在战略转折点出现之后，它更趋近于未来的形态。在这个点上，曲线发生了微妙却又深刻的变化，再也不可能重回原来的状态。①

“战略转折点”概括了英特尔的成功秘密：清楚地辨明业界的主要动向，并先于他人占据要津。“在转折点上，旧的战略图被新的所代替，使企业能够上升到新的高度。”格鲁夫特别指出，战略转折点的“点”字是误用。“它不是一个点，而是漫长的、艰辛的奋斗。”②

“只有偏执狂才能生存”，格鲁夫的这句话已成为管理界非常有名的格言。“作为经理人，我们憎恶变化，尤其是这些变化将我们卷入其中的时候。”③ 格鲁夫坦率承认。为此，他时刻不忘提醒自己：英特尔只要一次答题答错了，就可能面临灭顶之灾。封闭的头脑则是通往深渊的活动门。

正因为常怀隐忧，格鲁夫才得出如下结论：

---

① GROVE A S. Only the paranoid survive: how to exploit the crisis points that challenge every company. Currency: 33.

② 同①95.

③ 同①123.

> 只要涉及企业管理，我就相信偏执万岁。企业繁荣之中孕育着毁灭自身的种子，你越是成功，垂涎三尺的人就越多，他们一块块地窃取你的生意，直至你最后一无所有。我认为，作为一名管理者，最重要的职责就是常常提防他人的袭击，并把这种防范意识传播给手下的工作人员。①

“偏执狂”意识帮助格鲁夫成为美国商业史上最伟大的管理者之一。写作《安迪·格鲁夫传》(*Andy Grove*：*The Life and Times of an American Business Icon*，2006）的理查德·S. 泰德罗（Richard S. Tedlow）有个发现：美国拥有一种无与伦比的打造商业巨头的能力，就像意大利盛产歌剧而俄罗斯人独擅小说一样。②

今天我们纪念格鲁夫，不仅是因为他拥有创造新产品的魔术，更是因为他具备打造伟大组织的能力——一手把英特尔从初创企业锻造为至今未衰的全球半导体霸主。由于这一点，格鲁夫得以跻身于美国最杰出的组织构建者行列，与卡内基（Andrew Carnegie）和洛克菲勒（John D. Rockefeller）同耀。

就其个人而言，一个生活在 20 世纪的欧洲——最糟的年代与最糟的地方——的普通年轻人，能够赤手空拳地在他乡实现自己的梦想，原因无他，正如格鲁夫自己所言：“我们需要把自己暴露在变革之风下。”③

拥抱变革之风的重要意义在哪里呢？下边这段话，值得所有做企业

① GROVE A S. Only the paranoid survive：how to exploit the crisis points that challenge every company. Currency，1999：3.

② The man who put Intel inside. The Economist，Mar. 26，2016. https：//www.economist.com/business/2016/03/26/the-man-who-put-intel-inside.

③ GROVE A S. Only the paranoid survive：how to exploit the crisis points that challenge every company. Currency，1999：22.

的人铭记："我们需要将自己暴露给我们的客户，包括那些与我们在一起的客户以及因我们固守过去而可能失去的客户。我们需要向低级员工敞开大门，假以鼓励，低级员工将告知很多我们需要知道的知识。我们甚至必须邀请那些不断评估我们并批评我们的人（例如记者和金融界人士）来谈谈看法。摆上桌子，向他们请教有关竞争对手、行业趋势的问题，以及他们认为我们最应该关注些什么。当我们投入纯粹的行动时，我们的感知和直觉将迅速得到磨炼。"①

① GROVE A S. Only the paranoid survive：how to exploit the crisis points that challenge every company. Currency，1999：22-23.

17. 那个疯狂的乔布斯

乔布斯可能是“我们时代最伟大的商业领袖”，
但这个光辉形象的B面，
却呈现出一个多变、苛刻、专横的人。

1997年，乔布斯亲手创立的苹果公司到了悬崖边缘。是时，乔布斯已离开公司12年。这位被董事会无情驱逐的创始人，在离去时曾经把自己的股票卖得只剩一股——苹果公司的好运似乎也随之被抛售了。然而，在1997年，苹果购买了乔布斯创立的新公司NeXT，给了他东山再起的机会。

杀了回马枪的乔布斯，以一个著名的广告亮相，这个广告的主题叫作：非同凡想（Think Different)。在很多方面，这个新广告标志着苹果作为一个技术巨头重新崛起的开始。在广告之前的很多年，苹果眼睁睁地看着自己最忠实的用户成群背叛；并且，由于“牛顿”项目的失败，苹果损失了大量投资，士气低落。乔布斯通过“Think Different”的广告片，让苹果重归早年的“反文化”形象，也向世人宣告：创新的苹果拥有改造世界的雄心。

广告片的名字叫作《那些疯狂的家伙们》(*Crazy Ones*)，片长仅有1分钟，却用一段黑白片让17个20世纪的偶像人物轮番登场。依照出场顺序，他们包括：阿尔伯特·爱因斯坦（Albert Einstein)、鲍勃·迪伦（Bob Dylan)、马丁·路德·金、理查德·布兰森（Richard Brandson)、约翰·列侬［John Lennon，和小野洋子（Yoko Ono Lennon）一起］、巴克敏斯特·富勒（Buckminster Fuller)、托马斯·爱迪生(Thomas Edison)、穆罕默德·阿里（Muhammad Ali)、泰德·特纳(Teb Turner)、玛丽亚·卡拉斯（Maria Callas)、圣雄甘地、艾米莉亚·埃尔哈特（Amelia Earhart)、阿尔弗雷德·希区柯克（Alfred Hitchcock)、玛莎·格雷厄姆（Martha Graham)、吉姆·汉森（Jim Henson) ［以及他的青蛙柯米（Kermit the Frog)］、弗兰克·劳埃德·赖特（Frank Lloyd Wright）以及巴勃罗·毕加索（Pablo Picasso)。广告片以一个小女孩睁开她紧闭的双眼结束，好像是在许愿。

这个广告片的解说仿佛一曲对疯狂地改变世界的人的礼赞，值得在此全文抄录：

> 向那些疯狂的家伙们致敬。他们我行我素，桀骜不驯，惹是生非，就像方孔中的圆桩。他们从不同的角度看待事物，既不墨守成规，也不安于现状。你尽可以引用他们、否定他们、颂扬他们或是诋毁他们，唯独不能漠视他们。因为他们改变了事物，让人类向前跨越了一大步。他们是别人眼里的疯子，却是我们眼中的天才。因为，只有疯狂到认为自己能够改变世界的人，才能真正地改变世界。①

① Here's to the crazy ones advertisement. Internet Archive，1997. https：//archive.org/details/Apple _ Steve _ Jobs _ The _ Crazy _ Ones _ NEVER _ BEFORE _ AIRED _ 1997 _ Original _ Post.

乔布斯的新广告仿佛带有某种魔力，从此驱使苹果从一个辉煌走向另一个辉煌。首先是极为成功的 iMac 个人电脑，然后是 Mac OS X 操作系统。接下来的故事，大家耳熟能详：iPod 再造了个人音乐播放器，iTunes 撼动了整个唱片业，iPhone 推动了智能手机前所未有的革命，iPad 创造了一个崭新的技术产品类别。苹果强大的技术创新能力与模式创造能力迫使所有的技术公司都跟在它后面爬行。

现在回想起来，乔布斯 1997 年的声明极其简单，却非常具有先见之明："苹果不会再把触角伸向很多地方，但是在一些极为重要的领域内，我们的存在也将极为重要。"①

哪怕是在硅谷这样一个充斥着超级技术巨星的地方，乔布斯的星光也依然最亮。他的伟大之处到底在什么地方？一言以蔽之：他启动了个人电脑（在此，我指的是广义的个人电脑，而非 IBM 个人电脑），又颠覆了个人电脑。

20 世纪 90 年代的时候，硅谷与移动技术几乎没有什么关联。今天，硅谷却成为移动革命的震中地带，这一切，只缘于苹果开发了 iPhone。iPhone 和 iPad 一起结束了个人电脑时代。

2011 年，乔布斯去世，人们在想，失去了乔布斯的苹果会怎么样？硅谷又会怎么样？老练的技术分析家蒂姆·白杰伦（Tim Bajarin）说，由于有了 iPhone 和安卓，硅谷再次成为引领技术趋势的圣地。"30 年前，我就开始研究硅谷；现在，我比当年更信心满满。我认为今后 10

---

① GUGLIELMO C. A Steve Jobs moment that mattered：macworld，August 1997. Forbes， Oct. 7， 2012. https：//www. forbes. com/sites/connieguglielmo/2012/10/07/a-steve-jobs-moment-that-mattered-macworld-august-1997/＃ca788123edd5.

年将会成为硅谷最激动人心的时代。”①

所以，与其说乔布斯的离去结束了一个时代，不如说他开启了一个时代；与其说他打造了世界上最具创新性和最有价值的技术公司，不如说他按照自己的想象重塑了硅谷；与其说他发明了一系列又酷又炫的消费电子产品，不如说他改变了人们同技术的关联方式，并引领人们走向一种全球性的数字文化。

毫无疑问，乔布斯的商业成就在他 2011 年 10 月去世前很久就已经成为传奇。问题是，大多数企业领导人会为实现乔布斯的市场成功而兴奋，但是他们是否会渴望像他一样领导？在回答这个问题之前，我们应该深入研究一下乔布斯的管理风格。作为领导人的乔布斯充满活力和争议，其领导的成功在很大程度上取决于他的创新天分。

阅读沃尔特·艾萨克森（Walter Isaacson）所写的《史蒂夫·乔布斯传》（*Steve Jobs*，2011），我们当然不难发现一幅传统的领导人画像：领导是伟人，以异乎常人的决心和绝对的力量决定了世界的走向。乔布斯有伟大的梦想（“那些有激情的人可以改变世界”），也有果敢大胆的行动令梦想成真，他一手打造的产品和服务改变了许多人的生活方式，也动摇了多个产业，包括计算机、移动电话、新闻、出版、电影、音乐、零售和应用软件。

然而，与此同时，乔布斯的领导风格也呈现出复杂的面向。当他投入时，他会集中精力，有足够的信心敢于冒险，并且具备超凡的魅力吸引不计其数的员工和客户，以不懈地追求自己的愿望。但这一切又是建

① O’BRIEN C. O’Brien：Steve Jobs reshaped Silicon Valley in his own image. The Mercury News，Aug. 24，2011. https：//www. mercurynews. com/2011/08/24/obrien-steve-jobs-reshaped-silicon-valley-in-his-own-image/.

立在极不成熟的人际交往上的：他偏执，缺乏耐心，过于挑剔，有时甚至还很残酷。正如艾萨克森所说，乔布斯可能是“我们时代最伟大的商业领袖”，但这个光辉形象的B面，却呈现出一个多变、苛刻、专横的人。20世纪90年代以来，企业界流行“服务型领导”（servant leader）的说法，领导人被刻画为“奉献、关怀的组织导师”，乔布斯却恰好站在这个模式的对立面上。

但是，乔布斯看似具有破坏性的行为却能够在损害顶尖表现的同时激发出这种表现，具体取决于他在何处以及如何开启这样的行为。他的悖论式的领导风格播种出带有独特乔式印记的强大企业文化，无论是在苹果公司（竟然上演两次）、NeXT公司，还是在皮克斯公司，都是如此。乔布斯凭直觉意识到，为了维持他的永久创造愿景中所蕴含的战略能力，文化必须发挥作用。单凭这一点，他就远胜于大多数企业领导人。正如他所说：“我的激情所在是打造一家可以传世的公司，这家公司里的人动力十足地创造伟大的产品……而这正是商业领域里最艰难的工作。只有做到这一点你才能真正有所贡献，才能为前人留下的遗产添砖加瓦。你要打造一家再过一两代人仍然屹立不倒的公司。”①

乔恩·卡曾巴赫（Jon Katzenbach）在《乔布斯之道》（The Steve Jobs Way）一文中说，乔布斯灵活的领导方式既令人着迷又使人困惑。②例如，乔布斯的承诺不能够始终如一；从个人或是专业角度，他喜欢上一个人很轻易，但讨厌对方也非常快。在不懈地追求顶尖人才的过程中，一个高技能的组织得以打造出来。但是，他也错失了许多一流员工

① ISAACSON W. Steve Jobs. Simon & Shuster，2011：569.

② KATZENBACH J. The Steve Jobs Way. Strategy＋Business，Summer 2012/Issue 67，May 29，2019. https：//www. strategy-business. com/article/00109? gko＝2788e.

的潜在贡献。然而，令人惊讶的是，在此途中被乔布斯抛弃的许多人仍然对他的积极品质怀有某种不情愿的尊重，甚至有一些人还会再次回来忍受他更多的折磨。

涉及团队合作时，乔布斯有一套高效的操作手法，但不无黑暗。从苹果联合创始人史蒂夫·伍兹尼亚克（Steve Wozniak）领导的早期产品开发团队开始，乔布斯一直向团队施加强大压力，以超越一切可能。一些坚强的人熬过挑战，日后成为表现极好的人，他们因克服不可能而感到自豪，因此受到了极大的激励。但是，其他许多人则陷入一种不必要的沮丧当中。领导者为这种行为付出的代价是，失去了在此过程中需要更多鼓励的人。这种方法还破坏了次优人才的情感投入，后者在大多数企业中构成团队的绝大部分。

然而，乔布斯习惯于扭曲现实以适应自己的目的，再加上常常伴随着的不耐烦、呵斥和冷酷，酿成他所领导的公司的一种奇异的混合景象。一方面，企业里的人信服乔布斯描绘的未来愿景，这从他培养出来的浓厚文化中可见一斑：即使他被苹果流放了 10 年，他所建立的文化的底层本质还是以某种方式保持了生命力。另一方面，乔布斯的现实扭曲场可能让人极为疏远，并且削弱了他的公信力，尤其是当他将有前途的想法或努力视为“废话”时。

如果其他领导人效仿这些特征（无论好与坏），他们会得到乔布斯般的成果吗？最简洁的答案是：不。如果将其应用于错误的策略、市场或产品，他的行为可能会使一家公司破产。最终，让乔布斯成为成功领导者的原因是他在设想和交付突破性产品与服务方面广受赞誉的才能。他以前所未有的领导方式为用户创新，这种个人风格不是一般的领导人能够仿效的。

很少有高层领导者能像乔布斯那样重视产品和设计的细节。在成本效益、销售量甚至利润之前，他始终考虑简单性、功能性和对消费者的吸引力。这种关注是他所领导的公司的战略和营销能力不可或缺的组成部分。他有一句名言："很多时候，我们把东西放到用户面前，他们才知道自己要什么。"（A lot of times，people don't know what they want until you show it to them.）① 的确，他具有非凡（当然也不是无懈可击）的能力，能够开发出消费者愿意购买的产品，也不乏为这些产品赋予生命的自信心、勇气和驱动力。在这方面，乔布斯的天才是某种具有想象力的飞跃，这种飞跃是本能的、出乎意料的，有时甚至是神奇的，这源于他整合各种学科的能力，尤其是人文和科学，这是一种艺术性的综合工程。

尽管乔布斯从来都不愿意坦率承认自己的缺点，但艾萨克森引用了乔布斯在 2007 年 5 月同比尔·盖茨一起接受联合采访时说的一段话，在其中乔布斯透露了对自身重大缺陷的一种勉强的认识。他在谈到苹果的设计理念时说："由于沃兹和我创办公司的时候，所有东西都是自己在做，因此我们不是很善于与人合作。""我认为，如果苹果天生能够多一点点合作精神，会做得非常好。"② 谁知道呢？如果乔布斯有更多的时间，他也许可以弥补这一短板。

---

① The 13 most memorable quotes from Steve Jobs. Business Insider，Oct. 5，2013. https：//www. businessinsider. com/steve-jobs-quotes-2013－10.

② ISAACSON W. Steve Jobs. Simon & Shuster，2011：464.

18. 企业领袖的 10 年考验

衡量一个 CEO 的功绩，
要看他离开 10 年以后公司会演变成什么样子。

◎ CEO 膜拜

在 CEO 最风光的时刻，他们被捧成耀眼的明星，企业不过是其个性的投射。财经媒体鼓吹的不是花旗集团的优异管理，而是桑福德・威尔（Sanford I. Weill）的神奇领导力；描绘的不是甲骨文公司的一流数据库技术，而是拉里・埃里森（Larry Ellison）制造的风头与噱头。

博雅公关公司的一项调查显示，投资者更愿意溢价购买一家拥有明星 CEO 公司的股票。管理学界也不甘寂寞，对领导力的分析俨然成了显学。商学院里充斥着“领导风格的选择”“领导力认识”“如何获得领导魅力”之类的课程。甚至“领导力教练”也成为新的热门职业。

2001 年，布鲁斯・A. 帕斯特奈克（Bruce A. Pasternack）、托马斯・D. 威廉姆斯（Thomas D. Williams）和保罗・F. 安德森（Paul

F. Anderson）在《商业与策略》（*Strategy*＋*Business*）杂志上撰文，把这种专注于个人魅力，甚至把领导的所谓“魅力”与公司的绩效简单等同的倾向称为“CEO膜拜”（Cult of the CEO）。[①]“CEO膜拜”的基本特点是：将公司的领导力个人化而不是体制化，把公司的成功押在CEO个人的特殊性格和奇招上。

帕斯特奈克等人指出，尽管许多强有力的领导人驱使组织取得了一定成就，但有大量证据表明，个人化的领导力从长远来看是不稳定的。政治上，我们可以看赫鲁晓夫（Nikita Khrushchev）领导下的苏联的例子：虽然经由他的全力推动和控制，苏联发射了历史上第一颗人造地球卫星，但苏美对决的最终结果，还是苏联被彻底打败。企业史上这方面的先例更是不胜枚举：阿尔弗雷德·P. 斯隆（Alfred P. Sloan）之后的通用汽车公司，埃德温·H. 兰德（Edwin H. Land）之后的宝丽来公司，罗伯托·戈伊祖塔（Roberto Goizueta）之后的可口可乐公司，都不同程度地出现了衰败。

个人化领导最终不能带来效率，不仅如此，还有可能产生巨大的风险。道理很简单：没有一个人——哪怕是天才——能够永远正确；特别是在一家大型组织中，没人能够完全掌握相关的重要信息来做出重大的决策。如果个人化领导持续过长，一定会导致如下后果：资源被错误地配置，机会被错过，创新被窒息。过度控制扼杀了创造力，官僚作风阻碍了组织的进程。

帕斯特奈克等对“CEO膜拜”的批评，开了质疑企业魅力型领袖的先河。同年，吉姆·柯林斯出版《从优秀到卓越》（*Good to Great*：

---

① PASTERNACK B A，WILLIAMS T D，ANDERSON P F. Beyond the cult of the CEO：building institutional leadership. Strategy＋Business，First Quarter 2001/Issue 22，Jan. 1，2001. https：//www. strategy-business. com/article/10841？gko＝dc73e.

Why Some Companies Make the Leap... and Others Don't，2001)，首倡“第五级经理人”（level 5 leader）概念，指出存在一批这样的领导者：他们既有坚定的意志，又具谦逊的性格，能够抛开自我的需要，投身到建立卓越公司的宏伟目标中。第五级经理人回避公司的恭维，从不自吹自擂，行事从容冷静，主要依靠崇高的标准而不是个人魅力调动员工的积极性。

实际上，柯林斯（与杰里·I. 波拉斯合著）更早也更负盛名的著作《基业长青》(*Built to Last*：*Successful Habits of Visionary Companies*，1994)，就已经形成了这样的认识：高瞻远瞩的公司并不需要目光远大的魅力型领导。相反，这种领导对公司的长期发展可能有害。高瞻远瞩公司历史上最出色的CEO，并没有完美的、高知名度的、魅力型领袖的人格特质。就像美国制宪会议时的建国先贤一样，他们专心致志地建构一种伟大而持久的制度，并不刻意成为伟大领袖。他们追求的是制造时钟，而不是成为报时人。

2019年7月2日，李·艾柯卡（Lee Iacocca）去世，享年94岁。关于伟大企业领导人的神话，或许最为煽情的就是他的经历了。不少人至今认为，艾柯卡以其一人之身，先后两次左右美国两大汽车公司的安危祸福，不愧为一个真正的企业家。然而，在艾柯卡夺目的明星光环的背后，是他作为公司决策者的种种严重失误：拖延支出新车型设计所需的经费，导致产品陈旧、质量低劣；把有限的财力用于股票回购，造成资金短缺；涉足商用喷气式飞机生产和金融服务业，使业务过于分散……

艾柯卡名噪一时的自传出版10年后①，由底特律资深记者和专栏作

① IACOCCA L A，NOVAK W. Iacocca：an autobiography. Bantam Books，1984.

家道伦·P. 列文（Doron P. Levin）撰写的《克莱斯勒的幕后故事：艾柯卡的遗产》（*Behind the Wheel at Chrysler*：*The Iacocca Legacy*，1995）一书指出，这位专横、自负的经理人的错误决策，几乎已使克莱斯勒再度陷入绝境。该书认为，艾柯卡失败的原因是其私欲的膨胀：他一味地沉醉于权力、金钱和名望，用公款享受豪华生活，过分热衷于同自己私利有关的股票回购活动，甚至涉嫌参与榨取公司钱财的图谋。

◎ 企业抛物线

《第五项修炼》（*The Fifth Discipline*：*The Art and Practice of the Learning Organization*，1990）的作者彼得·圣吉（Peter Senge）指出，不少企业的增长是以掠夺性使用战略资源为代价的，从长远看，这样的企业的发展轨迹呈抛物线形状。因此，衡量一个 CEO 的功绩，要看他离开 10 年以后公司会演变成什么样。而正如我们所看到的，在艾柯卡离开克莱斯勒 10 年后，公司举步维艰，最后被戴姆勒公司收购。

10 年，是一个残酷的时间段。优秀企业随着时间的流逝，从简单变臃肿，从聚焦到不够集中，绝非少见之事。即便华尔街的宠儿苹果公司也有过混乱的时代，它在 1997 年已经到了悬崖边缘，直到请回乔布斯才改变了自己的命运。苹果的共同创始人伍兹尼亚克对乔布斯有一个精准的评价："他不是领先所有人一天，而是领先他们 10 年。"①

然而，即使英明天纵者如乔布斯，终究也逃脱不了"企业领袖的 10 年考验"：一种观点认为，乔布斯已经打造了高管的"长板凳"，能够保

---

① BOUDREAU J. 2011：Steve Jobs resigns as Apple CEO，stunning tech world. The Mercury News，Aug. 24，2011. https：//www. mercurynews. com/2011/08/24/2011-steve-jobs-resigns-as-apple-ceo-stunning-tech-world/.

证苹果的继续成功；另一种则认为，经历多年的创新，苹果已经刻上了乔布斯太深的烙印，注定会在“后乔布斯时代”走下坡路。

◎ 乔布斯的遗产

就像有人谈论艾柯卡的遗产一样，乔布斯去世几年后，人们也在估量乔布斯的遗产。技术分析家蒂姆·白杰伦在《福布斯》(*Forbes*) 撰文指出，乔布斯虽已故去，却仍然推动着苹果当前和未来的产品。①

之所以如此，关键在于乔布斯以自己的方式创建了一家公司，并在高管层中建立了对业务和技术理念的深刻理解，这些理念仍然指导着今天的苹果公司固守领导地位。

乔布斯遗产的一大宗旨是，如何在一家公司打造创新文化。乔布斯对消费者可能想要的技术拥有一种不可思议的感觉，并朝着这样的方向推动了苹果的创新。

乔布斯认为，除非出于优雅的形式、功能和易用性，否则，为技术而发展的技术是毫无价值的。这是为什么他要用 Mac 为个人电脑带来 IBM 所没有的新设计和思想；也是为什么他在 2007 年 1 月推出 iPhone 时，称其为前所未有的“三位一体式”产品：宽屏触控式 iPod、革命性手机，以及突破性的互联网通信设备。

这一切都来自乔布斯的一个信念，即计算体验应该直观和易于使用。这体现在他早期决定遵循施乐帕克研究中心（Xerox PARC）创建的用户界面设计，并凭借 Mac 将图形用户界面予以大范围普及。他也

---

① BAJARIN T. Steve Jobs’ legacy still drives apple’s current and future products. Forbes，Oct. 7，2019. https：//www. forbes. com/sites/timbajarin/2019/10/07/steve-jobs-legacy-still-drives-apples-current-and-future-products/＃6fb735433f19.

“借鉴”了施乐帕克研究中心的想法，推出了鼠标，使得用户使用图形用户界面变得极为容易。

很明显，创新和易用性指导着苹果公司在硬件、软件甚至服务方面所做的一切。这是乔布斯传承下来的 DNA 的一部分，也是直到今天苹果仍持续取得成功的主要原因。

然而，乔布斯去世很久之后苹果得以保持辉煌，还依赖于公司的专门的管理计划。当苹果公司聘请高管时，应聘者都会被要求遵循此计划，计划的主旨是向他们灌输思考和做事的“苹果方式”。这就好比在苹果大学毕业，掌握了苹果的愿景、领导力、管理目标及风格，并坚定遵循“苹果之道”。

苹果大学设立的目的是将乔布斯和他的团队新学到的东西予以制度化。大学搜集一系列案例，以分析公司做过的重要决定，而上层主管们都要拨出时间把这些案例传授给新员工，以便将苹果之道植入公司文化。

多年来，乔布斯和他的团队发展这一苹果之道，并与新的高管和经理分享苹果的经营理念、道德准则和管理原则。这也包括传承上述的创新文化、产品设计风格和易用性方法。重要的是，在执行公司的愿景和战略时，管理层都在同一页面上。与其他许多多部门并存、各自为政的公司不同，苹果的整个管理团队及所有部门始终能够保持同步。

《乔布斯传》中这样写道：“虽然乔布斯天性独裁专制——从不信奉共识，但他却着力于在公司内部营造出一种合作的文化。很多公司为会议很少而自豪，乔布斯却独独相反：每周一是高管会议，每周三下午要开营销战略会议，此外还有无数的产品评论会。他不喜欢用 PPT，也不喜欢正式的讲话，他坚持让所有参会者一起讨论问题，利用各方优势，听取不同部门的观点。”[1]

这是因为，乔布斯坚信，苹果公司的一个巨大优势就是各类资源的整合：从设计、硬件、软件，直到内容。他希望公司的所有部门都能够并行合作，将其称为“深度合作”（deep collaboration）和“并行工程”（concurrent engineering）。[2] 所以，在苹果，一个产品的开发过程并不是像流水线一样先从工程到设计，再到营销，最后分销，而是相关部门同时进行工作。

然后，我们也必须提到乔布斯的接班人培养问题。在他被确诊罹患癌症之后不久，乔布斯着手认真地梳理谁可以成为他的继任者。之后不久，许多人已经清楚地知道，蒂姆·库克（Tim Cook）正在被培育为接班人，而不论乔布斯的病情如何。在乔布斯知道自己无法再返回苹果之后，他说：“我期望为苹果做的事情之一，就是为如何正确地移交权力做出一个榜样。”他深信，为了把苹果建设成全球最好的公司，一个有序的过渡非常关键，这样苹果才不至于重新陷入以往的动荡。

即便是拥有强大企业文化的企业，如果所托非人，也会变质。一个典型的例子就是惠普。乔布斯思索说：“休利特（William Hewlett）和帕卡德（David Packard）创建了一家伟大的公司，他们以为把它交到了可靠的人手里，可是现在这家公司正处于分裂和毁灭之中，太悲哀了。如果我能留下更强大的遗产，那样的事就永远不会发生在苹果身上。”[3]

考虑到库克在乔布斯逝世后领导苹果的成功，乔布斯精心挑选的继

---

①② ISAACSON W. Steve Jobs. Simon & Shuster，2011：362.

③ 同①558.

任者当然成为他的重要遗产之一。库克进一步提升了苹果的愿景，并在苹果之道中增加了自己的风格。然而，即使库克在苹果公司的产品、管理和发展方向上都留下了印记，人们仍然可以看到乔布斯的遗产在公司的管理方式及未来方向上所发挥的根本作用。苹果仍然是由乔布斯所驱动的公司。

乔布斯为自己的身后准备了出色的团队，并在这个团队中灌输了他的思想和远见，这是苹果即使在没有他领导的情况下也能成功的重要原因。在乔布斯去世 8 年后，苹果公司的市值在全球首超 1 万亿美元。所以，我们可以说，乔布斯虽往矣，但他的遗产仍然长久存在于苹果公司。

在乔布斯生命接近尾声的时候，他和自己的传记作者艾萨克森讨论过他希望自己留下什么样的遗产的问题。他自信地说，“我想苹果已经经受住了时间的检验”①。到 2021 年，我们将可以最终判断，乔布斯是否通过了企业领袖的 10 年测试。至于苹果公司的未来，将取决于它是否遵循德鲁克的建议：“一开始，公司通常是一个人的阴影。但是，除非一人独断转变为团队合作，否则公司将无法成长和生存。”②

---

① ISAACSON W. Steve Jobs. Simon & Shuster，2011：568.

② SCHACHTER H. Words from Peter Drucker still valid after all these years. The Globe and Mail，Nov. 8，2011. https：//www. theglobeandmail. com/report-on-business/careers/management/words-from-peter-drucker-still-valid-after-all-these-years/article 619041/.

19. 从优秀到卓越到势不可挡

亚马逊根本的成功之道或许在于：
在对员工、竞争对手和供应商都毫不容情的同时，
对顾客全心全意。

◎ 强震来临前的先知先觉者

每当经济面临又一场强震的时候，总会有一些先知先觉者先于所有的人察觉到地壳的轻微颤动，并因此行动起来，而这样的行动看上去是那么鲁莽，甚至有些愚蠢。经营渡船的范德比尔特（Cornelius Vanderbilt）瞥见铁路的妙处，迅速转航，终成一代铁路巨头；小托马斯·沃森（Thomas Watson Jr.）在人们尚不知计算机为何物的时候，就预见到它将无所不在，造就了信息业的多年霸主 IBM 公司。

杰夫·贝佐斯（Jeff Bezos）涉足的则是网络，或者更确切地说，是电子商务。他创办的 Amazon. com 是网络上最大的商店，而且，有可能成为有史以来最庞大的零售帝国，人们能在其中找到任何想要的东西。

在使网络成为安全的购物场所方面，贝佐斯的贡献比任何人都大。因此在 35 岁的时候，他荣膺 1999 年《时代》风云人物。

这位风云人物最崇拜的历史风云人物是谁呢？一位是托马斯·爱迪生——出色的发明家和不甚高明的商人；另一位是沃尔特·迪士尼（Walter Disney）——相当不错的发明家和极为出色的商人。贝佐斯佩服的不是迪士尼的电影而是其主题乐园，他曾多次造访迪士尼乐园。最令贝佐斯难忘的是迪士尼强有力的远见。“他知道自己想要建造什么样的梦幻之乡，然后组织了一批真正优秀的人去建造。所有的人都认为他的想法不会成功，迪士尼费尽口舌才从银行借出 4 亿美元。最后，他成功了。”①

和迪士尼一样，贝佐斯的创业故事如今已成神话。他突发灵感，从华尔街辞职而投身网络，于传奇般的西部之旅中写下亚马逊书店的商业计划，在西雅图一间租来的车库中日夜奋斗，从一家在线书店起家，一路扩展到各种其他电子商务产品和服务，包括视频和音频流、云计算和人工智能。目前，亚马逊按收入计是全球最大的互联网公司，凭借亚马逊云计算服务（AWS），成为全球最大的云基础设施和人工智能服务提供商。

1999 年，当贝佐斯被评为《时代》年度风云人物时，网购才刚刚开始流行。是时，在《时代》历史上评出的所有风云人物中，贝佐斯的年轻程度居第四位，他前面有：查尔斯·林白（Charles Lindbergh，1927 年获评时 25 岁，是驾机飞越大西洋的第一人）——一位探索者；英国

---

① QUITTNER J. An eye on the future. Time Dec. 27，1999. 55 - 56. http：//edition. cnn. com/ASIANOW/time/magazine/99/1227/cover1. html.

女王伊丽莎白二世（Elizabeth Ⅱ，1952 年获评时 26 岁）——一位国王；美国著名黑人活动家马丁·路德·金（1963 年获评时 34 岁）——一位革命家。作为“电子商务之父”，贝佐斯集探索者、国王和革命家角色于一身，只不过他开拓和统治的是一片虚拟的疆土。

◎ 解决大市场中的大问题

贝佐斯辞职创业的故事充分反映了他的个性。这位日后世界上超级富有的人原来也只是华尔街一家对冲基金公司的打工仔。当时是 1994 年，贝佐斯从大学毕业 8 年，已届而立之年，虽然他在金融行当中的工作很赚钱，但他缺乏个人价值实现感。

他很快发现了一个令他怀上紧迫感的东西——一份报告预测网络将会快速发展。“网络的使用每年以 2 300％的速度增长。我从未见过或听说过如此迅速的增长，我想到，如果我可以建立一个拥有数百万种图书的在线书店，那太令人激动了。”贝佐斯在 2010 年回母校普林斯顿大学演讲时如此回忆。①

他同自己的老板谈了这个想法，老板认同这是一个好主意，但同时警告说，只是对于没有好工作的人来说，它才是一个好主意。

贝佐斯花了几天时间考虑老板的建议，他决定尝试一项心理练习。“最好的思考方式是将我的生活投射到 80 岁。”一种对后半生也许会后悔的担心使他想去冒险。“我不希望自己到 80 岁的时候，静静地回想自

---

① MARBLE D. Jeff Bezos quit his job at 30 to launch Amazon-Here are the 3 simple strategies he used to do it. Inc，Mar. 27，2018. https：//www. inc. com/darren-marble/jeff-bezos-quit-his-job-at-30-to-launch-amazon-heres-how-to-know-if-its-right-time-for-your-big-move. html.

己的一生，列出一大堆遗憾”，所以需要“最小化个人的后悔”。

“在经过深思熟虑之后，我走了一条不太安全的道路去追随自己的热情。一个人可以选择‘轻松自在’的生活，也可以选择‘服务与冒险’的生活。到 80 岁时，你会为后者感到骄傲。”①

这一“最小化后悔”原则的前提是，拥有独到的洞察力。贝佐斯并不是盲目进入网络零售领域的。他研究了 20 个他想象会被电子商务打乱的零售市场，最终将目光投向图书：一个 820 亿美元的庞大市场，没有明显可见的主导者，其产品成本低廉，可以出售给任何地方的任何人。② 从贝佐斯的经历中，创业者可以学到什么？寻求少有人知的洞见；尽早进入新兴行业；最重要的是，努力解决大市场中的问题。

2000 年的时候，亚马逊公司还仅仅是一家面临规模挑战的电子商务公司。这些问题迫使公司建立坚实的内部系统来应对它所经历的高速增长。在早期阶段，该系统仅包含数个不同的工具和服务。2003 年下半年，面对简陋的基础设施难以承受迅猛流量的现状，克里斯·平克汉姆（Chris Pinkham）和本杰明·布莱克（Benjamin Black）提交了一篇论文给贝佐斯，描述亚马逊零售计算基础架构的愿景，该架构是完全标准化和自动化的，并且将在很大程度上依赖于网络来提供诸如存储等服务。在论文的末尾，他们提到出售虚拟服务器的访问权的可能性，并建议公

---

① CONNLEY C. Jeff Bezos says this exercise convinced him to quit his Wall Street job and launch Amazon. CNBC，Nov. 6，2017. https：//www. cnbc. com/2017/11/06/this-exercise-convinced-jeff-bezos-to-launch-amazon. html.

② MARBLE D. Jeff Bezos quit his job at 30 to launch amazon-here are the 3 simple strategies he used to do it. Inc，Mar. 27，2018. https：//www. inc. com/darren-marble/jeff-bezos-quit-his-job-at-30-to-launch-amazon-heres-how-to-know-if-its-right-time-for-your-big-move. html.

司从新的基础架构投资中获得收益。①

平克汉姆和布莱克向贝佐斯展现了一幅未来图景：大学生凭借亚马逊的服务，在寝室里就可以创办起一家公司。贝佐斯非常欣赏这个想法，AWS就此起航。三年后，亚马逊推出了它的“基础设施即服务”(infrastructure as a service，IaaS，不过这个名词可能直到后来才出现)，即允许任何机构、企业或任何开发人员在其技术架构平台上运行应用。从构思 AWS 想法到实施成功，贝佐斯再次证明了自己的方法论：大胆赌博，不怕失败，敢于挑战传统智慧。这种大赌大赢的策略催生了首项现代云服务，竞争对手花了好几年时间才做出回应。“我们做了七年，都没有遇到想法相同的竞争者。这真令人难以置信。”贝佐斯后来说道。

AWS工程师詹姆斯·汉密尔顿（James Hamilton）在 2016 年撰写了一篇回顾性文章，介绍了 2006 年至 2016 年的 AWS 十年奋斗史。他如此评述 AWS 的颠覆性：

> 改变游戏的首先是服务的低成本。更加震撼的是你只需要一张信用卡就可以购买存储服务。没有需要财务批准的提议，没有请求建议书，没有供应商选择过程，没有供应商谈判，也不必四处寻找数据中心空间。简单注册以后就可以使用了。
>
> 至少与低成本和易配置一样值得注意的是，该服务来自亚马逊，而不是传统的企业 IT 供应商。那些公司追逐高利润，和它们谈判艰难无比，有时甚至还要进行许可证使用审核，而亚马逊是个完全不同的供应商，采取不同的模式，提供低摩擦的供应路径以及

---

① BLACK B. EC2 Origins，Jan. 25，2009. http：//blog. b3k. us/2009/01/25/ec2-origins. html.

根本上不同的价格，起步价低并且会不断降价，不会随着时间的推移逐步提高成本。[①]

在AWS研发初期，亚马逊还是一家刚刚盈利两年的上市公司。在公司股东会上，不少股东对AWS的业务提出异议：将用于自身运营的存储和计算服务出售给其他公司？这和电商公司有什么关系？然而，坚信AWS价值的贝佐斯并不理会。

2006年AWS正式发布的时候，大多数人对此仍不理解，他们认为这是狂人贝佐斯的又一个烧钱的妄想。在当年10月《商业周刊》(*Business Week*) 的封面报道《杰夫・贝佐斯的豪赌》(*Jeff Bezos' Risky Bet*)里，一位华尔街分析师抱怨说，AWS这条业务线完全可以看作亚马逊不走正道的表现。甚至蒂姆・奥莱利这位很早就意识到贝佐斯的战略企图的产业分析家，也认为在日后与微软和谷歌的对抗中，亚马逊胜算不多。[②]

十年磨剑，AWS成长为世界上最成功的云基础设施公司，赢得了30%以上的市场，超过了它的三个最接近的竞争对手——微软、IBM和谷歌的总和（并保有相当的利润）。2018年，亚马逊的市场份额进一步上升到40%，排在它后面的是微软（17%）、谷歌（8%）和阿里巴巴（5%）。

然而，云服务仍处于起步阶段，高德纳公司（Gartner）预测，到

① HAMILTON J. A decade of innovation. Perspectives, Mar. 14, 2006. https://perspectives.mvdirona.com/2016/03/a-decade-of-innovation/.

② HOF R. Ten years on, Jeff Bezos' "risky bet" on Amazon Web Services pays off big. Silicon Angle, Mar. 14, 2016. https://siliconangle.com/2016/03/14/ten-years-on-jeff-bezos-risky-bet-on-amazon-web-services-pays-off-big/.

2020年，全球IaaS市场将增长到715亿美元。① 凭借AWS业务的强劲增长，亚马逊的股价一路水涨船高，在2018年9月5日，市值甚至超越了它曾经遥不可及的微软和谷歌，直追苹果，成为全球第二家破万亿市值的公司。②

亚马逊曾经的旁门左道（零售公司做云服务？当年你也会笑话它吧），现在使它成为一家互联网计算巨头。几乎没有一家初创公司未在AWS上运行，AWS还对从通用电气到网飞等大型公司的数字化运营至关重要，后者在亚马逊上运行所有的流视频。贝佐斯再一次视人所未见，事实证明，他所看到的乃是计算的未来。AWS已然可以与惠普、IBM、微软、谷歌、脸书等创造了计算业务的公司一同铭刻在历史中。

◎ 商业自动化革命

对于最早期的电商拓荒者来说，销售产品的选择极为关键。在那个一切电商配套服务都尚未完善的“蛮荒时代”，没有比图书更适合的商品了。图书无须试用，所见即所得；形状标准，每一单位的价格相对较低；仓储方便，容易配送，不易损坏。最重要的是，出版业有大量库存，网上书店可以发挥互联网的长尾效应，让很多在实体书店找不到想要的书的人方便地下单。

从一开始，贝佐斯就不认为自己是一个书店老板，宁愿自命为信息掮客，一面对着寻找顾客的书商和出版商，另一面对着寻找书籍的顾

---

① 揭秘亚马逊AWS崛起之旅：从免费服务到市场领导者．腾讯科技．（2019-04-28）．https：//tech. qq. com/a/20190428/000343. htm.

② SALINAS S. Amazon reaches ＄1 trillion market cap for the first time. CNBC，Sep. 4，2018. https：//www. cnbc. com/2018/09/04/amazon-hits-1-trillion-in-market-value. html.

客。他的成功证明了中间商不会在数字经济中消失，而是会被重新定义。

作为信息时代的新型中间商，亚马逊的打法一开始就让传统书店措手不及：第一，现实生活中没有一家书店能出售这么多种东西。第二，没有一家实体书店能服务于地理上如此分散的广大客户群体。第三，亚马逊不仅是一个庞大的零售帝国，也是一个庞大的信息帝国。贝佐斯借鉴自己在华尔街的工作经验（使用算法充分榨取每一笔交易的好处），很早就确立了一项战略：掌握更多关于顾客的数据，从而给每位顾客提供一种独特而又无法抗拒的选择。第四，亚马逊没有传统书店的实体陈列，也没有过多的库存管理压力，它的力量就是信息，昂贵的成本、场地租金和人力费用都大大削减，从而使利润结构发生了重大变化，传统书店凭借什么和它竞争呢？

美国最大的连锁书店巴诺公司无论如何也不会想到，它的威胁来自对出版业一无所知的贝佐斯。1996 年，亚马逊的销售额为 1 600 万美元，而巴诺的销售额为 20 亿美元。今天，亚马逊在印刷书籍市场上占有约一半的份额，而巴诺仅占 1/5；亚马逊的电子书份额高达 84%，巴诺却只有 2%；亚马逊的市值在万亿美元左右徘徊，而巴诺的市值仅为 4.75 亿美元，约为亚马逊的 0.05%。[①]

贝索斯是个不折不扣的商业天才，在互联网刚兴起的年代看到了用网上书店作为切入口来征服整个世界的机会。不过，书只是他的入口而已，其志向在于成为整个电子商务宇宙的中心。早在谷歌和脸书之前，

---

① PANDEY E. How Barnes & Noble, the last big bookstore, fell to Amazon. Axios, Oct. 7, 2018. https://www.axios.com/barnes-and-noble-book-stores-sale-amazon-effect-4f2753d2-818c-49d1-878a-60f0c3a5b3f7.html.

贝索斯就意识到了什么是网络公司最有价值的财产：用户数据。在收集到了足够多的用户数据的时候，亚马逊就可以找出在互联网上销售所有其他廉价商品的方法。果然，20 年后，你可以在亚马逊上买到各种各样的东西：割草机、iPod、艺术品、性用品、玩具、尿布、鞋子、自行车架、3D 打印机等，应有尽有。亚马逊成为企业传记作者布拉德·斯通（Brad Stone）所说的“万有商店”（the everything store）。[①] 在任一时间，其网站上都有超过 6 亿种商品待售，有 300 多万家卖家在出售它们。[②]

而使亚马逊成为包容一切商品的平台的，不只是它的自营业务，更多源自在亚马逊市场（Amazon Marketplace）活动的第三方卖家。亚马逊于 2000 年 11 月推出电商平台 Marketplace，允许第三方在亚马逊网站上开店，利用亚马逊的流量、用户优势、基础设施及品牌影响力，销售一手或二手产品。产品可以通过亚马逊配送（fulfillment by Amazon，FBA）或卖家自行配送（fulfillment by merchant，FBM）。通过平台模式，亚马逊极大地满足了用户的长尾需求；同时，依靠收取佣金，获得了平台利润，也使得亚马逊的物流、服务器等基础设施得以充分利用起来。

为了完善电商生态，数十年来，亚马逊内外兼修，创新不断。1996 年，亚马逊首推“联盟营销”（affiliate marketing），允许网站的所有者以及博主添加联盟链接，若有客户通过这些链接点击并购买亚马逊的产

---

① STONE B. The everything store：Jeff Bezos and the age of Amazon. Little，Brown and Company，20013.

② FOER F. Jeff Bezos's Master Plan. The Atlantic，Nov. 2019. https：//www. theatlantic. com/magazine/archive/2019/11/what-jeff-bezos-wants/598363/.

品，网站的所有者以及博主将赚取联盟佣金。亚马逊是第一个在网上开展联盟营销项目的公司。

为简化消费者购物流程，缩短购物时间，1997 年亚马逊发明“一键下单”(one-click) 并申请专利。用户如果已经在网站上完成购物，即已经保存过支付和地址等信息，那么在之后的购买过程中就无须再重复提交这些信息，只需一次点击就可以完成购买。

2005 年，亚马逊推出亚马逊金牌会员（Amazon Prime）服务，对所有亚马逊网站上售卖的物品实行金牌会员免费两日送达。2019 年，交付时间再次缩短，所有金牌会员都默认一天送货。为此，亚马逊花费数十亿美元来发展仓库和配送。目前，该服务的付费会员数量已逾 1 亿。①

2007 年，亚马逊生鲜“AmazonFresh”和网上音乐商店 Amazon MP3 上线，电子阅读器 Kindle 发布。2009 年，亚马逊并购网上最大鞋店美捷步（Zappos)。2010 年，亚马逊收购拥有一系列细分领域电商网站的 Quidsi。同年，Amazon Studios 成立，开始制作发行影视作品。2011 年，搭载定制安卓系统的 Kindle Fire 平板电脑发布。2014 年，亚马逊收购游戏流媒体直播平台 Twitch. tv 和数字漫画发行平台 comiXology，注册成立亚马逊出版社（Amazon Publishing)，出版印刷物、电子书、音频和 Kindle 系列等。同年，智能音箱 Echo 推出，内置语音助手 Alexa，发展成为市场上最普及的智能家电之一，亚马逊由此向传统家电业发起了攻击。

---

① REISINGER D. Amazon Prime has more than 100 million U. S. subscribers. Fortune，Jan. 17，2019. https：//fortune. com/2019/01/17/amazon-prime-subscribers/.

2016 年，亚马逊在全球推出独立流媒体视频订阅服务 Prime Video，叫板网飞与葫芦网（Hulu）。现在，它拥有成千上万的免费电视节目、电影和游戏，用户几乎可以在每个可用的屏幕上进行访问。电影部门也从 Amazon Studios 独立出来，成立 Prime Movies。亚马逊影视制作已成为好莱坞重镇，接连斩获艾美奖和奥斯卡奖，并成为许多美国人娱乐的主要部分。

2017 年，亚马逊以 137 亿美元收购全食超市（Whole Foods），再次证明，贝佐斯愿意并且有能力在无法从头做的时候，用“买买买”的方式进入新的市场。它现在将全食超市的提货和送货津贴以及店内折扣作为奖励金牌会员的一种方式。它还利用其大量资源降低了全食超市的价格，使之在与克罗格（Kroger）、塔吉特（Target）和沃尔玛（Walmart）竞争时更有优势。作为回应，沃尔玛已开始在电子商务和杂货配送方面进行大量投资，以保护其地盘免受亚马逊抢夺，一场史无前例的零售大战近在眼前。

2018 年，无人超市 Amazon Go 开业，用计算机视觉系统取代收银员，该系统可自动检测顾客何时将商品从货架上取走，并在离开商店时为之结账。彭博社报道称，到 2021 年，亚马逊可能会开设多达 3 000 家无人超市，以与 CVS、7－11 等商店以及便利餐饮店竞争。① 这显示亚马逊与零售业对手的竞争是全方位的。

贝佐斯的目标是，尽可能地使顾客在网上以最低的价格、最好的服务找到想要的商品。他为此不遗余力。亚马逊在早期就构建了一种软

---

① STATT N. How Amazon's retail revolution is changing the way we shop. The Verge, Oct. 23, 2018. https://www.theverge.com/2018/10/23/17970466/amazon-prime-shopping-behavior-streaming-alexa-minimum-wage.

件，这种软件能够在网上搜索竞争对手的价格信息，自动匹配最低的价格，然后杀价竞争。亚马逊经常把零售业关于最低定价的传统视若无物。一直以来，它也努力缩短交付时间。贝佐斯认为，快速送货服务将会改变顾客的消费习惯：当网购变得容易时，顾客会增加他们的消费额，也会提高购买频率，从而保证了他们的忠诚度，而物流运输成本也得以降低。

这使亚马逊成为一个全球化的超级市场。作为美国最大的清洁用品和家居用品零售商，亚马逊与沃尔玛、塔吉特和 Bed Bath&Beyond 等抗衡；作为服装和鞋类零售商，它与 DSW、富乐客（Foot Locker）和 GAP 四分天下；作为音乐、书籍和电视经销商，它与巴诺书店、苹果、网飞和 HBO 角力；它还像苹果一样制造硬件，像爱迪生联合电气一样提供公共设施，像兰登书屋一样出版书籍，像派拉蒙一样拍电影，像苏富比一样拍卖，也许有一天还会像美国联合包裹（UPS）一样提供快递服务。

如果说 19 世纪的工业革命和 20 世纪的电脑化带来了工业自动化革命，那么，亚马逊掀起的以互联网为基础的电子商务，在 21 世纪带来的则是一场商业自动化革命。它永久性地改变了我们熟知的商务运作，改变了交易的方式和行为，创造了新的交易方式和行为。

◎ 最大河流的水系

我们来看一下亚马逊开拓的商业自动化革命将走向何方。该公司以世界上最大的河流命名，兼有其朝四面八方流淌的支流。

瞬息万变的物流业

电子商务世界正在发生的最大事情之一就是物流行业正在迅速变

化。而亚马逊一直处于这一趋势的最前沿。

没有基础设施，亚马逊将一事无成。不断夯实的商务物理和数字基础以及支持它的物流业务使亚马逊的发展几乎比现代历史上任何其他公司都要快，在这些领域中，可以发现它最具前瞻性的项目和代价最高昂的努力。

亚马逊已经成功地将在线零售市场的主导地位转化为配送行业强大的议价能力，从而可以与第三方物流企业达成有利于自身的协定。2006年，亚马逊引入为独立销售商提供物流和配送服务的"亚马逊配送"。签署"亚马逊配送"服务协定的商家将货物存放于亚马逊的库房，由亚马逊为所有订单打包、送货、提供售后服务。通过亚马逊配送的产品可以享受亚马逊金牌会员的服务，这又使亚马逊进一步强化了自身相对于其他零售商的支配地位。

亚马逊投入巨资，大建仓储设施以及包裹分拣中心。目前，亚马逊拥有2.88亿平方英尺的仓库、办公室、零售商店和数据中心。[①] 亚马逊的物流部门不仅让运送包裹的卡车遍及全美的各个街道，还通过不断拓展航空和航海货运业务，采用机器人、送货到车（in-car delivery，将包裹直接送到顾客汽车的后备箱里）等创新快递方式，打造出一个物流行业的新兴帝国，以曾经被认为不可能的速度将产品从制造商送到客户手里。

为了提高自动化程度，亚马逊已开始在仓库部署打包机器人。亚马逊目前在世界各地的仓库中使用超过10万个机器人来帮助移动和组织

---

① MADRIGAL A C. When Amazon went from big to unbelievably big. The Atlantic，Feb. 7，2019. https：//www. theatlantic. com/technology/archive/2019/02/when-amazon-went-from-big-to-unbelievably-big/582097/.

产品。它还赞助年度机器人竞赛，以刺激人工智能的创新，从而产生更多灵巧和智能的机器人，以执行复杂的物理任务。[①]

自动化拣货和自动化仓储物流系统发展已有一段时间，然而走出仓库后的运输和搬运还要依靠大量人工执行，因而自动驾驶成为电商企业、物流公司和外送服务商眼下重点的发展方向。虽然我们都听说过自动驾驶汽车，但许多人还没有意识到卡车也正在使用这项技术。2019年1月，亚马逊开始尝试利用由自动驾驶创业公司Embark开发的自动驾驶卡车运输商品。[②] 如果卡车实现了自动驾驶，那么机器人就可以随时随地运送东西，并且可以使道路更安全（但当然就会使卡车司机失业）。尽管人们目前对这些系统的可靠性和准确性持怀疑态度，但是毫无疑问，先进的软件和技术某一天有可能通过解决“最后一英里的问题”而永远改变电子商务。

除了自动驾驶汽车外，亚马逊还一直在大力投资无人机快递服务(Prime Air)。[③] 这是上述最后一英里问题的另一个潜在答案。当然，尽管这些创新令人兴奋，但它们需要大量改进才能在市场上真正实施。

不过，亚马逊以其令人生畏的力量对机器人技术和人工智能进行投资的最终结果是，技术行业中快速增长的劳动力队伍可能会放缓势头，

---

① STATT N. How Amazon's retail revolution is changing the way we shop. The Verge, Oct. 23, 2018. https://www.theverge.com/2018/10/23/17970466/amazon-prime-shopping-behavior-streaming-alexa-minimum-wage.

② KOLODNY L. Amazon is hauling cargo in self-driving trucks developed by Embark. CNBC, Jan. 30, 2019. https://www.cnbc.com/2019/01/30/amazon-is-hauling-cargo-in-self-driving-trucks-developed-by-embark.html.

③ BAKER L. Amazon prime air VP touts environmental, safety benefits of drone delivery. Freight Waves, Oct. 3, 2019. https://www.freightwaves.com/news/amazon-prime-air-vp-lays-out-vision-for-future-drone-delivery-with-video.

并且可能随着机器人学会处理越来越复杂的任务而萎缩。亚马逊已经改变了我们的购物方式，进而改变了我们的生活方式，下一步很可能是改变我们的工作方式。

多边市场的兴起

亚马逊带头的另一项创新是多边市场的兴起。Marketplace 平台通过严格的治理、标准制定和用户评论/反馈，维护了一批具有凝聚力的在线资源。对于用户而言，这种一站式服务可以帮助他们获取所需的任何商品。根据用户的喜好和行为模式，亚马逊运用算法进一步优化他们的体验，数据也被用于为买家和卖家优化平台的界面和功能，以使其更加直观且能够即时响应。

在过去的 10 年中，事实证明，亚马逊对经销商来说是一个有利可图的平台。但经销商也很清楚，这是一把双刃剑。有商户观察到："如果不在亚马逊经营，你没法成为大卖家，但卖家很清楚亚马逊也是主要的竞争对手。"一些商家指责亚马逊似乎偷偷地将 Marketplace 作为发掘新品、测试新品销量以及加强对定价的控制的大型实验室：第三方卖家承担了引进新品的初始成本和不确定性；一旦成功得到验证，亚马逊只需要发现这些产品，就可以开始销售，甚至可以通过自己制造来进行低价竞争。

亚马逊通过多边市场培育了自己强大的势力，耶鲁大学法学院的学者丽娜·汗（Lina Khan）在《亚马逊的反垄断悖论》（*Amazon's Anti-trust Paradox*）一文中指出，这一势力的来源包括：(1) 作为平台具有的支配地位，独立经销商不得不使用该平台；(2) 纵向整合，既作为销售商销售自营的产品，又是其他商家销售的市场所在；(3) 作为互联网企业收集大量数据的能力。对数据的控制是平台最大的竞争力优势，亚马逊相当清楚这给自己带来的机会。丽娜·汗举了一个惊人的例子：初创企业都在使用亚马逊的云服务，因而，通过观察初创企业是否增加了对云服务的使用，亚马逊可以在早期就对企业潜在的成功概率做出评估。亚马逊充分利用自己身边的“科技创业世界的唯一窗户”，投资了数家初创公司。①

亚马逊现在拥有 100 多个自有品牌，AmazonBasics 集中于大家不假思索就会购买的日用品，Amazon Essentials 则是男女服装品牌，这些成为亚马逊对抗线下零售商的最大武器。正如沃尔玛和塔吉特以及其他商店在几乎所有可以想象到的产品线上都推出了自有品牌一样，亚马逊也做了同样的事情。现在，你可以购买亚马逊生产的电热水壶、烤面包机、办公椅、刀具、哑铃、棉被、手提箱以及床垫等。

人工智能进入家庭

现在，成千上万种产品与亚马逊的 Alexa 平台集成在一起，以利用其语音搜索和查询功能。正如曾经将电子商务、流媒体和云计算视为互联网的未来一样，亚马逊赌人工智能不仅存在于智能手机中（如苹果的 Siri），也一定会寄居家庭中。

Echo 系列及其助手 Alexa 是亚马逊进入我们的身体生活和数字行为的途径。亚马逊相信，用户希望未来的设备会像人一样聆听、响应并解决相应的问题。在这个领域的竞争非常激烈，主要来自苹果和谷歌，但是亚马逊在智能音箱和人工智能方面的早期投资帮助它弥补了在移动、搜索和社交网络等关键消费市场上的缺席。结果，亚马逊在开发一个深入日常生活的生态系统方面取得了切实的进展，用户发现自己越来越难

① KHAN L M. Amazon's Antitrust Paradox. The Yale Law Journal，2017，126 (3)：710－805. https：//www. yalelawjournal. org/note/amazons-antitrust-paradox.

以放弃这一生态系统。

自从 Alexa 于 2014 年面世以来，亚马逊和它的合作伙伴已经销售了超过 1 亿台可以使用 Alexa 的设备，包括无线音箱、智能钟表、恒温器、芳香散发器等，甚至是马桶。同时，它也一直在积极地拓展 Alexa 的功能，将其“技能”或会执行的任务数量翻了一番。人们开始希望 Alexa 无处不在，不管是在车里、步行在外，还是搭乘公交、遛狗或上班。当他们身处这些情境时，他们希望 Alexa 能够提醒他们把垃圾扔了或从干洗店把衣服拿回来。《财富》（*Fortune*）杂志评论说：“无论它们今后在市场上的表现如何，这些设备都在响亮而又清晰地宣讲着亚马逊更加宏伟的蓝图，即将其服务延伸至每一个家庭、每一辆汽车和每一个人。”①

封闭的生态系统

第一眼看上去，你会问：有没有写错？难道“生态系统”一词不是总应该有个前缀叫作“开放”吗？

当贝佐斯进军好莱坞时，他用一句充满嘲弄的话来证明亚马逊在娱乐业的投资是正确的：“如果我们赢得金球奖，可以帮助我们卖出更多的鞋子。”② 这是一种故意的轻率，意在表明亚马逊不同于竞争对手。但它其实也暗示了贝佐斯的真实心理：亚马逊不只是流媒体服务商（如网飞），或是一系列的频道（如 Comcast），尽管这两者它兼而有之。亚马

① 亚马逊音箱音质太差，新品将有所改观．财富中文网．（2019－10－13）．http：//app. fortunechina. com/mobile/article/347960. htm.

② MCALONE N. Amazon CEO Jeff Bezos said something about Prime Video that should scare Netflix. Business Insider，June 2，2016. https：//www. businessinsider. com/amazon-ceo-jeff-bezos-said-something-about-prime-video-that-should-scare-netflix-2016－6.

逊的核心是一个封闭的生态系统，它涉足视频产品，是因为后者构成了一种相对廉价的说服人们生活在其系统中的方法。

亚马逊的目标体现在它用来判断节目成功与否的一项指标中。它检查注册免费试用 Amazon Prime 的用户的观看习惯，然后计算一个节目产生了多少新的服务订阅。在掂量某一节目的分量时，亚马逊会考虑该节目的生产成本与它带来的新订阅量之间的关系。①

其实，亚马逊的金牌会员服务从来就不仅仅局限于卖货。我们甚至可以说，直到 2005 年，随着 Amazon Prime 的首次推出，亚马逊才开始为直接集成到其在线商店中的未来数字媒体生态系统奠定基础。

Amazon Prime 最初是为忠诚的亚马逊购物者提供的一项会员计划，只需要交 79 美元，就可以享受无限制的两日内送达服务。直到 2011 年，它才开始增加额外的服务：与其他产品或服务捆绑，例如电子书、音乐和视频等流媒体；提供免费在线照片存储以及一日或当日内送达服务。从那时起，Amazon Prime 已经发展成为一种订阅服务，会员畅享多项额外特权"大礼包"，包括具有 5%现金返还的 Amazon Prime 信用卡。

Amazon Prime 首次创建时，贝佐斯坚持将价格定得足够高，以使该会员计划感觉像是一个真正的承诺。哈佛大学商学院教授苏尼尔・古普塔（Sunil Gupta）分析这一绝妙举措说："Amazon Prime 伊始，售价 79 美元，好处是两天内免费送达。大多数聪明的人都会做算术，他们问：79 美元值得吗？贝佐斯的回答是，我不希望你做这个算术。我将投入电影和其他好处，使价值计算变得困难。"②

①② FOER F. Jeff Bezos's Master Plan. The Atlantic, Nov. 2019. https://www.theatlantic.com/magazine/archive/2019/11/what-jeff-bezos-wants/598363/.

贝佐斯赌的是消费者将通过忠实地在亚马逊消费来使这一可观的支出物有所值。Amazon Prime 订阅户全球超 1 亿，证明这是一记行为经济学的绝招。据分析师的报告，成为金牌会员后，顾客在亚马逊的购物额增长了 150%。金牌会员占据了美国亚马逊客户的近 50%。金牌会员在亚马逊网站的消费额明显超过非会员——年均达 1 500 美元，而非会员每年只消费 625 美元。① 通过免费递送服务，Amazon Prime 成功地帮消费者解决了在线购物中最大的负担问题。结果怎么样？消费者会进一步增加在亚马逊的消费。

和其他项目一样，亚马逊在金牌会员服务上以亏本为代价，换取用户数量的增长。据估计，2011 年时，亚马逊每年至少要为每位金牌会员投入 90 美元——递送服务 55 美元、影音产品 35 美元——因此，每位金牌会员每年至少带来 11 美元的亏损。亚马逊为了加快金牌会员的配送服务，在仓储、配送与车辆设备等方面大手笔投入，这些都导致 Amazon Prime 的成本增加。然而，即便亏损数额每年达到数十亿美元，Amazon Prime 仍然被认定为亚马逊在线零售业增长的核心。

原因很简单，尽管 Amazon Prime 会带来会员费，但贝佐斯并没有想从 Amazon Prime 服务本身赚钱，而是利用这项服务激发用户的购买欲。要记住，Amazon Prime 用户越是频繁地在亚马逊消费，也就越会减少在其他平台的消费。63%的 Amazon Prime 用户每次浏览网站至少会购买一件产品，而非 Amazon Prime 用户这个比例仅有 13%。对沃尔玛和塔吉特而言，该数字分别是 5%和 2%。研究显示，在同一次购物

① KHAN L M. Amazon's antitrust paradox. The Yale Law Journal，2017，126（3）：710－805. https：//www. yalelawjournal. org/note/amazons-antitrust-paradox.

中，不到1%的 Amazon Prime 用户会考虑亚马逊之外的购物网站，而非 Amazon Prime 用户同时考虑亚马逊和塔吉特的比例是 Amazon Prime 用户的 8 倍有余。在 Amazon Prime 团队工作的一名亚马逊前雇员称："这不是 79 美元的事。它完全改变了用户，他们不会再到别家去买东西了。"①

2014 年，亚马逊将金牌会员的年费调高至 99 美元；2018 年，再涨到 119 美元。这是亚马逊的惯用伎俩：先吸引用户，再慢慢拉升产品和服务的价格。涨价确实激怒了一部分用户，但调查显示：第一年之后，有 93%的金牌会员继续入会；第二年之后，这一比例上升到 98%。② 这说明亚马逊确实留住了许多用户，同时没有竞争者能够以更低的价格提供相近的服务。丽娜·汗认为，这一点可能也说明了在线平台的模式通常具有黏性。虽然在线服务领域的竞争看起来很激烈，"仅仅是鼠标点一下的事"，但针对行为模式的研究说明：更换服务网站的"转换成本"实际上可能非常高。③ 贝佐斯成功地将在亚马逊购物变成了一种习惯。

如果按老看法，你或许还以为亚马逊只是一家零售商，其实它同时是电影制片厂、人工智能开发者、设备制造商和网络服务提供商；但如果你把它叫作一个企业集团，也不准确，因为它的众多业务紧密整合又彼此呼应。对亚马逊的最佳描述就是一个封闭的生态系统，有着无数的触手，将合适的猎物囊括进这个系统当中。这种描述意味着亚马逊的扩

---

① KHAN L M. Amazon's antitrust paradox. The Yale Law Journal，2017，126（3）：710－805. https：//www. yalelawjournal. org/note/amazons-antitrust-paradox.

② JOHNSTON L. There are 103 million U. S. Amazon prime members：CIRP. Twice，Apr. 22，2019. https：//www. twice. com/retailing/amazon-prime-subscribers－2019.

③ KHAN L M. Amazon's antitrust paradox. The Yale Law Journal，2017，126（3）：710－805. https：//www. yalelawjournal. org/note/amazons-antitrust-paradox.

张没有自然界限。没有任何一个经济部门固有地超出其核心竞争力。

技术通信 Stratechery 的创办人本·汤姆森（Ben Thompson）认为，亚马逊希望能够“为所有人提供一切”，而当所有事物都流经亚马逊时，该公司就可以对一系列意想不到的交易“课税”。例如，当亚马逊向 Showtime 和 Starz 等高级有线电视频道出售订户时，据称削价幅度为15%至50%。当一件物品在亚马逊仓库中等待购买时，卖方要支付租金。亚马逊允许供应商在其搜索结果中购买上乘的位置（然后将这些结果标记为赞助），并在自己的页面上划分空间，将其作为广告商位出租。[①] 这一切之所以会如此，是因为亚马逊的多变、快速、涉足多个领域的能力，使其矗立于互联网商务的中心，甚至成为其他企业需要依赖的基础设施。如果一家企业希望获得亚马逊的规模经济，则必须付出相应的代价。

有人形容，亚马逊是地球上最难击败的公司。它的优势并不仅仅在于所谓的“护城河效应”（economic moat），也不在于贝佐斯牺牲利润、激进追求增长的野蛮打法，而在于其一砖一瓦都是用面向服务的架构来构建的，连续地将公司内的每一部分都变成独立的平台，再参与到外部竞争中，同时这些平台在竞争的时候又能产生强大的协同效应。

◎ 飞轮效应战胜厄运循环

对于构建面向服务的架构，贝佐斯有套“飞轮理论”常挂嘴边，如

① FOER F. Jeff Bezos's master plan. The Atlantic，Nov. 2019. https：//www. the-atlantic. com/magazine/archive/2019/11/what-jeff-bezos-wants/598363/.

图 19－1 所示：

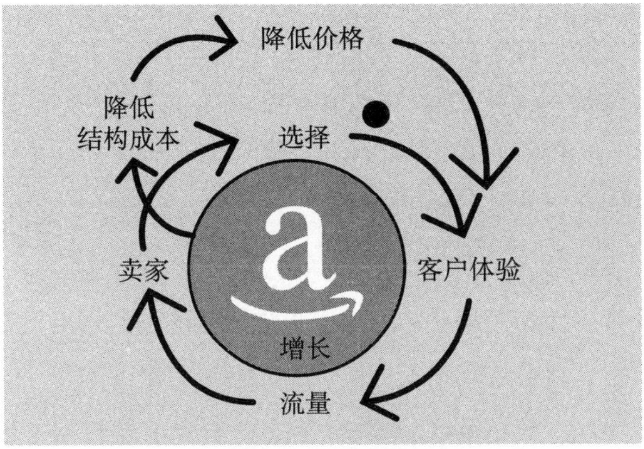

图 19－1　亚马逊飞轮

客户体验是关键，亚马逊的任何行动都以客户需求为前提，所有员工都将客户服务作为第一要务。

出色的客户体验推动网站访问量的增加。

卖家被吸引，将其产品放到网站上。

这将为客户创造更多的产品选择。与此同时，网站销量的增长使亚马逊可以降低结构成本并降低价格，这与客户体验一起增加了流量。

各个板块好比咬合的齿轮——客户体验好，网站流量则增大，从而吸引更多卖家，回过头来客户体验更好。一旦飞轮开始启动，每个要素都会持续强化，并具有自己的生命，推动整体高速发展。

这个 2001 年由贝佐斯手绘在餐巾纸上的亚马逊飞轮（Amazon flywheel）也称“亚马逊良性循环”（Amazon virtuous cycle）①，是一种利

① https：//www. amazon. jobs/zh/landing _ pages/about-amazon.

用客户体验将客户引流到平台和第三方卖家的策略。它不仅是一种工具，而且是一种思维方式，更是一种在效率低下的行业中抓住机会的方法。同时，它通过在客户体验上进行尽可能多的投资来帮助加速增长。

当 Amazon. com 在 1995 年推出时，贝佐斯规定亚马逊的使命是“成为地球上最以客户为中心的公司”，客户可以在其中找到他们可能想在网上购买的任何商品，网站则努力为客户提供尽可能低的价格。[①] 公司起步之后不断做大，但它的重心从来没变过：保持对客户的关注力，而不是关注华尔街和短期获利能力。贝佐斯赌的是，只要亚马逊保持疯狂增长，投资者就会继续投入大量资金，而唯利是图的华尔街也因此不会过多关注利润。亚马逊直到 2001 年才有一个季度盈利，但其后仍然没有多少净利润。

正是这种利润的再投资造就了亚马逊举世闻名的基础设施。当公司经历大幅度增长时，存在两种选择：其一，向华尔街报告利润，股价上涨，派发股息，让股东高兴；其二，把挣来的钱重新投资于业务，不在乎股价，也罔顾专家对低利润业务的悲叹。

飞轮策略的实施成为亚马逊成功的秘诀。在早期，这个良性循环很简单（与沃尔玛的做法并没有多大不同）：降低价格以鼓励更多的客户来访，然后吸引第三方卖家，从而提高亚马逊基础设施的利用率。然而很快，Amazon Prime 成为了推动业务发展的中央飞轮。

如果我们观察一年一度的亚马逊金牌会员日（Amazon Prime Day）（专为金牌会员举办的大型全球购物活动），很显然，它与短期销售（尽管也令人印象深刻）无关，而与推动亚马逊业务的长期持续有关。一切

① https：//www. amazon. jobs/zh/working/working-amazon.

都是为了让飞轮更快地转起来，这就是金牌会员日不仅仅是销售活动的原因。①

首先，它是一场主要的会员招募活动。充分利用金牌会员日的唯一方法就是成为金牌会员，这也因此成为金牌会员增长的主要驱动力。亚马逊表示，它在 7 月 16 日迎来的新会员数量比历史上的任何其他一天都要多。这些新会员拥有极高的含金量：除了年费（119 美元）之外，金牌会员平均每年花费的购物金额要比非会员高出 800 美元。

其次，它是销售亚马逊设备的大好时机。亚马逊会在金牌会员日对自己的设备予以大幅打折，目的是将更多用户纳入其生态系统，并加速飞轮的转动。该策略是成功的：在 2018 年金牌会员日之后，将近一半的亚马逊购物者拥有连接 Alexa 的设备，而购物节上全球销量最高的商品是带有 Alexa 声音遥控的 Fire TV Stick。Echo 产品，尤其是带有屏幕的产品，被大量放进购物车，而 Echo 所有者是亚马逊最忠诚和最频繁的购物者，他们比普通的金牌会员每年多支出 400 美元。

再次，它相当于一场大型的有关如何在亚马逊上购物的培训计划。在金牌会员日的准备活动中，亚马逊向购物者提供了激励措施，鼓励他们试用应用程序中的某些功能，例如 AR 视图和 Camera Product Search。亚马逊还允许那些通过 Alexa 购物的人尽早达成金牌会员日交易，甚至为首次语音购物用户提供 10 美元的金牌会员信用额度。用户访问的渠道和功能越多，对亚马逊来说就越好，因此他们积极地训练购物者以新的和不同的方式进行交互。

---

① BIRD J. Feeding the flywheel：why Amazon Prime day is so much more than a sale. Forbes，July 22，2018. https：//www. forbes. com/sites/jonbird1/2018/07/22/feeding-the-flywheel-why-amazon-prime-day-is-so-much-more-than-a-sale/＃5d61f1d842db.

最后，它开启了一场非常典型的全渠道营销。亚马逊现在拥有了全食超市，在店内消费的顾客会收到返现，返现可用于金牌会员日的购物。特定时间段内在商店中使用 Amazon Prime Rewards 卡付款的购物者，可获得相当于常规返现的两倍返现。所有这一切都是为了推动飞轮以更快的速度旋转。

吉姆·柯林斯提出了飞轮效应（flywheel effect），但贝佐斯将其发挥到极致。前提很简单：飞轮是一个难以置信的沉重的轮子，需要巨大的力气才能推动；而一旦推动，就需要更多的努力，直到它开始产生自己的冲力——而那就是一家公司从优秀走向卓越的时候。

企业必须勇于变革，但变革管理是一门不易掌握的艺术。有关“变革”的一个流传甚广的说法是：大变革必须是猛然、极端和痛苦的——一次非连续性、破坏性的大决裂。柯林斯花了五年时间研究到底是什么使得一家优秀的公司变成一家卓越的公司，他的结论却是：由优秀到卓越的公司大变革没有奇迹般的时刻。变革与其说是一项手术，不如说是一个生长的过程。这不是一束耀眼的闪电或来自上苍的突然启示，而是持续不断的修炼对临时修补的胜利。①

要把握从优秀到卓越转变的过程，我们不妨想象这样一种情形：一个鸡蛋日复一日地放在那里，没有人注意它。突然有一天，蛋壳裂开了，跳出来一只小鸡。破壳的那一刻，只不过是长长的一连串步骤中的一步，正是这一连串的步骤造就了那一刻。

柯林斯说，在所有卓越的公司当中，都是飞轮效应战胜了厄运循环

---

① COLLINS J. Good to Great. Fast Company, Sep. 30, 2001. https://www.fastcompany.com/43811/good-great.

(doom loop)。什么叫作“飞轮效应”？把你的公司想象为一个飞轮，你的工作是让这个飞轮尽可能快地转起来。当飞轮静止时，要让它动起来，你需要做出极大的努力。你尽力推它，终于，让它动了一点。经过两三天不断的努力，你让它转了一圈。你继续推，轮子动得快点了。这要求付出更多努力，但至少轮子转了第二圈。你继续不停地用力推，它转了三圈、四圈、五圈、六圈……每一圈它都转得更快了。然后，在某个时间点上（你说不出到底是什么时候），你取得了突破。推动轮子转动的势头让你得到极大乐趣。它越转越快，因为自身的重量在推动它。你并没有更用力推，但轮子在加速，它的冲力在起作用，速度不断提高。

与其说你依靠了一项大的变革方案，毋宁说，你用自己的肩膀去顶这个轮子。你和你的团队着手逐渐地、不断地转动这个飞轮。当人们开始体会到“冲力”的魔力时——当他们看到明显的成果，并可以感受到飞轮开始形成加速度的时候，也就是他们形成队形，用肩膀顶或推轮子的时候。

而飞轮效应的反面，是厄运循环。陷入厄运循环的公司想实行变革，但它们缺乏引发飞轮效应的暗中起作用的“修炼”。相反，它们大吹大擂地发布变革纲领，准备“招兵请将”。它们走上一条路，只是为了改变方向。在前后徘徊多年后，这些公司发现它们没有能够形成任何一种持续的冲力。它们不是转飞轮，而是陷入了厄运循环：令人失望的结果导致缺乏理解的反应，这又导致走向一个新的方向（新的领导、新的纲领），而新的方向导致没有冲力，没有冲力又导致令人失望的结果。这是一个稳步下降的螺旋状过程。那些经历过厄运循环的人，知道它是怎样抽干一家公司的精神的。

柯林斯总结说，戏剧性的成果并非来自戏剧性的过程。“一旦你完全掌握了如何创造飞轮冲力……并以创造性的力量和不懈的纪律应用你的这种理解，你将获得战略的复合力。”① 一旦你正确地找到了自己的飞轮，你就数年、数十年如一日地坚持推下去，一个决策接一个决策，一个行动接一个行动，一个转折接一个转折，这样，每一转都会增加累积效果，最后获得惊人的复合力。亚马逊正是这样做的。

◎ 保持初创企业的草莽精神

一个充满官僚制的企业，是难以产生飞轮效应的。贝佐斯从一开始就致力于将他的组织建立为反官僚主义的组织。为了应对组织膨胀的趋势，他实施了被称为“两个比萨饼团队”（two-pizza teams）的原则。② 就像贝佐斯的其他管理创新一样，这听起来像是某种把戏，但高级工程师和拥有博士学位的经济学家的确是按照这种组织原则来组建他们的专业团队的。根据该原则，理想情况下，亚马逊的团队应该足够小，小到吃两个比萨饼就可以打发。

亚马逊在其仓库中使用电子游戏来激励员工，这些游戏可以追踪产量，并让员工相互竞争，促使他们更快地行动。③ “两个比萨饼团队”代

---

① COLLINS J. How does your flywheel turn?, 2017. https://www.jimcollins.com/tools/How-does-your-flywheel-turn.pdf.

② HERN A. The two-pizza rule and the secret of Amazon's success. The Gurardian, Apr. 24, 2018. https://www.theguardian.com/technology/2018/apr/24/the-two-pizza-rule-and-the-secret-of-amazons-success.

③ BENSINGER G. “Mission racer”: how Amazon turned the tedium of warehouse work into a game. The Washington Post, May 21, 2019. https://www.washingtonpost.com/technology/2019/05/21/missionracer-how-amazon-turned-tedium-warehouse-work-into-game/.

表了这种游戏化的更微妙的白领版本。小团队可以向项目灌输一种主人翁感。然而，在这样小的团队中工作的员工也更容易遭受失败的恐惧，因为没有更大的地方可以藏身，不能更多地分散责备和批评。

亚马逊有很多程序来指导其不同的团队。贝佐斯坚称计划要用完整的句子写成六页的备忘录，他形容为具有“叙述性”。这种感觉源于PowerPoint已经成为掩饰模糊思维的工具。贝佐斯推测，写作需要一种更为线性的推理方式。正如该公司的前员工约翰·罗斯曼（John Rossman）写的一本名为《像亚马逊那样思考》（*Think Like Amazon*，2019）的书所描述的那样：“如果你不能写出来，那你就不准备捍卫它了。”六页的备忘录用于在贝佐斯所谓的“自修室”氛围下开始的会议。仔细阅读备忘录，也可以确保参与者无法假装自己参加了整个会议。只有在无声地读完了备忘录之后（这段阅读时间可能会使备忘录的作者倍感焦虑），与会者们才可以提出有关它的问题。①

亚马逊的大多数团队是封闭的小实体。每个小实体中都嵌入了独特的专业知识。以亚马逊拥有博士学位的经济学家为例，在过去的几年中，该公司已经雇用了150多名经济学博士，这使亚马逊成为比美国任何一所大学都更大的经济学博士雇主。尽管其他公司倾向于将经济学家保留在集中化的部门中，让他们负责预测或解决政策问题，但亚马逊采取了不同的做法。它将经济学家分配给多个团队，他们可以在其中进行受控实验，以科学、有效地引导消费者行为。

“不懈努力”（relentless）可能是最流行于亚马逊的词（想想飞轮是

---

① FOER F. Jeff Bezos's master plan. The Atlantic, Nov. 2019. https://www.theatlantic.com/magazine/archive/2019/11/what-jeff-bezos-wants/598363/.

如何一点点被推动的），但贝佐斯也谈到了探索的美德。他在 2019 年致股东的信中写道："到处探索是效率的根本平衡。"（Wandering is an essential counter-balance to efficiency.）[①] 很多员工欣赏公司给予的智力自主感。一旦他们在六页备忘录上清楚地阐明了一项任务并获得通过，他们通常就有很大的自由度去实现这一任务，而不必担心多层的掣肘。到处探索的心态还帮助亚马逊不断地扩展到相邻的业务领域，或乍一看似乎与已完全无关的业务领域。借助不断收集的海量增长的消费者和供应商数据，以及不断发现的有关人类需求和人类行为的洞察力，亚马逊不断寻找新的增长机会。

亚马逊飞轮的运转也离不开技术的支撑。公司拥有持续不断、实时细致的度量标准，能够测量用户几乎一切行为：他们会把什么放在购物车内而又不去购买；根据以往的购物记录，用户会收到什么样的推荐信息；等等。这些衡量标准同样能检测出信息工程师们设计的哪些页面加载过慢，或者何时一个销售经理未能储备足够的花园手套。庞大的数据使决策过程变得更加清晰，为公司运营带来难以置信的自由。

当然，员工的表现也会受到各种复杂评判体系的衡量，不同的团队会在每周或者每月接受业务测评。会议开始前一两天，员工会收到打印的测评结果，有时候它们会长达五六十页。开会过程中，员工会被冷不防地点到名字，或是被问及有关测评的各种细节。在测评中，"我们不太确定"或"我会再给你答复"之类的解释是不可接受的。一些经理有时会直截了当地说"蠢透了"或"不用解释了"。员工抱怨这样的测评

---

① STILLMAN J. Jeff Bezos' latest shareholder letter makes the case against too much efficiency. Inc， Apr. 12， 2019. https：//www. inc. com/jessica-stillman/jeff-bezos-latest-shareholder-letter-makes-case-against-too-much-efficiency. html.

会挤占很多工作时间，但他们也承认，业务测评迫使他们紧盯业务指标，也更了解自己任务的细节。①

在亚马逊，员工觉得自己的工作从未完成或永远不够出色。一个建筑群被贝佐斯命名为 Day 1，这是在提醒人们：才步入新商业时代，还有很多工作等待去做。贝佐斯十分忧虑于那种随着时间的流逝而削弱企业的力量——官僚主义，所以他将自己关于工作场所的想法整理成一套概念（其中相当一部分是违反直觉的），以足够简单的方式加以阐明，令新员工易于理解；同时又足够宽泛，适用于他想进入的几乎无限量的业务领域，并足够严格，避免他所担心的平庸。

结果就是亚马逊著名的领导力准则 14 条，即规范亚马逊人应该采取的行动的信念条款。很多公司也有自己的相应准则，但要么因其含糊不清而难以落实，要么过于陈词滥调而丧失用处。亚马逊的准则不同，它们是公司日常语言和工作管理的一部分，在员工的聘用中被使用，在会议上被引用，一些亚马逊人甚至将其传给了他们的孩子。如同公司网站上所标明的："无论是在讨论新项目的想法，还是在确定解决问题的最佳方法，我们每天都在使用领导力准则。这是使亚马逊变得与众不同的诸多原因中的一个。"②

这些准则让人联想到一个精英组成的帝国（准则 6：选贤育能——领导者不断提升招聘和晋升员工的标准。他们表彰杰出的人才，并乐于在组织中通过轮岗磨砺他们。领导者培养领导人才，他们严肃地对待自

① KANTOR J，STREITFELD D. Inside Amazon：wrestling big ideas in a bruising workplace. The New York Times，Aug. 15，2015. https：//www. nytimes. com/2015/08/16/technology/inside-amazon-wrestling-big-ideas-in-a-bruising-workplace. html.

② https：//www. amazon. jobs/zh/principles.

已育才树人的职责。领导者从员工角度出发，创建职业发展机制）。这些精英彼此抱持崇高的期望，挣脱了官僚主义繁文缛节以及办公室政治等使他们无法发挥最大作用的桎梏。员工为此表现出“主人翁精神”（准则 2：主人翁精神——他们会从长远考虑，不会为了短期业绩而牺牲长期价值。他们不仅仅代表自己的团队，而且代表整个公司行事。他们绝不会说“那不是我的工作”），他们“好奇求知”（准则 5），从不停止学习，并不断寻找机会以提升自己，对各种可能性充满好奇并付诸行动加以探索；同时总是“刨根问底”（准则 12），深入各个环节，随时掌控细节，经常进行审核，当数据与传闻不一致时持有怀疑态度。

工作场所应该充满透明度和精确度，以了解谁真正取得了成就、谁没有成功。在亚马逊内部，理想的员工通常被描述为：有着近乎严苛的高标准（准则 7）；崇尚行动（准则 9）；具备远见卓识（准则 8）；能够克服一切挫折“达成业绩”（准则 12）；在遇到无法苟同的决策时敢于质疑，但一旦做出决定，就全身心地致力于实现目标（准则 11）。

这“十四诫”中的第一诫是什么呢？不用说你也应该猜到了：顾客至上。“领导者从客户入手，再反向推动工作。他们努力工作，赢得并维系客户对他们的信任。虽然领导者会关注竞争对手，但是他们更关注客户。”

成立 25 年后，亚马逊似乎没有染上大公司的沾沾自喜毛病。它仍然把自己看作一家身处草莽的初创企业，必须在交易中挣到每一分利润，并且把每次谈判都看作生死攸关之举。至今，在浏览器内输入 Relentless. com 网址，还会直接跳转到亚马逊。“Relentless”这个字眼也带有“毫不容情”的意味，多次出现在贝佐斯每年发送给股东的公开信中。

的确，亚马逊在各方面都毫不容情。它对竞争者和供应商都非常强硬。和沃尔玛一样，亚马逊坚信不断增长的利润率取决于不断从供应商那里获得更好的交易。但比沃尔玛更可怕的是，亚马逊的手要伸得广得多。亚马逊也从不惧怕低价竞争。在向下竞争中，它可以沉入大多数其他公司不敢抵达的低谷，以此完胜竞争对手。在企业内部，亚马逊的业绩压力和员工要求远远超出了其他公司，它打造了一个内部竞争激烈的达尔文主义环境，更相信小团队而不是官僚控制。

然而，亚马逊根本的成功之道或许在于，在对员工、竞争对手和供应商都毫不容情的同时，对顾客全心全意。它把取悦用户视为自己的最高追求。它不像其他公司一样，运作受到各种传统束缚（包括华尔街的束缚）。它认定组织的任务是进行探索和发明，这使得亚马逊人有能力提出新事物。可以预见，10 年以后，亚马逊所从事的业务，因为跟随客户的需求，还可能发生更多的改变。或许，亚马逊这 25 年的里程，可以用蒂姆·格罗夫（Tim S. Grover）的一本励志书——《不懈的努力：从优秀到卓越到势不可挡》（*Relentless: From Good to Great to Unstoppable*，2013）完美概括。

20. 索尼：苹果的反面教材

在一个软件愈发占据主导地位的世界里，
索尼却是一家硬件公司。
它需要从设备制造商转型为平台搭建者。

索尼音乐总裁安迪·拉克（Andy Lack）在索尼参加第一次年度会议是在 2003 年 4 月，和苹果公司推出 iTunes 商店在同一周。掌管音乐部门的他，和音乐领域突然杀出的黑马——苹果，进行着耗时费力的谈判。接到会议通知，拉克带着最新版本的 iPod 和关于 iTunes 商店的介绍，从库比蒂诺直飞东京。在 200 位经理面前，他从口袋里拿出了 iPod，"就是这个"，CEO 出井伸之和索尼北美区总裁霍华德·斯金格（Howard Stringer）凝神看着，"随身听的大敌来了"。[①]

这是翻天覆地的一刻。从此，索尼作为消费电子业最耀眼的那颗星，开始了暗淡的坠落。

---

① ISAACSON W. Steve Jobs. Simon & Shuster，2011：407.

◎ Walkman 对 IPod

苹果有多成功，索尼就有多失败。

这是一家在设计方面享有盛誉的消费电子巨头，由一位以细节管理著称的完美主义领导人创立。

我刚刚描述的公司是苹果吗？当然不错，但它也可以用来描述索尼。实际上，同宝丽来创始人埃德温·兰德一样，乔布斯做企业的主要榜样之一就是索尼公司的联合创始人盛田昭夫（Akio Morita）。乔布斯在苹果公司开发产品的早期也十分推崇索尼那种独特的风格和令人难忘的产品设计。

那么，为什么苹果在 2019 年雄居全球最大市值公司之一，全年净利润达 553 亿美元[①]，而索尼却长久亏损，在苹果攀上 1 万亿美元市值的时候，它的市值只有区区 700 多亿美元？[②]

我们不妨来看苹果与索尼竞赛中的一个关键节点。

2001 年，苹果发布 iPod。这是音乐领域的大变革时代，称霸随身听市场逾 20 年的索尼随身听（Walkman）、CD 机的地位开始被动摇，越来越多的人愿意尝试收听数字音乐，而下载 MP3 格式的音乐随之成为其中最主要的途径。

此前，索尼有着创新的良好记录。历史上，它的重要技术成就可圈可点：

---

① Apple's net income in the company's fiscal years from 2005 to 2019. Statisca, Nov. 5, 2019. https://www.statista.com/statistics/267728/apples-net-income-since-2005/.

② INAGAKI K, BARBER L. Sony chief vows recovery is no false dawn. Financial Times, Oct. 8, 2018. https://www.ft.com/content/e6bb5286-c88b-11e8-ba8f-ee390057b8c9.

1955 年，TR-55 晶体管收音机成为首款打着索尼品牌营销的流行产品。

1968 年，索尼研发出“特丽珑”（Trinitron）显示技术。到 2008 年为止，索尼共卖出 2.8 亿台特丽珑彩电和采用该技术的电脑显示器，直到该技术被液晶和等离子技术所取代。

1975 年，索尼开发出 Betamax 录像带。

1979 年，Walkman 问世，创造了个人音乐播放市场（比苹果的尝试早许多年）。

1980 年，索尼开发出 3.5 英寸①软盘。

1982 年，由索尼与飞利浦共同开发的光盘（CD）问世，开数字音频技术先河。

1985 年，Handycam 便携式摄像机推出。

1994 年，PlayStation 家用游戏机推出。

1996 年，Vaio 计算机推出。

1997 年，Cybershot 数码相机推出。

1998 年，可移除式快闪存储卡推出。

2005 年，新一代平板液晶电视 Bravia 推出。

2006 年，Alpha 微单相机推出。

大多数人在某个时候拥有过索尼制造的东西。其中最耀眼的，莫过于 Walkman。

众所周知，索尼改变了人们收听和消费音乐的方式。随身听使人们可以随身携带音乐播放器并通过轻巧的耳机收听。在随身听问世之前，

---

① 1 英寸≈2.54 厘米。

欣赏音乐只能借助家庭立体声系统或汽车音响系统。不过，便携式录音机已经存在了数十年，因此，从技术角度来看，随身听设备并没有多么先进。它的改进在于，取消了传统的盒式磁带录音机的录音功能和扬声器，转而配备立体声电路和立体声耳机端子。它主攻普通的年轻消费者市场，很快成为一种文化标志和社会现象。

就这样，Walkman 雄霸个人音乐市场近四分之一世纪，直到 2001 年，苹果决定推出新的便携式播放器 iPod。大约 80%的 iPod 技术组件（例如内存和存储介质）由索尼集团内的多家公司生产。2004 年，iPod 的销量在全球范围内超过 Walkman，一举成为便携式播放器的新市场领导者。[①]这个大逆转是如何发生的？

在那时，索尼是一家比苹果大得多的公司，仅其电子部门就比苹果整个公司大。截至 2004 年 12 月 31 日，索尼电子部门的销售和运营收入为 146 亿美元，而在同一季度，苹果计算机公司报告了过去 9 年来最高的季度收入为 23.5 亿美元——得益于 Macintosh 笔记本电脑和 iPod 音乐播放器的强劲销售。[②]

索尼无疑拥有更多的财务资源、必要的工程技术和充足的生产能力来开发和生产可以与 iPod 竞争的类似产品。索尼开发了无数制造技术和不同领域的专利。索尼还拥有全球四分之一的音乐版权，能够对在线音乐收取比苹果更低的费用，索尼 Connect 音乐商店应该可以与苹果的 iTunes 音乐商店比肩。

---

① COJOCARU C，COJOCARU S. Sony vs. Apple-iPod launching，a case study of leadership and innovation. Manager Journal，2014，20（1）：115－125.

② Sony vs. Apple in portable music. https：//www.mcafee.cc/Classes/BEM106/Papers/2005/Sonymusic.pdf.

从理论上讲，索尼可以满足推出新一代便携式播放器的所有条件，然而，不是它而是苹果完全改变了市场。显然，苹果公司做对了许多事情。iPod 的成功在于产品简便、营销前卫、iTunes 整合，以及对其忠诚的 Macintosh 用户的依赖。苹果公司也成功说服唱片公司（包括索尼）以每首 0.99 美元出售正版音乐。iPod 整合的端到端一体化系统——从计算机到火线、设备、软件，再到内容管理，使得索尼 Walkman 与它的竞争绝非简单的硬件之争。

可以推论，索尼一定做错了许多事情。索尼的传统策略是提供高质量、功能丰富的产品，收取溢价。然而，在数字便携式音乐播放器市场上，索尼偏离了这一策略，因为索尼提供的产品几乎没有 iPod 的诸多功能。这是由于索尼最初根本不愿意进入这个市场。由于索尼自身拥有大型媒体部门，因此其不想发布可能鼓励音乐和电影盗版的产品。索尼发布的便携式数字音乐播放器不支持 MP3 播放，并要求将歌曲首先转换为 ATRAC 格式。这是它最大的失误之一，即固守自己的专有格式，完全看不到在 2000 年之后，数字音乐全部都与文件共享有关，因而全部都是 MP3 格式。索尼内部的混乱也加剧了它的播放器产品的溃败，其 Vaio 个人计算机部门推出了竞争的产品，导致播放器陷入更大的困境。

也许更为关键的是行业的范式变迁——开始从硬件转向软件，以创造更好的用户体验。例如，哪怕索尼制造出其著名的 Walkman 系列的下一个更小、更轻便的 MP3 版本，也是不够的。第一款 iPod 不但是数字音乐播放器，而且是硬件、软件、社区和社交身份的新体验。索尼未能及时意识到这一事实，因此迟迟无法利用这一机会。“iPod ＋ iTunes”的模式，表明了苹果从一开始就并不只想成为一个音乐播放器制造厂商，而欲打造一个内容发布平台。一觉醒过来之后，索尼 Connect 也想打造类似的平台，但是要使其成为主导平台，索尼需要引入与之竞争的内容供应商到自己的平台上。换句话说，要使该平台成功，索尼不能将自己的内容凌驾于竞争对手之上：在这种情况下，为什么要拥有这个平台呢？

仅三年时间，索尼便停止了 Connect 在线商店，此后，面对 iTunes，它一直无法提供全面的替代方案。

◎ 在数字时代迷失方向

罗马不能一日建成，而它的衰败也是一点点发生的。Walkman 不敌 iPod 的例子，显示多年以来索尼的管理出了一系列问题，最终导致其失去了创新能力。

过于注重设备而忽视体验

从 20 世纪 80 年代初一直到 90 年代，索尼的表现优异。它是消费电子领域无可匹敌的大师，是尖端技术、精密工艺和消费者满意度的代名词。当时的人们对激动人心而人性化的未来抱有集体的热望，而索尼的功能超强、略显挑剔的电子玩意儿则是这种热望的最清晰的表达。这些玩意儿不仅包括 Walkman 和 Trinitron。事实上，索尼制造的所有产品均具备无可匹敌的质量，热衷于保持详尽的功能，让消费者能够骄傲地拥有。

这些特点可说仍适用于今天的索尼产品，然而其他情况都发生了巨变。索尼仍然能够生产精美的产品，但越来越少的人对它们感到兴奋。不止一位批评人士指出，索尼当前的产品线十分拥挤和混乱，可是，为客户提供多种选择，恰恰是索尼过去成功的基础。为什么一度为索尼出色服务的战略，现在不仅失败，而且失败得如此严重？

变化的一部分原因是技术上的。苹果公司的 iPhone 型号和颜色都相当有限，但是它具有极大的可定制性（customizable）。由于大量的体验来自软件而不是硬件，所以消费者不是在使用针对他们而设计的产品(该产品是由他们自己设计的)。这种单一产品功能是如此强大，原有的即时满足的单个时刻（比如购买完美的相机、电视或电话）被数十个同样的时刻代替了。每次安装应用程序或下载内容时，用户都会获得与购买单一产品同等的情感定制体验。

这给出了索尼产品丧失了“酷”的一个更基本的解释：当今的消费者更在意这种情感体验，但索尼仍然只专注于产品。它被自己过去的成功所困。在 20 世纪 80 年代初，将技术以可用的方式送到客户手中构成最大的挑战，而索尼比其他任何企业都走在了前面。它具有跨越下一个技术障碍的惊人能力：生产更明亮的电视、更小的磁带机、集成的便携式摄像机。它在其竞争对手甚至尚未尝试时就优雅地越过了实现这些目标的障碍。在以产品为导向的工业经济中，这样做就足够了。每年都有新产品提供新的功能。只要某个产品可以做一些更新的事情，人们似乎不在乎使用它的体验，哪怕为此要翻阅长达 70 页的使用手册。

在体验经济中，用户的期望是相反的。技术全部是给定的，“规格是什么”的问题被“用起来感觉怎么样”所取代。索尼在创造下一个高技术产品方面的专业知识已经被三星、LG 和越来越成熟的中国制造商所掌握。在不改变其业务模式的情况下，索尼已被一个改变了与技术的关系的世界所抛弃。

可悲的是，索尼仍然拥有所有资源，可以在一项新策略上执行良好。它的工程能力无可挑剔，其研发资源十分丰富，并且拥有大量高质量的媒体。PlayStation 的成功展示了其通过集成的产品和内容生态系统提供良好体验的能力，然而，已问世 5 年的 PlayStation 4 现在正处于产品生命周期的末期。总体来说，最近 20 年的索尼，在创造引领潮流的产品方面极为乏力。

在索尼的战略愿景中缺失的是对提供强大的、富于共鸣的用户体验的强调。2018 年卸任的 CEO 平井一夫（Kazuo Hirai）承认公司的变革需求，但他制定的目标仍然集中于硬件方面。用户还是没有出现在索尼方程式之中。

反观苹果，硬件只是提供其他创造物的工具，如用户界面、应用程序和服务。这些组件共同构成了丰富的平台体验，允许用户将其众多设备保持同步更新。

平台世界教会了我们一个道理：重要的不是设备，甚至不是连接的设备，而是互联的体验。索尼造出了更好的游戏机、更出色的摄录机、更先进的电视机（包括首批智能电视），远远领先于市场。难道这些不会确保公司的成功吗？也许在 1990 年会，今天则肯定不会。构建更好的设备——甚至是更好的连接设备——所产生的益处，远远不及构建与索尼设备相关的数字体验。

索尼必须超越对设备的理解：成功不只是通过专注于工程技术，投资于现有业务线中的每一项，让其成为同类产品中的佼佼者，还要更多地将这些设备转变为某种平台，消费者可以在其上建立自己的生活；在此基础上，数字合作伙伴也可以创造和交付新价值。

所以，索尼要想扭转局面，在消费者的生活中再次变得有意义，就必须摆脱原有的自我认知。它必须停止像设备制造商那样行事，而要如同体验创建者一般思考，即打造消费者参与的平台，自由地释放消费者的选择而不是束缚这些选择。

绩效主义消灭了“技术的索尼”

20 世纪 80 年代后期，索尼高管，特别是公司总裁兼索尼美国公司董事长大贺典雄（Norio Ohga）希望向索尼的业务中增加娱乐内容。1988 年，索尼从哥伦比亚广播公司（CBS）手中收购了 CBS Records Group，获得了世界上最大的唱片公司。第二年，它又收购了 Columbia Pictures Entertainment，这是当时日本公司对美国公司的最大并购案，在美国引发了一场争议。

电影向来是美国人的骄傲，日本公司的介入激起舆论恐慌。美国公众并不把索尼的并购简单地看成一起商业交易，而是视为日本追求经济上的最高地位的一种表现。这样的看法因盛田昭夫 1989 年发表与民族主义者石原慎太郎（Shintaro Ishihara）合写的《日本可以说不》（*The Japan that Can Say No*）而更形加剧。两人声称日本是比其战后盟友更强大、更优秀的国家，可以不再依赖美国，而应当在包括经济和外交的各个领域提高自主地位。

索尼同其他日本企业一起在美国掀起的收购狂潮，对美国各界形成了强烈的刺激。索尼将收购后的两家公司分别更名为“索尼音乐娱乐公司”和“索尼影视娱乐公司”。本指望价值 70 亿美元的收购能够在软硬件之间形成纵向整合，但由于引发的抵触情绪，公司不得不付出相当大的财务和时间成本。为了平息外界争议，盛田昭夫、大贺典雄等公司领导人也不得不将主要精力放在美国，无法像过去那样聚焦技术开发，“技术的索尼”从此渐渐褪色。

回顾起来，索尼的历任领导人对此颓势都有责任。公司创始人盛田昭夫大胆将“帝国”的版图从硬件拓展到软件、内容、手机和金融保险，索尼开始形成“大而不倒”的臃肿体系，其面目也开始模糊不清：原来它是一家消费电子公司，但多元化之后，到底成了一家什么公司呢？靠什么东西把这样一台庞大的机器固定在一起？它日益磨损，速度缓慢，曾经充满创新的公司沦落为跟随者而不是领先者。

这是一个极为漫长而痛苦的过程。索尼在外人眼里，曾经长期被视为两个男人的故事：井深大（Masaru Ibuka）和盛田昭夫。“正因为这两个天才的联袂，才有了今天的索尼。如果缺少其中的任何一位，就不会有今天的索尼，这并非言过其实。”这是 1999 年时任索尼公司董事长的大贺典雄在《索尼源流》一书前言中所写的一段话。[①]

说得不错，但他忘记了说自己。事实上，索尼的故事是三个男人的故事——正像井深和盛田一个专注于技术、一个开拓市场，成为创始人合作的完美典范一样，在井深之后，盛田和大贺搭档，也被誉为黄金组合：当盛田作为一位富有魅力的领导人在海外引领索尼的商业方向时，大贺作为一位事无巨细的管理者，在国内保障着索尼创新性的产品源源不断地流出。正是因此，一般把大贺 2002 年的退休视为索尼创始人主导时期的结束。

在主政期间，大贺主持了对 CBS 电影公司高达 34 亿美元的收购案，这一举动被普遍认为不明智和价格过高。大贺忍受着一切批评，直到 1996 年，CBS 新的管理层完成了漂亮转身，大贺要把索尼变成一个硬件与软件两轮驱动的巨头的战略，才被人们认为是有先见之明。大贺对索尼公司的持久影响，在于将其由一个音乐与影像的硬件生产商，转变为能够把自身生产的内容放在自身制造的机器中发送的全球媒体巨头，

① 索尼株式会社传媒中心．索尼源流．北京：华夏出版社，1999.

由此改造了索尼的品牌基因，这种改造是通过巨额的并购和巨星的推广［包括卡拉扬（Herbert von Karajan）和迈克尔·杰克逊（Michael Jackson）在内的一批巨星都曾是索尼的代言人］而完成的。这也使得索尼由一家在第二次世界大战废墟上起家的日本公司变为真正的跨国公司。大贺第一次任命一位美国人为索尼公司的董事，为霍华德·斯金格成为第一位非日本人的董事长铺平了道路。

但大贺的大手笔，也使索尼背上了高达 2 兆亿日元、接近一半营业额的有息债务。他选定的接班人出井伸之，上任后一度认为，索尼存活的概率不到 50%，当务之急是改善公司的财务结构，在还款和投资之间寻找平衡。作为索尼的第一位非创业者、非技术人员出身的领导人，出井减少了企业当中工程师的话语权，放弃了一些日后来看极其重要的技术，如电池技术和机器人业务。

依靠严格的绩效和财务考核，在出井担任索尼社长的前半段，索尼短期利润和股价都有所提升。然而，公司因为不能发现新的成长点，很快就陷入了长期低迷，2003 年甚至因巨额亏损导致日经指数高科技股纷纷跳水，人称“索尼震撼”(Sony Shock)。

出井黯然离职，继任者美国人斯金格秉持他的路线。出井相信，随着网络时代的到来，光凭消费电子已不足以引领潮流。索尼需要从电子企业彻底转型为娱乐企业。历经出井和斯金格两任领导，“技术的索尼”路线被彻底放弃。索尼引以为傲的“工程师精神”不再，大量研发人才流失。

拥有“成本削减者”绰号的斯金格，将纯粹的美式公司管理模式输入索尼的全球体系，关心人员和成本削减、销售收入等财务绩效问题，对新产品、新技术和消费者体验都采取了漠视态度。

由此引发了一系列严重的后果。首先，绩效主义彻底破坏了索尼的工作氛围。索尼的创立意向书曾经写道："让认真的技术员将他的技能尽情地发挥，建设自由阔达的理想工厂。"很长时间里，索尼都是一家引领变革的公司，熟知技术的人员在经营者严厉的眼光下，集中精力于技术开发。许多工程师敢于反叛，不会盲目听从上司的指令，甚至有想做的事情还瞒着上司悄悄开发［"随身听之父"大曾根幸三（Kozo Ohsone）开发随身听的时候，就曾瞒着上司大贺典雄］。

与其他日本电子厂商相比，索尼总是在不断地洞悉未来以寻求答案，而这才是它的本质。哪怕被取笑为大型电子厂家的实验豚鼠，它也仍然坚持不懈地向新技术领域发起挑战，努力研发出令消费者耳目一新的产品。它不是有了市场才去研发和销售产品，而是在市场尚未形成的时候，就去研发能够创造市场的产品。它就是这样成长起来的。

但在绩效主义的指挥棒下，优秀产品丧失了试错空间，大家都惧怕失败。由于管理层过于跋扈，身边围绕的尽是唯唯诺诺的事务员和没有主心骨的三流工程师。大曾根幸三形容说，在绩效主义的压迫下，索尼的干部和新人"都弯着腰工作"，"创造有趣的口号、重视轻松的态度已经不见了。数字形式的管理固然重要，但是成果主义和结果主义过头了话，人们就会丧失自由构思的主动性……新的东西不会出现那是肯定的了"[①]。

曾担任机器狗 AIBO 与机器人 QRIO 开发负责人的土井利忠(Toshitada Doi) 曾以笔名"天外伺郎"发表《绩效主义毁了索尼》一

---

① 宗像诚之．管理层的跋扈导致索尼失去人气：访大曾根幸三．日经 BP. https：//www. evolife. cn/html/2016/88458. html.

文，字里行间充满了悲愤与惋惜。他觉得索尼自1995年实行的绩效主义完全违背了创始人井深大的精神。专注于研发、忘我创新的激情团队不见了，取而代之的是让大家整天想着如何获取高额报酬的“外部动机”。

“今天的索尼职工好像没有了自发的动机。为什么呢？我认为是因为实行了绩效主义。绩效主义就是：业务成果和金钱报酬直接挂钩，职工是为了拿到更多报酬而努力工作。如果外在的动机增强，那么自发的动机就会受到抑制。”① 土井利忠认为，这和井深大主张的“工作就是报酬”的理念相悖。

索尼凋零的最大原因，用土井的分析来看，乃是因为在20世纪90年代后期，索尼感恩戴德地摄取了美国的合理性经营模式，而把自己的长处——心流管理模式渐渐抛弃掉了。曾在索尼工作，后获得诺贝尔物理学奖的江崎玲于奈（Leo Esaki）曾说过“在索尼里是混乱而有序”。土井认为，混乱而有序能够让工作现场产生活力，此即心流管理的状态。而自创业以来，索尼就保持着这种混乱而有序的心流管理模式。

以此观之，企业并不是靠金钱和地位来吸引人才，而是让其在工作的过程中获得满足感，这才是“心流管理”的最大意图。而成果主义恰恰是以金钱和地位吸引人们行动，那是重视“外发动机”的手法。在美国，高薪水和优厚的待遇会吸引员工，但是在日本却未必能完全做到。报酬固然很重要，但是工作是否有意义、公司是否有价值也是十分重要

① 索尼前常务董事天外伺郎：绩效主义毁了索尼．腾讯科技．（2012-06-14）．https：//tech.qq.com/a/20120614/000196.htm．原文刊登于日本《文艺春秋》2007年1月号。

的。那种为了什么事情而去拼搏的想法不是只有金钱才能换来的。[①]

令索尼自身强大、从内部提振士气的心流管理被成果主义破坏殆尽。索尼创立意向书提到的“自由阔达的理想工厂”“去做别人没做过的事情”等等索尼的灵魂，都已然消失无痕。创业精神耗尽、唯关键绩效指标（KPI）论的索尼早已失去自我革新的动力，陷入“成功的诅咒”。

其次，绩效主义也是创新的最大敌人。以前的索尼敢于挑战其他企业不会涉足的领域，而且有着一定要让其实用化的气概和忍耐力。例如，目前对索尼贡献良多的图像传感业务，是索尼第四任社长岩间和夫（Kazuo Iwama）培育出来的成果。开始的时候，这项业务不仅一点利润都没有，而且需要十年的不断投资，正如岩间所说的，“要到我不在的时候才能带来收益”[②]。如果缺乏未来的眼光，根本没人会这样去投资。

索尼第一代首席财务官伊庭保（Tamotsu Iba）直言不讳地批评索尼领导人为“非技术型的经营者”，过于重视数字上的改善，总是在技术开发现场追求效率，不可避免地陷入急功近利的状态。“当然，规定一定的时间是有必要的。但是有竞争力的、独有的技术开发，是需要投入一定时间的。成大事的经营者必须有‘不管花多少金钱和时间，总有一天会开花结果，相信这一点并依靠强大信念做下去’的判断力。但是，现在的索尼并没有具备这样判断力的人才。”[③]

大曾根幸三也说：“公司和组织变大以后，求‘和’的人多了起来。

---

① 宗像诚之．于是索尼放弃开发机器人了：访土井利忠．日经 BP. https：//www. evolife. cn/html/2016/88709. html.

②③ 宗像诚之．所以我向索尼提交了建议书：访伊庭保．日经 BP. https：//www. evolife. cn/html/2016/88292 _ 2. html.

那些异端的崭新的想法，就会被善于管理的人给打发掉。最开始的时候就只会说‘利益率是多少’，不管投入多少预先投资和时间，开发有趣的东西这个想法基本成为空谈。”①

一旦投入创新，目光短浅的投资基金等股票持有人总是问“什么时候，怎么出回报”，而不懂技术的经营领导就以“选择和集中”为借口，将三年内无法获得短期回报的技术放弃。与此同时，索尼也不再做中长期的播种，不再储备长远而必要的技术。

耗尽前进能量的筒仓文化

拖累索尼的第三大问题，是积重难返的内部消耗。不论是公开还是私下，索尼的高层管理人员都对公司面临的许多基本挑战有着深刻的理解：不同部门需要更好地合作，以提供更加统一的用户体验，并进行创新。

然而，索尼近几任领导都感到难以在这家庞大的公司行使权力。在索尼的传奇创始人一代退休以后，索尼就陷入了各派之间无休止的争吵之中，耗尽了推动前进所需的宝贵能量。

出井提出“要做第二次创业”，并制定了“转型 60”重组计划，旨在于 2006 年索尼创立 60 周年之际及时为公司注入新的活力，但这一重组努力基本没有奏效。斯金格上任后提出“统一的索尼”(Sony United)的口号，试图将历史错杂的各部门捏合成一个整体，但收效甚微。他在就任首席执行官的第一次新闻发布会上宣称，他将“加速公司跨部门合作，令索尼焕发活力并促进创造力”。然而，在 2006 年还信心满满想要

① 宗像诚之．管理层的跋扈导致索尼失去人气：访大曾根幸三．日经 BP. https：//www.evolife.cn/html/2016/88458.html.

改造索尼的他，到 2013 年已经完全放弃了这个想法。

斯金格的继任者平井一夫面临的最大挑战，仍然是打破部门内斗的封闭状态。他为此提出“同一个索尼”（One Sony）战略，呼吁各部门团结，努力将众多的子公司重组为更具凝聚力的整体。但是，一家老牌公司的惯性太过强大，以至于一两代领导人根本无法克服。索尼现任 CEO 吉田宪一郎（Kenichiro Yoshida）承认：“改变公司的文化需要时间。然而我们不得不做出改变，要更加扁平、更加快捷和更具协作性。”①

斯金格曾经哀叹：“索尼是一家筒仓过多的公司!”② 这首先体现在，索尼制造了太多的产品型号，但对于它们当中的任何一个，制造者都不能说：“这个产品包含了我们最好、最前沿的技术。”苹果一次只专注于几种设备，索尼却在争夺若干条生产线。

产品组合太杂、种类过多，导致索尼充斥各种子品牌。从产品命名也能看出割据为王的倾向：电视叫 Bravia、笔记本电脑叫 Vaio、数码相机叫 Cybershot、手机叫 Xperia……不仅如此，每一条产品线都十分拥挤：10 种不同的便携式摄像机、近 30 种不同的电视等，所有这些都引起消费者的迷惑，而且这些产品线相互重叠甚至彼此蚕食。

过多的电子产品和分散的关注点意味着，索尼要求顾客选择子品牌，而不是选择索尼本身。这和苹果完全不同——它也有子品牌，但消费者购买的却都是苹果。这些产品是：Apple iPhone，Apple iPad，Apple Macbook，Apple iTunes，Apple iPod。

---

① INAGAKI K，BARBER L. Sony chief vows recovery is no false dawn. Financial Times，Oct. 8，2018. https：//www. ft. com/content/e6bb5286 - c88b - 11e8 - ba8f - ee390057b8c9.

② TETT G. The silo effect：the peril of expertise and the promise of breaking down barriers. Simon and Schuster，2015：68.

苹果的这些产品，几乎每一个身上都可以被注意到有一种通用的设计语言。相比之下，似乎几乎所有的索尼产品都可能来自一家独立的公司。从某种意义上说，它们也的确如此，无论是电视、扬声器、手机、照相机还是产品目录上的其他东西，似乎都是由带着遮光眼罩的散居各处的工程师精心制作的。没有团队合作，没有统一性，当然也不会有完整的消费体验。

更加糟糕的是产品开发中的内耗。索尼明明拥有强劲的屏幕、电池、相机系统，做出的手机在市场上却根本没有竞争力。这是因为索尼各部门都被绩效牵着鼻子走，压制了协作能力。比如，影像部门不肯给手机部门相机技术，是担心手机有一样的拍照体验，会影响到自己部门的销售表现。竞争激烈的部门嫉妒彼此的预算，沟通障碍重重，令创新举步维艰。

大贺时代的杰出产品 CD 的商品化，是索尼的各个部门越过部门界限互相合作的结果。大贺后来说："没有像 CD 这样将索尼集团全部力量充分利用的前例。"① 可惜的是，现在也没有后例了。关键在于，他一手奠定的硬件与软件两轮驱动索尼的战略，如果没有充分合作造就的协同（synergy），根本就无从谈起。索尼虽在单个产品上具有实力，但除非构建一个拥有强大用户基础的生态系统，否则永远不能达到苹果的高境界：硬件、软件和外围设备完美结合，创造一种绝妙的体验，从而使得某一个产品的成功能促进所有关联产品的销售。

如果索尼的麻烦引发比其他日本技术公司更多的叹息，那是因为它本来最有可能完成苹果的壮举——转向网络硬件和数字开发。它的电子

---

① CD 的诞生．索尼中国．https：//www. sony. com. cn/aboutsony/1214. htm.

部门可以制造一流的设备，如音乐播放器、游戏机、手机和计算机，而它的娱乐部门——电影制片厂和音乐公司——拥有独家的娱乐内容。然而，这些部门各自为政，不能携手合作，反而让一家完全没有娱乐资产的利基计算机制造商苹果公司席卷了这一领域。

◎ 终结战略不确定

《史蒂夫·乔布斯传》通过对比索尼与苹果，总结了两条为何苹果兴而索尼衰的教训。

一是，索尼“组织肥大化”（借用大曾根幸三的形容）之后，旗下拥有过多分支，每个分支又有自己的“损益底线”，难以让其为了共同目标而协同运作。而乔布斯绝不允许把苹果公司分割成多个自主的分支，他紧密地控制着他所有的团队，并促使他们作为一个团结而灵活的整体一起工作，全公司统一核算，从不设立财务独立核算的事业部。

二是，任何一家有多条业务线的公司，都担心“内部相残”，索尼尤其如此。如果索尼推出一个音乐播放器，以及一项方便人们分享数字音乐的服务，那么唱片分支的销售就会受到影响。乔布斯特立独行的一项商业原则却是：永远不要害怕内部相残。他说：“如果你不自残，就会被别人吃掉。”（If you don't cannibalize yourself，someone else will.）所以，哪怕 iPhone 的出现会蚕食 iPod 的销售，或者 iPad 影响了笔记本电脑的销售，他也要坚持开发新品。[1]

除了以上两条，恐怕更关键的症结在于，在急需转型的时刻，索尼对自己未来的商业模式出现了战略上的摇摆。

---

① ISAACSON W. Steve Jobs. Simon & Shuster，2011：408.

斯金格掌舵索尼后，做的第一件事就是请郭士纳（Louis V. Gerstner）出山为索尼提供咨询。斯金格反复阅读《谁说大象不能跳舞?》(*Who Says Elephants Can't Dance?: Inside IBM's Historic Turnaround*, 2002)，读毕告诉郭士纳："我把书中每一页提到 IBM 的地方都用索尼替换，竟然没有任何阅读障碍。"

郭士纳给索尼下的诊断是：问题并不在于电视的薄利或是 PlayStation 3 何时发布，而是同索尼如何与微软、苹果等其他入侵传统领域的公司竞争的方式有关，因为这些公司是带着一套完全不同的技能和完全不同的对市场与消费者的态度闯入的。[①]

索尼衰落故事的第一章就是该公司未能及时调整其商业模式，尤其是创造价值的方式。随着技术创新的加速和行业的变化，公司应重新评估其战略，否则有面临灭绝的可能。这方面并不乏相似的例子，比如柯达经典的失败故事：柯达开发了世界上第一台数码相机，却继续将自己视为一家相机胶卷公司，最终走向破产，而其竞争对手富士胶卷则转向成像技术业务，并获得了医学成像市场的有力支持。

索尼从 20 世纪 50 年代到 90 年代的成功令它过分注重硬件业务。21 世纪初，尽管索尼仍然专注于创造和销售硬件，但出于多种原因，消费电子产品逐步走向商品化。首先是源自韩国和中国的低成本制造商的进入，这些制造商能够以较低的成本提供电子产品。其次，信息技术以空前的速度和力度革新硬件。产品一度仅由机械和电子部件组成，但逐渐发展成为复杂的系统，以多种方式将传感器、数据存储器、微处理

① SIKLOS R, FACKLER M. Howard Stringer, Sony's Road Warrior. The New York Times, May 28, 2006. https://www.nytimes.com/2006/05/28/business/yourmoney/28sony.html.

器、软件结合在一起。这些智能互联的产品掀开了竞争的新纪元。

在此情况下，索尼未能重新评估其创造价值的方式，妨碍了自身从硬件开发向软件开发转变的能力。当然，要说索尼完全没有未雨绸缪也是不公道的。盛田和大贺为索尼留下的遗产正是软硬件协同发展——既在消费电子业中保持领先，又在娱乐业中独占鳌头。然而，问题在于，索尼在进行双线作战时，不仅未能使内容与技术相得益彰，发挥其作为内容所有者和设备制造商的双重作用，还在实际上被证明适得其反。

一般而言，消费电子产品制造商对客户如何获取内容不会太在意。内容公司的看法却截然不同，它们通常希望通过数字版权管理（DRM）技术锁定其内容，希望这样能够防止未合法购买的人观看，即使这对消费者来说不太方便。

索尼的问题恰恰在于，它既是一家内容公司，又是一家消费电子产品制造商。这导致它锁定 DRM 的情形远远多于竞争对手，从而令消费者望而却步。例如，它不愿意让音乐播放器能够播放以流行的 MP3 格式编码的曲目，这是因为 MP3 文件在互联网上可以广泛共享，从而纵容盗版。仅此一念之差，索尼就将便携式数字音乐播放器的主导地位让给了苹果公司。

也许一切都该责怪 Betamax。1975 年，索尼推出了第一台家用盒式录像机，并开辟了一个新的市场。但是，Betamax 最终输给了竞争对手的 VHS 标准，这在很大程度上是因为 VHS 得到了好莱坞大制片厂的支持。索尼由此得出结论：促进内容采用自身技术的最佳方法是进入内容业务领域，因为内容所有者对技术标准的生死存亡具有重大影响。从此以后，它开始致力于消费电子产品和内容的独特组合。可问题在于，由此而产生的是科学怪人还是新品种?

从历史上看，索尼两大业务之间产生的协同作用少得可怜。索尼的问题是，它的硬件需要内容商的广泛支持，但其自身的内容利益不可避免地使它和其他内容商产生既竞争又合作的复杂关系。苹果在不拥有唱片公司的情况下将 iTunes 发展为领先的音乐下载服务，并将 iPod 确立为主导的音乐播放器，证明了硬件公司没有内容业务反而可能是一个优势，因为它使苹果在内容谈判中显得一视同仁。

游戏市场或许是一个特例。这是一个相对不成熟的市场，没有通用的标准，只有竞争性的专有格式。但是，索尼试图在音乐和电影中重现其游戏的成功的尝试失败了，没有人想要购买索尼设备来专门收听索尼旗下的歌手的歌或观看索尼出产的电影。

所以，索尼硬件与软件双轮驱动的策略错了吗?还是它可能仍然是一项出色的战略，只是无能的管理者表述不清并执行不力?

索尼元老、曾任索尼音乐娱乐和索尼电脑娱乐社长的丸山茂雄(Shigeo Maruyama) 认为，索尼未能理解到自己到底是家什么样的公司，不能将自己拥有的东西延伸和发散出去。索尼输给苹果的并不是技术，输的是想法，是设计，还有商业模式。因此，应该老老实实地承认，索尼的“硬件公司、技术公司”的时代已经完结了。

“太多的日本人对索尼抱有不切实际的幻想，他们以为索尼还能像以前一样，但索尼并不是一家技术公司。索尼要进入新的成长面，就必须先认清现实，逃离‘技术’这个像诅咒一样的东西，然后自由地去构思，才能看清接下来的路。”

所谓“接下来的路”，就是承认索尼现在已经是以娱乐事业为核心、用软件与产品给用户带来快乐的公司，所以今后肯定不是以电子向的路线为中心，而是以娱乐向的路线为中心。“索尼的本质就是高级玩具公司。”①

丸山的这种判断，可能会令相当多的索尼人极度震惊。2019 年 CES 上，索尼掌门人吉田宪一郎把索尼重新定位为“创意娱乐公司”，其实呼应了丸山的想法。从 2019 年 4 月 1 日起，索尼正式合并消费电子硬件部门，对家庭娱乐及音频业务、影像产品及解决方案业务和移动通信业务进行“三合一”，设立电子产品及解决方案业务部门。同时，吉田表示，索尼不仅不会退出影视和音乐业务，反而会像他的前任没有做到的那样，把这些业务放在优先地位。考虑到如果出售旗下的娱乐业务，眼下正是绝佳的时机（华纳和 20 世纪福克斯都刚刚打包出售），吉田此言可以表明公司的决策层终于想明白了索尼未来是什么。这是一个重大的转变。长期以来，索尼一直被视为消费电子超级巨头，其次才是一个好莱坞实体。

吉田说，三项独立经营的娱乐业务——音乐、游戏和电影——都已被高层告知，现在是进行更一致的合作的时候了。他希望更好地利用云游戏服务 PlayStation Network，将索尼的电影、电视节目和音乐直接带给消费者。而在过去，PlayStation Network 的经理们一直不愿与电影和音乐同行合作，担心如果索尼搭车推销其他娱乐产品，核心玩家会产生反感。吉田的这种推动再及时不过了：大数据现在成为主要的竞争力来源，但索尼拥有的最拿得出手的数据宝库就是 PlayStation Network 上的 8 000 万个月活跃用户。而作为一个中等规模的好莱坞企业，索尼电影

---

① 宗像诚之．索尼的本质是一家高级玩具公司：访丸山茂雄．日经 BP. https：//www. evolife. cn/html/2016/88200. html.

面临的最大挑战，正是其他制片厂纷纷行动，进军直接面向消费者的流媒体服务。

吉田声称："娱乐是索尼的 DNA。""我们从事音乐业务已有 50 年、电影业务已有 30 年、游戏业务已有 25 年以上。"在上一财政年度，这三个部门贡献了索尼营业利润的 47%，达 67 亿美元，创其历史纪录。①

由盛田和大贺开启的索尼基因改造工程，经历这么漫长的时间，修成正果了吗？这是生死攸关的大事，索尼是在为自己的生存而战。放下硬件的包袱，通过软件和网络驱动的体验为用户创造价值，可能是这家曾经辉煌的公司防止自身灭绝的唯一正路。

苹果的成功现金流取决于建立在尖端硬件之上的生态系统。它首创的 iTunes 模式为亚马逊、谷歌等公司的发展起到了先导作用。索尼必须步入同一条道路，可以围绕 PlayStation Network 打造一个集成的通用娱乐平台，分发游戏、音乐、电影和其他内容。忠实的客户群体所产生的收入流正在巩固索尼的利润。也因此，索尼的工作重心应当转移到提供经常性收入的订阅业务上，而不仅仅是出售更好的硬件。索尼需要找到自身在媒体和娱乐领域的位置，而这个领域已经被谷歌、苹果、脸书、亚马逊和网飞彻底改变。

当然，硬件退居次位，不等于完全放弃。在这方面，索尼需要回归本源，重新植根于优雅的电子设备的创造和完善，无论是智能手机、游戏机、手表还是其他可穿戴设备。更好的是设计出人们从未见过的东西——一件令全球感到惊讶和高兴的新产品。换句话说，重新获得曾经

---

① BARNES B. Sony's chief plans to make entertainment assets a priority. The New York Times, Jan. 6, 2019. https://www.nytimes.com/2019/01/06/business/media/sony-movies-television-ces-playstation.html.

改变世界的创新魔力。

经过平井一吉田领导团队的努力，索尼终于止血复活。然而，现在它正站在一条新的起跑线上，为接下来的10～20年赶上竞争对手而刚刚铺平道路。索尼曾经看到未来：盛田昭夫早在1968年决定与当时世界上最大的唱片公司哥伦比亚广播公司建立日本第一家合资唱片公司、迈出进军音乐娱乐业的第一步之际，就将“软件”业务与“硬件”业务一同定位为索尼集团的核心业务，认为“硬件和软件是索尼集团的两个车轮，必须使之同时运转”。可惜，当这样的未来真正到来时，荣光却不属于索尼。

索尼最严重的错误是，它未能驾驭最近几十年的一些最大的技术创新浪潮——数字化、向软件的转变以及互联网——以至于“索尼今天破产了吗?”成为科技圈的陈年老梗。痛定思痛之后，索尼能否再现随身听时代的荣耀，重拾创新、复兴品牌？唯有时间能告诉我们。

第三部分

先难后获·组织篇

21. 什么样的公司堪称卓越？

虽说柯林斯所分析的都是美国公司，
但他正好击中了中国企业家的命门。
他们战战兢兢走过 40 年，
心中始终存在一个巨大的疑问：
从“做大”到“做强”之间的鸿沟到底能不能跨越？

吉姆·柯林斯在中国的影响力跟他的两本书有关。中信出版社分别于 2002 年 5 月和 10 月推出他写的《基业长青》和《从优秀到卓越》。其实，两本书真正的时间跨度为 7 年。《基业长青》是柯林斯与杰里·I. 波拉斯在 1994 年出版的。在《福布斯》杂志 2002 年 9 月评选的“20 年来最具影响的 20 本商业图书”中，该书名列第二，仅次于《追求卓越》。两位作者试图以此书描绘出何为“高瞻远瞩的公司”（visionary companies）：它们既经历很多个产品生命周期、经历很多代活跃领导人而长久生存，又享有伟大的声名，为世界留下不可磨灭的印记。“如果你想创设一家公司，让公司迅速壮大，赚很多钱，再卖掉公司，获利后退休，那么，你不适于构建高瞻远瞩的公司；如果你没有追求进步的驱动力，没有无休止地改善和为前进而前进的内心冲动，那么，你不适于构建高瞻远瞩的公司；如果你无意建立以价值观为导向、在赚钱之外还另有目的的公司，那么，你不适于构建高瞻远瞩的公司；如果你不想构建一家不但在你任期内强大，而且在你离开几十年后仍然强大的公司，那么，你也不适于构建高瞻远瞩的公司。”换言之，对长存的企业来说，“核心意识形态”与核心竞争力几乎一样重要。

《从优秀到卓越》令柯林斯二次出现在《福布斯》的上述排行榜中。虽然《基业长青》出版在前，但柯林斯认为《从优秀到卓越》并非该书的续集，反而是它的前传。《从优秀到卓越》谈的是如何改革已经表现优异的组织，让组织持续展现出类拔萃的绩效；《基业长青》谈的则是如何让一家已经很卓越的公司永续卓越，成为典范。训练有素的人、训练有素的思想和训练有素的行为是从优秀到卓越的决定性因素。其中，训练有素的思想，即企业的核心理念，是卓越企业的保护神。在此，柯林斯再次强调了文化理念对于企业的重要意义。顺便说一句，《从优秀到卓越》的台湾译本的名称是《从 A 到 A+》，窃以为比大陆的书名更传神。

事实上，柯林斯写《从优秀到卓越》，是因为他受到了从前在麦肯锡的一位同事的刺激。这位同事对商业畅销书《基业长青》不以为然，在他看来，书中谈论的公司的成功是人所共知的，柯林斯只不过给出了事后诸葛亮式的解释——反正是成功了，怎么解释都行。这位同事的话大大触动了柯林斯。他下决心探讨企业变革的轨迹，揭示伟大企业运行的基本规律。为此，他和研究伙伴花了五年的时间，首先挑选了 1 435 家业绩堪称“优秀”的上市公司，仔细研究这些公司在过去 15 年时间内在股市上的表现；再从中挑选业绩堪称“卓越”的公司，最后选出了11家公司，然后深入这些公司，详细研究这些公司是如何让业绩从“优秀”变得“卓越”的。研究的结果是：这些“卓越”的公司竟然有许多相似之处。

◎ 柯林斯辞典

为了描述何为“卓越”，柯林斯渐渐提炼出一系列词汇，它们有些是巧妙的比喻，有些是崭新的概念。正是这些词汇颠覆了管理者很多习以为常的思维，以其独特视角和解释力度，令柯林斯的管理思想得到大范围传播。仅举数例：

优秀/卓越

在柯林斯那里，“优秀”是一个中性词，甚至带一点贬义。他说过，“优秀是卓越的敌人”。他对“卓越”的定义是，能够产生优异的业绩，并且对其所接触的领域会产生巨大的影响。“为了实现‘卓越’，你不能说‘我们已经够好了’。你必须说‘还不够’，如此才能让你的企业变得不可或缺，才能在你离开时，让大家觉得缺少了什么。”

落败/失败

很多人不知道，柯林斯是美国知名的攀岩选手（他自称如果奥运会有攀岩比赛的话，他一定能作为美国攀岩队成员参加比赛）。“落败”（failure）是攀岩术语，有点文字游戏的意思，它是攀岩者的一种做法：当他们意识到自己无法沿选定的路线攀上岩石的时候，就让自己来一个自由坠落，因为他们知道固定在岩石表面的螺栓不可能令绳索脱落，从而使这样的坠落跌入谷底。在落败的时候，攀岩者虽败犹荣，因为他们尽了自己攀登的最大努力。

柯林斯在研究中强烈地感觉到，企业从优秀到卓越的过程如同一次攀岩。在这个过程中，任何花招和取巧都是没有用的，真正需要的是勇气、坚忍和沉着。他说过一段意味深长的话："现在的我，将人生视为一连串落败或失败的抉择。如同现场首攀一样，人生的下一个握点往往模糊难辨，这种模糊性让我们退缩，无法全力以赴，于是我们在心里认输，松了手。我们愿意安全地落下，而不是冒着可能摔落的风险……"真正的企业家则渴望攀登到尽可能高的高度，即使落下也不认输。

"飞轮效应"／"厄运循环"

不管最终结果多么戏剧化，从优秀到卓越的转变都不会一蹴而就。在打造一家卓越的公司或社会企业时，并没有单一的决定性行动，没有宏伟的计划，没有杀手级的创新，没有幸运的翻转，没有奇迹的时刻。相反，该过程更像不懈地推动一个巨大而沉重的飞轮，一圈又一圈，形成冲力，直到突破和超越。

与此相反，在另外一些公司中可以发现截然不同的模式。这些公司不是静下心来认真思考需要做什么，然后一以贯之地执行，而是频繁启动新项目（通常伴以大张旗鼓的宣传，为的是"激励员工"），随之才发现没有哪个项目能够产生持续的结果。它们幻想某种单一的决定性行动可以使自己跳过艰苦的建设阶段，一举获得突破。它们将飞轮朝一个方向推动，停下来，改变方向；然后将飞轮朝一个新的方向推动，再停下来，再改变。就这样周而复始。经过多年的反反复复，这些公司从来不能建立持续的发展势头，最后陷入"厄运循环"。

刺猬概念

古希腊诗人阿基罗库斯（Archilochus）说过："狐狸千伎百俩而有尽，刺猬凭一技之长而无穷。"柯林斯认为，企业和企业家也有"狐狸型”与“刺猬型”之分，而所有由优秀到卓越的领导者都是“刺猬”。由优秀到卓越的公司领导者的修炼过程，就是逐渐形成并锁定“刺猬概念”的过程。“刺猬概念”有三个维度：我们的核心人员最热衷于什么？我们最擅长和最不擅长什么？什么是对我们的经济引擎最大的驱动力？这样的概念可能使你的企业脱颖而出。

先人后事

柯林斯调查发现：从优秀到卓越的公司的领导人，在开始再造企业之前，不是从“哪儿”开始，而是从“谁”开始。他把公司比作一辆公共汽车，把企业领导人比作公共汽车司机。领导人关心的不是开向哪儿，而是“让适当的人上车，让不适当的人下车，让适当的人坐在适当的位置上”。“首先是人，然后才是方向。”

第五级领导

柯林斯最大的一个发现是：谦逊的领导是许多著名公司长期成功的重要原因之一。他将其称为“第五级领导”。第一级是个人技能，第二级是团队技能，第三级是管理技能，第四级是领导能力。除此之外，还有另外一个级别，即第五级领导，其特点是：(1) 谦逊为怀，不喜他人奉承，从不自夸。(2) 行事沉稳而坚定，不仰仗个人魅力，借由拉高标准来激励属下进步。(3) 不图个人，只为组织，挑选能够让企业在未来更加成功的继任者。(4) 企业表现失色时，望向镜中而不是窗外，从不将过失归因于其他人或外在因素，不会抱怨运气不佳；当公司评功论赏时，看着窗外而非镜子，从来都是把成功归因于其他人、外部因素，或者称运气不错。

简而言之，第五级领导的特点就是“谦虚而执着＋羞怯而无畏”，就是坦然地接受世界的非理性状态，而在内心深处保持清醒的理性和坚强的意志。

造钟师/报时人

柯林斯认为，“领袖”这个称谓并不那么妥当，更好的称谓是“建筑师”或“造钟师”。“在1787年的立宪会议上，最重要的问题不是‘谁应该当总统？谁应该领导我们？谁是我们当中最聪明的人？谁是我们的国王？’绝非如此！美国的建国先贤们致力思考的问题是：我们能够创建什么样的程序，使国家在我们身后仍然能拥有很多优秀的总统？我们希望建立哪一种长治久安的国家？要靠什么原则来建国？国家应该如何运作？我们应该制定什么指导方针和机制，以便创造我们梦想的国家？”引申到企业管理，他强调高瞻远瞩公司的创办人通常都是制造时钟的人，而不是报时的人。“他们主要致力于建立一个组织，一个会滴答走动的时钟，而不只是找对时机，用一种高瞻远瞩的产品构想打进市场或利用一次优秀产品生命周期的成长曲线……他们努力的最大成果不是体现一个伟大的构想，不是表现人格的魅力，不是满足个人的自尊或累积个人的财富，他们最大的创造物是公司本身及其代表的一切。”

◎ 柯林斯的误区

虽说柯林斯所分析的都是美国公司，但他正好击中了中国企业家的命门。他们战战兢兢走过40年，心中始终存在一个巨大的疑问：从“做大”到“做强”之间的鸿沟到底能不能跨越？大概没有什么地方的企业家比中国的CEO更关注从“优秀”到“卓越”之路了。与此相关，谈论要打造“百年老店”的企业，近几年也陡然多了起来。

对这个问题的回答，首先取决于定义，即到底什么是卓越的公司。正是在这个地方，我要提醒中国企业：柯林斯的结论是不无误导的。

作为大师级人物，柯林斯的研究不乏真知灼见。不过，尽管他用了很多事实来描述"从优秀到卓越"的转变过程，我对他的研究的基本假设却深表怀疑。柯林斯给卓越公司的唯一定义，是看它在一段持续的时间内给投资者带来了多大回报。换言之，他认为卓越公司的标准并不考虑这样的因素：这家公司是否改变了社会或整个世界？它是否最好地服务了消费者？它在国际市场上有何建树？它怎样对待自己的员工？

柯林斯考察了 1 435 家公司的股市表现，在其中寻找那些 15 年累计回报超过一般回报 3 倍的公司。在此标准下，连锁折扣药店沃尔格林（Walgreens）也成了宠儿。"从 1975 年 12 月 31 日至 2000 年 1 月 1 日，将 1 美元投资于沃尔格林，其回报几乎为投资于英特尔公司的 2 倍、投资于通用电气公司的 5 倍。"这似乎是说，沃尔格林比英特尔和通用电气都更伟大。

而看看英特尔，我们都知道，是它帮助创造了半导体业和计算机业；它构成了硅谷的一块基石，改变了整个世界。至于通用电气，不仅创造了财富，还培养了大量的人才。这些对柯林斯来讲好像都不重要。

柯林斯坚信其研究的科学性。他一再说，他和他的研究小组花了 5 年（十几个人的 5 年）时间，汇集了 980 个年份数据，与所涉公司的高级管理人员和董事进行了 84 次面谈，细阅了 56 位 CEO 的个人记录和职业记录，分析了报酬计划、产权情况，等等。然而，他的研究小组虽然汇聚了堆积如山的材料，但最终还是会交出一份有缺陷的伟大公司的名单——因为研究的前提就存在问题。而且，这一研究还是在比较旧的数据的基础上进行的，这叫作"一边看着后视镜，一边开车"。

所以，不足为奇，柯林斯的名单让人大跌眼镜。你不会知道环城百货（Circuit City）、克罗格和沃尔格林。凡是你知道的公司，像通用电气、IBM、英特尔，都不在上面。当然，那些后起的新锐，像亚马逊、eBay等，就更不必提了（谷歌和脸书则根本还未横空出世）。

在网络泡沫的高峰期，柯林斯自己就讲过一个故事：他的一个学生那年在硅谷创业，很认真地实践老师的思想，向风险投资商大谈依靠她所构想的商业模式如何建起伟大而弥久的公司。结果，风险投资商们都用奇怪的眼神打量她，其中一位毫不客气地说："我们对建立伟大而弥久的公司没有兴趣。我们要的是能迅速套现的想法，在12～18个月之内将公司上市或出售。回去想好了再来谈吧。"

当头一棒，令柯林斯的这位学生恍然大悟：建立伟大而弥久的公司已经不时兴了，大行于世的是"随时建立，随时飘逝"。在网络时代，编一个动听的故事，三心二意地做出实施计划的样子，然后，一转眼，馅饼已经掉进嘴里了，何必像前辈企业家那样兢兢业业地创造价值呢？新经济条件下，投入持续不断的努力去建立一家伟大的企业，不仅没有必要，还显得愚蠢。

为什么会产生这种怪象？因为风险投资商和柯林斯在某种程度上应用了同一个标准：卓越的公司就是在资本市场上能带来丰厚回报的公司。而我认为，恰恰是谷歌和脸书这样的敢于颠覆华尔街规则、不被季度报表牵着鼻子走而追求更深层目的的公司，才是真正卓越的公司。

无论是《基业长青》还是《从优秀到卓越》，其实无非是讲一个道理：企业维持生存（不死）仅仅是第一步，还必须追求生存得长久（长青）。从不死到长青，即在坚实的基础上建设伟大的企业，是企业生存哲学的最高境界。这种高境界，从其本质上说必然是精神性的。

数字不会撒谎，但数字并非一切。"伟大"是一个质量的概念，并不是一个数量的概念。重温一下德鲁克的下列教诲是必要的："没有一条法则说一家公司必须永远存在。相反，有一条法则说人所创造的每一样东西都会消亡。一家公司保持成功 25 年就已经很了不起了。企业的不朽是华尔街的误解。"①

① SCHONFIELD E. Peter Drucker Interview. Business 2. 0，Oct. 2001.

22. 宝洁创新的“从一到八”

成功是成功者的障碍，创新是创新者的桎梏。

雷富礼（A. G. Lafley）和拉姆·查兰（Ram Charan）所著的《游戏颠覆者：宝洁 CEO 首度揭示品牌王国缔造的奥秘》（*The Game-Changer: How You Can Drive Revenue and Profit Growth with Innovation*, 2008）是一部有关“创新”的创新之作，它打破了只有小企业方为创新之源的刻板陈见（因为小企业更灵活，目标也更集中），指出大企业可以和小企业一样充满创新活力（假如不是更有活力的话）。大企业在规模、管理能力、赖以冒险的资源方面拥有巨大的优势，这些优势都可以鼓励创新，只是在现实的商业世界中，它们往往因决策的官僚主义化、内部既得利益者维持现状的强大动力以及缺乏创新性增长的流程等而被消耗殆尽。

雷富礼是有资格写这样一本书的，从他 2000 年被遴选为宝洁的总裁兼首席执行官之后，宝洁的销量几乎翻了一番，达到 760 亿美元；“10 亿美元级品牌”，也就是年销售额达到或者超过 10 亿美元的品牌，从 10 个增加到 23 个；公司市值超过 2 000 亿美元，跻身全美最有价值的十大公司和全球最有价值的十五大公司之列。他靠的是什么？为了让中国读者有一个简明扼要的理解，我把宝洁的大逆转总结为宝洁的“从一到八”。

◎ 一个核心组织原则

雷富礼说：“每个企业都有自己的核心组织原则，人们在做出决策、应对挑战和创造机会时都会遵照这个原则。在宝洁，这个原则就是创新。”

这不是因为别的，乃是因为创新是最好的取胜方式。任何一家企业，要想不断成长，并在短期和长期内都取得成功，就必须把创新作为自己的主要驱动力。我们生活在一个快速变化的时代，在今天还算得上是独特的产品和服务，明天可能就会变得毫无特色可言。企业要想制胜，也就是比竞争对手更胜一筹，并在必要时改变游戏规则，就必须找到一种全新的方法，用以维持收入和利润的内生性增长，并且持续提高利润率。

这意味着要改变对创新的认识，不再把它看作研发这一个部门的任务，而是把它当成各种关键决策的重要基础——无论这些决策是设定目标、构建战略、安排组织结构、进行资源配置，还是制定预算和开发领导力。

◎ 两个“关键时刻”

宝洁的目标是在两个“关键时刻”让消费者感到欣喜：第一个“关键时刻”是消费者购买产品的时刻，第二个是他们使用产品的时刻。为了实现目标，宝洁通过消费者的眼睛观察世界，寻找开发新产品的机会。之所以这么做，是因为只要有更多的消费者购买和使用宝洁的产品，并且重复购买和使用，宝洁就能获胜。只要消费者更加忠诚地使用宝洁的产品，购买价格更高、利润更高的产品，宝洁就能获胜。

◎ 创新增长的三大战略

在战略方面，雷富礼的一句话给我留下了深刻的印象：宝洁的整个公司战略现在只需用一张纸就可以写下来。

第一，聚焦于宝洁核心业务的增长。宝洁有四个核心品类，分别是织物护理、头发护理、婴儿护理和女性护理。宝洁在 2000 年之所以遇到麻烦，就是因为忽视了这些领先的老业务，把它们带来的利润和现金用在了创建新品牌和新品类上。通过重新聚焦并且激活这些核心业务，宝洁又获得了稳定的增长。

第二，向增长更快、利润更大、资产效率更高的业务倾斜。这一选择让宝洁专注于利用核心强项改变游戏规则，从而在美容、健康和个人护理等业务领域大获全胜。这对宝洁聚焦于核心业务形成有益的补充。在这些领域获得的超常规增长，让宝洁实现了稳定的业绩与可持续增长的完美平衡。

第三，与低收入消费者，特别是与发展最快的发展中国家的低收入消费者实现共赢。宝洁实现这一增长的方法是：提高家庭渗透率；实行更广、更深的零售分销；用更多的品牌和产品分别瞄准不同收入水平的消费者；在当地建立强有力的分支机构。

◎ 创新领导者的四项任务

创新领导者要想改变游戏规则，就必须在日常工作中完成四项增值任务：

第一，确立不借助创新就无法实现的愿景。例如，乔布斯的愿景的范围从个人电脑扩展到了消费者娱乐。

第二，激励和鼓舞。由于创新过程的结果在本质上具有不确定性，蕴涵着不少风险，所以创新领导者必须从个人和团队层面激发知识工作者内心的动力。

第三，整合。创新领导者日常工作中最关键的一项工作是把组织内不同成员的工作紧密地整合到一起。他们把创新融合到业务的日常经营中，不允许人们认为创新是分离的和“特殊的”。他们会确保大家是以一个团队的方式，而不是以独立的业务或者部门的方式完成相关的工作。

第四，通过解决关键问题进行正确的创新。

◎ 创新的五大要事

第一，把消费者放在一切工作的中心。每天 30 亿次，宝洁旗下品牌在世界各地接触消费者的生活。在宝洁，CEO 不是老板，消费者才是。无论创新的源头是一个新的想法、一项技术，还是一种社会趋势，消费者都必须自始至终处于创新流程的中心。

第二，变得更加开放。宝洁过去总是喜欢什么事情都自己做，但后来开始从公司内外各种各样的渠道寻找创新的机会。它把所有可能参与创新的人都囊括进来：过去和现在的宝洁人、消费者、供应商、各种“联系与开发”（connect and develop）的合作伙伴，甚至还有竞争对手。雷富礼为此设定了一个十分具有挑战性的目标，要求整个公司的新产品和技术创新有一半来自宝洁以外。目前，公司已经超额完成这个目标，而在 2000 年这个比例只有 15%。

第三，把获得可持续内生性增长列为当务之急。内生性增长的风险小于通过收购获得的增长，而且这种增长几乎全是由创新推动的：宝洁每年 5%～7%的增长，只有 1%来自收购。

第四，以创新为中心进行管理，推动持续的内生性增长。具体办法是：培育和提高创新能力，并最终将其转化成可持续竞争优势；定期对业务战略和品牌资产进行评审；定期对每一个全球业务单元进行创新评审；仔细挑选和使用正确的评价指标与奖励手段，以此鼓励创新；甄选、培育和提拔业绩突出，同时非常善于领导创新的领导者；配置充足的财务和人力资源负责优秀创新项目的商业化。

第五，开始用全新的思维来看待创新。例如，用类似管理工厂的方式来管理创新项目；不仅在产品、技术和服务等方面进行创新，而且把业务模式、供应链管理、概念和成本管理都纳入创新范围；掌握某些控制风险的工具和方法，提高风险管理能力。

◎ 设计创新组织的六个因素

创新的组织结构应该“刚刚好”，必须在结构性与创造力之间取得平衡。领导人的作用就表现在寻找这个平衡点上。具体而言，组织结构的设计和选择应当考虑以下六个方面的因素：创新机会是在核心业务内部，还是在核心业务的邻近领域，抑或是在一个全新的业务领域；风险与机会的水平，以及投资金额的大小；创新机会能在多大程度上利用现有强项，还是需要培育和发展新的能力；创新开发的时间长短；要求创新开发团队具备哪些类型的经验和专长；创新开发的阶段——构思与原型开发、正式开发、鉴定试验或者商业化。

◎ 游戏颠覆者的七项定义

要改变长久以来的游戏规则十分需要创新思维。在商业世界中，变革的动议注定会遭遇诸多障碍，这些障碍多为“舒适哲学和习惯暴政”的产物。那些创造性地思考产品和服务的突破的赢家，被雷富礼和查兰称为“游戏颠覆者”。

可以从七个方面定义游戏颠覆者：目光长远的战略家；通过创新持续获得内生性增长的创造者；一个懂得CEO不是老板、消费者才是老板的领导者；一个推动者，用创新推动一家企业的所有要素；一个整合者，把创新当作一个完整的流程，而不是一系列分散的步骤；一个突破者，通过创新建立差异化、增值的品牌和业务，挣脱同质化的镣铐；最后，他还是一个人文主义者，坚定地认为创新是一个社会过程。

◎ 企业创新的八个推动力

任何一家企业要进行创新，最终都要管理好八个推动力：催人奋进的使命和价值观；通过创新才有可能实现的拉伸型目标；有所为有所不为的战略；独特的核心强项；适合开展创新的组织结构；统一而且可靠的工作系统；勇敢而联系通畅的文化；善于激励的领导者。这些因素相辅相成，彼此啮合，对于CEO而言，起最大作用的推动力无疑是目标与战略、文化与领导者。

宝洁的“从一到八”，改写了创新的定义。这本书告诉我们，要整合价值链的所有组成部分，使创新成为创造价值的固定实践，在这个实践过程中，应时刻把消费者放在中心位置。雷富礼说：“我做过无数次尝试，犯过无数次错误，最终领悟到：创新是一个完整的过程，一个能够颠覆游戏的制胜战略，它会改变企业管理者和员工的日常工作和行为。”所以，企业欲使创新成为自身的工作语言和生存方式，还必须牢记两点：成功是成功者的障碍，创新是创新者的桎梏。

23. 求变的公司

企业和生物非常相似，可以采取同样的方式进化。
一旦你训练你的组织很容易地定期进化，
变化便不再是威胁。

◎ 为什么变化管理不起作用

在管理学当中，有一种工具叫作“变化管理”（change management）。它是指将个体、团队和组织从当下状态改变为某种所期冀的未来状态的方法，是一种组织过程，目的是帮助变化的相关方接受并拥抱商业环境中的变化。

然而，这种曾经为许多企业所熟悉的管理工具正在丧失其重要性。看看前些年中显赫一时的企业的遭际就知道了。柯达、诺基亚、摩托罗拉、戴尔、索尼，这些公司中的每一家在它们倒台或者陷入困境之前都属于行业和市场主导者，也都曾大肆强调自身的变革能力。然而，事后来看，它们的变化管理不过是在为使世界停止在当时的状态而进行徒劳的抗争。

为什么变化管理不起作用了？最重要的原因是，变化管理假设企业能够管理变化。它假定变化最终会离去，取而代之的会是一种新的平衡。变化管理的实施者往往会向受到变化影响的人许诺说："我们现在面临一个非常时期，大家在这个时期勒紧裤带、咬紧牙关。这个时期结束后，我们会到达一个新的'常态'时期。"

换言之，变化管理是按紧急状态行事。然而，问题在于，现在变化不再是一种紧急状态了。变化是新的正常状态。用一句大家都很熟悉的话来说就是，"唯一不变的东西是变化"。变化像重力，始终存在。这形成了今日企业运行环境中最大的悖论：变化是稳定的！

变化的稳定观要求，不能再把工作看成被若干个变化瞬间隔开的一系列稳定时期，企业必须把工作看作偶然有瞬间稳定的不断变化的进程。在这个进程中，公司需要学会求变。一家求变的公司会把变化和动荡当成一种竞争机会、一种能增加成功的机会来接受，而不是当作威胁和危险。

变化管理和求变之间的区别是简单的。变化管理涉及的是一种带有目的的紧急变化，它是一种一次性的行为，随后便是一个恢复期。与此不同，求变则涉及持久的变化，变化是为企业的进化服务。

◎ 变化的变化

过去，企业处于主导地位，好的管理者能驾驭变化，他们决定企业何时以何种方式对外部世界做出反应。现在，这样的日子已经过去，你不能再驾驭变化，而是变化在驾驭你了。

这种情况的产生有多种原因。首先，我们这个世界上的一切都比以往变化得更快，并且不是始终沿着同一个方向。在解决是什么引起变化，变化又会对其产生什么样的影响，以及更重要的，应当怎样应变的问题上，大多数企业确实是无能的。

其次，网络已经使信息接近于自由且无处不在，这就进一步加剧了对速度的需求。现在，企业做出决策的速度成为限制企业发展速度的关键因素。可以说，公司里的每件事情都在等——等着决策。

再次，孤岛不存在了，只存在一个市场，那就是整个世界。而且，进入门槛和行业壁垒都越来越被削平，你的竞争对手可能来自和你完全不同的行业，以及完全不同的疆域。

现在，变化会导致更大的变化，熵开始在其中起作用。我们生活在一个无序的时期，而这种无序状态又会蔓延。过去，系统可以对抗熵的统治；而在变化时期，规则完全不同。那些在稳定时期行之有效的东西，在事物起变化时也恰恰是可能把企业带进死亡之谷的东西。这时重要的甚至不再是把企业做大、提高效率和躲避风险。在变化和更替时期做得最好的，是那些规模小和敢于承担风险的企业。在很多时候，企业的规模开始和它自身作对。

变化不是阵雨，而是雪崩。我们必须应付变化的变化，而不仅仅是我们的变化。

◎ 机器的隐喻过时了

成功的企业憎恨变化。有了好工作的人也憎恨变化，他们痛恨混乱无序。然而，那些暴发户和创业企业家却喜欢变化，因为只有无序状态才能够给他们一个赢得市场份额和利润的机会。

在稳定时期，管理者把自身的企业当作机器。他们关注的是可靠性和控制感。他们在管理上所有的作为，都是为了努力消灭可变性，避免承担风险，使企业运营可靠、可预测和可升级。在变化时期，这种模式是错误的。假如你和你的企业不能利用变化，变化便会把你打败。

我们的公司一度像大型机器一样是有组织的，每个环节的设计都是为了防止出现大的变化。即使在企业中存在某些求变者，管理层也往往通过企业的政策和衡量系统迫使他们停止那样做，通过命令和控制下属的思想状态，防止他们做出自以为正确的改变。

这种设计的前提是，变化是可控的。现在发生的事情恰恰是，变化不再受我们控制了。我们的企业组织假定我们是在按一个与众不同和运行较慢的时间周期生活。然而，时间突然成了企业的敌人。对于无数新创企业来说，稳定是绝对的坏消息。它们意识到，过去经营企业的方式——依靠高获利性的产品和服务以及可控制的变化周期来管理企业——已经过时了。

塞思·戈丁（Seth Godin）说："我们的企业组织并不是站在某个稳定场地中央的孤立的机器。相反，我们为之工作的公司是一种活的有机体，一种和成千上万其他会呼吸、会变化的活的有机体相互作用着的，同样会呼吸、会变化的活的有机体。"①

对于这种活的有机体，我们甚至需要一个新的词汇表来形容它，不如此，我们就无法理解它的运行机制。

◎ 进化与实验

新的词汇表中的两个关键性词语是进化与实验。生物物种应对变化

① GODIN S. Survival is not enough：why smart companies abandon worry and embrace Chan. The Free Press，2002：24.

的方法是进化。企业和生物非常相似，可以采取同样的方式进化。一旦你训练你的组织很容易地定期进化，变化便不再是威胁。相反，它是一种资产，因为它能使你的竞争对手消亡。

真正的进化是迭代完成的，可继承并且可修正。迭代是重复反馈过程的活动，其目的通常是逼近所需的目标或结果。每一次对过程的重复被称为一次迭代，而每一次迭代得到的结果会被用来作为下一次迭代的初始值。

正反馈循环系统能够把输入放大并变成输出，再把输出返回来变成输入。在变化中，当市场呈现无序状态时，会为那些新的玩家抓住早期的有利条件创造机会。谋划加上运气，或者说，人算加上天算，这些初始的有利条件会变成一种很大的领先，正反馈循环系统由此进入“飞涨”（runaway）状态。这是进化科学的先驱罗纳德·费希尔（Ronald Fisher）创造的一个术语，用来形容那些走在前面且越走越快的进化系统。①

假如企业过分依赖一种制胜策略（winning strategy），那企业就不会很快进化。每一个公司在初创时期都是求变的。但成功宠坏了大多数企业，它们由于过于迷信自己的“一招鲜”而变得过于臃肿、过于死板，并且过于害怕重新求变。出色的企业并不迷恋出色。用张瑞敏的话来说，做企业，永远不能自以为是，而必须自以为非。

迭代也意味着允许内部企业家每年进行难以计数的低成本试验，然后把其中成功的试验传播给他人。这样做能够建立起一种动态过程，显

① FISHER R A. The genetical theory of natural selection. Edited with a foreword and notes by J. H. Bennett. Oxford University Press，1999.

著地加快企业内部革新的速度。

试验是求变的必要组成部分。从根本上说，通过培训企业员工持续做出较小的和较容易的变化来克服企业对于变化的惧怕，构成了求变的精髓。

企业大都把变化看作一种威胁，而把生存当作目标。其实，变化并不是威胁，而是一种机会。生存也不是目标，创新性的成功才是目标。试验意味着对变化采取一种不同的态度，即把创新和忙乱当成好事而不是威胁。通过试验，能够创造出蓬勃发展的企业，并可以在对企业的进一步改造中，获得个人的成功，从而享受驾驭企业的快乐。

一种企业中常见的正反馈循环是，能引起变化的企业吸引那些想造成变化的员工，害怕变化的企业则吸引那些害怕变化的员工。许多员工害怕变化。害怕变化是可以理解的，毕竟变化可能带来不好的结果。但在当今，不变化会比变化更加可能带来不好的结果。

谁也不喜欢变化，我们有避免变化的遗传天性。求变过程的目的便是，把工作中的变化重新定义为某种不会引起恐惧和惊慌的事情。这将从根本上重新定义我们的工作任务，由此创造出无论不断变化的未来生出什么花样都能成功的企业组织。

24. 混序的世界

一个理想的组织的成员，
既是所有者也是客户，
既是主体也是客体，
既是上级也是下级。

迪伊·霍克（Dee Ward Hock）在《混序》（*One from Many*：*Visa and the Rise of Chaordic Organization*，2005）一书中，提到一种新型组织的概念，这种组织能够自我组织、自我管理、自我发展。他借用了混沌（chaos）和有序（order）两词，把这样的组织叫作“混序”（chaordic）组织。也就是说，他认为组织的最佳状态是具有混沌与有序双重特征。[①]

霍克是一个商业传奇。他是维萨信用卡组织的创始人和前 CEO。1968 年，他说服美国银行（Bank of America）放弃对其信用卡许可系统的所有权与控制权，成立了一家由成员银行共同拥有的非股份制公司，

① 霍克．混序：维萨与组织的未来形态．张珍，译．上海：上海远东出版社，2008.

即今天的维萨国际组织的前身。

1984 年，霍克辞去维萨的管理职务，回到他在加利福尼亚州太平洋岸边的庄园中，过起了一种半隐居的生活。在解释他为什么要这样做的时候，霍克显示了一种对商业的极为清醒的态度，尽管他曾获得过巨大的成功：“这么多年来，我一直非常害怕四头怪兽，如果不能够把它们关起来，早晚会被其吞噬掉：这四头怪兽就是自我、忌妒、贪婪和野心。1984 年，我切断所有的商业联系，选择一种隐姓埋名的生活，认定自己通过以时间代替金钱、以自由代替权位、以愉悦代替自我而占了大便宜，把四头怪兽有效地关在了笼子里。”

10 年之后，霍克复出，怀着一种要发展崭新的商业组织和社会组织的理想。这种新型组织正是前面所说的“混序”组织——既非严密控制，也非无政府主义，而是一种两者的混杂形式。霍克成立了一家非营利组织“The Chaordic Commons”，目的是培育、传播和实施新的组织理念，以促成权力和财富的更加平等的分享，让组织与人类精神及人类赖以生存的生态圈能够更加和谐地共存。

当霍克四处传递他的理念时，人们无不认真聆听，原因只有一个：可信度。不像大多数有远见的思想领袖——或者管理咨询顾问——一生只动嘴不动手，霍克可是将自己的理念认真实践过。他曾用他今天热情倡导的组织原则——权力分散化、多样化、创新性管理维萨 25 年，而这个组织的成功有目共睹。自从 1970 年以来，维萨成长为世界上最大的零售电子支付网络平台。从支付额、交易次数和发行卡数这三大指标来看，维萨都远超其他的信用卡组织，而且规模几乎是其最大竞争对手万事达信用卡（MasterCard）的两倍。[①] 维萨卡可以在全世界 200 多个

① Visa——进击的巨头. 金融街.（2019－03－13）. http：//opinion. jrj. com. cn/2019/03/13091827158469. shtml.

国家和地区的数千万家商户使用，可在超过 190 万台的自动取款机上取现[①]，使用率全球首屈一指，服务的客户数以十亿计，全球基于维萨产品的年交易总额以万亿美元计。[②]

霍克演讲的时候喜欢玩一个游戏。他会拿出自己的维萨卡，问在座的听众："有多少人认识这张卡？"屋子里的每个人都举起手。"现在，"霍克接着问，"有多少人可以说出来，维萨的总部在哪儿？它是如何管理的？到哪里去买它的股票？"所有人都面面相觑。大部分人可能压根儿没想过这个问题。

霍克说，从来不想这个问题就对了。"公司组织得越好，越是不可见的。在维萨，我们试图打造一个不可见的组织并保持如此。结果，而不是结构或者管理，才应该是凸显的。"今天，霍克所缔造的维萨不但绩效优异，而且蒙上了神话色彩，成为混沌理论的动力原则应用于企业的最好例证之一。

维萨的故事开始于 20 世纪 60 年代末期，当时的信用卡产业处于崩溃的边缘。第一张信用卡叫作美国银行卡（BankAmericard），来自以旧金山为基地的美国银行，起步很好。直到 1966 年，加利福尼亚州的五家其他银行联合发行万事达信用卡，该卡成为美国银行卡的竞争对手。美国银行对此的回应是，在全美范围内发展特许经营（当时的银行法不允许跨州开分行），导致一场信用卡大战，各路银行纷纷以自己的专有信用卡和特许经营系统跟进。各种客户名录被发掘出来，无数预先批准的信用卡被寄到客户手上，甚至孩子、宠物、重罪犯都收到卡。欺诈猖

---

① https：//www. visa. com. cn/pay-with-visa/find-a-card/visa-classic. html.

② https：//usa. visa. com/dam/VCOM/download/corporate/media/visanet-technology/aboutvisafactsheet. pdf.

獗，银行收益一落千丈。

两年以后，信用卡产业几乎被自我毁灭殆尽，美国银行在俄亥俄州召开特许经营商会议，大家互相指责，争论不休。霍克就在这个时候出场，当时他 38 岁，是西雅图一家特许经营银行的副总裁。在会议开不下去的时候，他站出来建议成立一个专门委员会来系统地研究信用卡面临的问题。与会者在这一点上达成了协议，任命霍克为这个委员会的主席。

霍克等待大显身手已经很久。在他此前的商业生涯中，他曾数次断然离开几家等级森严、严守规则、控制一切的公司，哪怕他在那些公司内正处于快速上升的通道。他最无法容忍的就是窒息员工创造力与主动性的公司，因为这样的公司往往故步自封，无法应对任何新出现的挑战和机会。虽然霍克只是个社区学院的毕业生，但他几乎无所不读，从历史、经济学、政治学、自然科学、哲学到诗歌，从不在意学科界限。从他的广泛阅读中，霍克意识到支持工业革命的命令与控制式组织已然不敷使用了。这类组织不仅是过时的，而且越来越无关紧要。商业界正面临大规模的机构失败。

霍克坚信，如果他有机会创造一个组织，他将把它建立在生物学的概念和隐喻之上。现在，作为专门委员会的主席，他拥有了一个天赐良机。1970 年 6 月，经过两年的头脑风暴、计划、争论和寻求共识，美国银行卡系统被纳入一个新的、独立的实体之中，这个实体后来改名为维萨国际，霍克亲任 CEO。

新组织在各个方面都与众不同：它是一家非股份制的、以成员为基础的营利企业，所有权以一种不可转让的参与权的形式出现。霍克对该组织的设计体现了他的哲学：这个组织必须是高度分散的，但同时是高度协作的。权威、动议、决策、财富——所有这些因素都尽最大可能推到组织的边缘，即成员当中。最核心的，其实是要解决一个组织如何做到既竞争又合作的问题：让参与维萨的每家银行都竞争，服务好自己的客户并吸引其他银行的客户，但同时要维持最基本的合作，保证不管你在哪里，哪家银行的维萨卡都必须能使用。后者意味着银行拥有某些共同标准，参与共同的清算。这项成功的组织设计令维萨最终成为世界上最大的信用卡体系。

霍克总结说："任何一个健康的组织都需要清晰阐释和理解的、共同享有的目的和原则，它们构成了该组织的遗传密码。这些目的和原则分享得越好，你就越得以在组织中免除命令与控制。人们将会懂得如何与它们保持一致，然后，他们会以难以计数的、不可思议的、充满创造性的方式来实践。由此，组织将变成一个活生生的信仰共同体。"

最有意思的是霍克提出的组织设计原则，这或许构成了 21 世纪组织的先驱法则。第一条，组织必须是平等的，被所有参与者共同拥有。这个组织最后所有的竞争力都来自成员独立的创新。第二条，权力和功能必须最大限度分散化。第三条，整个组织的治理也必须是分散的，没有哪一家或几家联合起来可以控制这个组织。第四条，组织的可塑性必须非常强，即永远不断地在变化。

霍克提出这些原则是在 20 世纪 70 年代，但在今天来看，很适合用来讨论互联网时代的组织形态。他还说过一段非常有意思的话："看上去维萨像是一个控股公司，但它不是真正的控股公司，因为控股者就是维萨的成员。这些成员既是所有者也是客户，既是主体也是客体，既是上级也是下级。"一个理想的互联网组织，应该是符合这些原则和要求的。

25. 科斯天花板与地板

如果公司的扩大越过了某个点，
就会导致其自身的崩溃。
问题仅仅在于：
什么时候公司变得太大了呢？

◎ 层级型组织与交易成本

群体中的人是复杂的，复杂得足以使群体难以形成和难以维持。传统机构之所以显示出目前看到的这个样子，大多是为了应对这种困难。一个组织承担了某项任务时，就应该对协调多人的难度展开某种控制，并且群体越大，这种需要就越紧迫。标准的甚至是普遍的解决方法是设立一个层级结构，按角色给每个人在组织里安排一个位置。根据罗纳德·哈里·科斯的说法，通过增加管理结构可以降低交易成本。

众所周知，科斯自问自答了经济学上最为著名的问题：如果市场的主意如此美妙，为什么还需要企业呢？为什么要有那些组织框架？为什么不能让所有人互相提供服务，用市场和契约来解决一切？科斯的发现是，存在巨大的交易成本，使得企业在某些情况下与市场比较具备相对的经济优势。

层级制大大简化了责任关系和信息流通渠道，超大型的组织也因之变得可以管理。当然，这样一个组织的个体成员必须同意被管理，这类许可通常可通过支付报酬实现，并且，持续得到的报酬可能将视个体是否积极响应他们的管理者所提出的需求而定。

通常，对一个组织来说，仅当指导额外雇员所获得的好处小于管理他们的交易成本时，这个组织才会扩张。交易成本过高的话，组织扩张并不划算。科斯着重分析了企业的情形，但协调工作的成本问题适用于各种类型的机构。层级型组织减少各类交易成本，却并不能消除它们。

设想一家拥有 1 500 名雇员的公司，其中每名经理管理 6 名员工。CEO 有 6 位副总，每个人指导 6 位主管的工作。这样一家公司，在老板和员工之间已有 3 个级别的管理层。要是想让员工和老板更接近些，你必须增加每位经理所负责管理的员工数目。这样将减少层级关系，但同时也减少了每位职员所获得的平均管理时间（或迫使每个人每天花更多时间互相沟通交换信息）。当一个组织成长得非常快时，它可能到达科斯理论中隐含的临界点。到某个点上，一个机构不可能继续成长并维持正常运行，因为那时管理企业的成本将吃掉全部利润。你可以把它理解为“科斯天花板”（Coasean ceiling），超出这一点，标准的机构形式就不再管用。

科斯的理论也告诉我们交易成本中细微变化的影响。当这类成本温和下降时，我们将会看到两件事：第一，最大型的公司将扩大规模（换一种说法，即组织规模的上限与管理成本呈负相关）。第二，小型公司将变得更有效率。比起较高交易成本环境下的同样公司，小型公司能以较低的成本做更多的生意。

这两个效应可以很好地描述第二次世界大战后的工业世界：仅仅因为它们擅长管理交易成本，像 20 世纪 70 年代的国际电报电话公司（ITT）和近年的通用电气这样的巨型集团，凭借它们的管理才干扩张到许多不同类型的行业。与此同时，中小型企业喷薄而出，原因是这类企业更长于发现和利用众多新的机会。

◎ 藏在科斯地板的底下

历史上有关企业的认识是，在企业和它的每一位顾客之间，存在着某种契约，这种契约可能是直接表达的，也可能是隐含的。这就是为什么顾客受到劣质产品侵害的时候，可以向企业提起诉讼。但企业所不习惯的是，用户与用户之间也有协议，这事关他们一起行动之时互相对待或彼此交易的方式。这样的协议在社会情境中是非常重要的，某些情况下比企业与顾客间的协议还要重要。

因为人们现在可以轻易在网上组建各种群体、运动和商业性的力量，许多企业乃至行业的基本面正在发生动摇，甚至可能出现覆灭的情形。人们拥有了在机构之外组建群体、共同行动的能力，这是巨大的变化，它对企业具备了一种警告或是威胁的意味。

这样的情形表明，除了科斯天花板，还应考虑“科斯地板”（Coasean floor）。大多数人忽略的一件事情是科斯地板的作用。总有一些群体活动尽管也会创造价值，却不值得形成一个机构来从事价值创造。由于存在交易成本，许多可能的商品和服务都没有变成现实；但随着新的技术工具的出现，曾经阻碍全球范围内共享的障碍已经不复存在了。可以将这些行为看作它们落到了科斯理论的地板底下：它们对一些人有价值，但以任何机构的形式实施都太昂贵，因为欲使机构成为机构，其基本和不可拆卸的成本都决定了那些行为不值得实施。

然而，新的工具为我们提供了组织群体行动的方法，而无须诉诸层级结构。这就是科斯逻辑变得奇怪的地方。交易成本的小幅下降使企业变得更有效率，因为因机构困境而造成的限制不那么严苛了。所谓“机构困境”，指的是因为一个机构耗费资源以管理资源，在这些机构理论上的能力和实际上的能力之间存在一条沟；机构越庞大，产生的成本也越高。

而交易成本的巨幅下降使企业或者说任何机构都不能再承担某些行为，因为无论从事某个特定行为的费用变得多么低廉，都没有足够的好处来抵消作为机构存在的成本。由于能够以低成本实现大规模协调，出现了一种崭新的情况：严肃、复杂的工作可以不受机构指导而实施。松散协调的各类群体如今可以取得此前任何组织机构都不可企及的成果，其原因正在于它们藏在科斯地板底下而不受其理论制约。

在这样的巨变下，企业要做的第一件事是弄清楚：什么事情顾客自己做可能比企业为他们做更好。如果答案是“所有的事情”，那么企业的日子也就到头了。但假如答案是“在你的帮助下，顾客可能做得更好”，那么你就要开始想怎样去帮助顾客。

设想一下，一家大型书店中的每种书只有一册样书，而当顾客选中某一种时，书店可以当场印制出来交到顾客手中，那会是什么样的情形？如果唱片店当场刻制顾客需要的唱片，又会如何？在这样的情形下，消费者得到了他们想要的，而书店或唱片店不再有库存和上下游的浪费。

消费者期待精确地得到他们想要的，并会自主决定他们什么时候和以什么样的方式要。例如，顾客购买一张包含着有限曲目的唱片，这些曲目还是由他人强制性选定的时光一去不复返了。音乐产业、电影业、报业等必须面向一个新的范式做出调整，在这种范式下，顾客不仅永远是对的，而且可以依靠轻轻的一下点击就实施自己的判断。

26. 黑客文化与新组织理论

富有才华的黑客和在地组织者所构成的生态，
通过将领导力最大可能地分布到基层，
能够解决迫切的难题。

◎ 黑客，电脑时代的牛仔

加里·哈默尔搭建了一个网站——“管理创新交换所”，要求对管理学进行一场黑客运动。[1] 网站宣称：“为了迎接巨大的、棘手的挑战，我们需要巨大的、不合常规的想法。在这个网站，你可以发现足以改变组织运行和领导方式的越界建议，无论是制定战略、分配资源、设计工作还是改革薪酬体系。”

每一项突破性的管理主张或激进的解决方案，都被该网站称为“一

---

① The Management Innovation eXchange（MIX）. http：//www. managementex-change. com/.

次对管理学的黑客行动”。一次这样的行动可能解决的是很基本的问题——比如如何更好地开会，也可能触及高风险的领域——比如对薪酬制度的全面改革。但不论方向如何，它都必须颠覆旧日的日常管理实践，足够疯狂，足够不切实际，又能提供通向未来的通路。哈默尔将此比喻为“射月行动”(moonshot)。

把黑客和管理学联系起来意味深长。建设者和破坏者常常是一枚硬币的两面。在黑客文化中，破坏现有的秩序往往是建设新秩序的前提。当然，如果你仅仅是破坏，那么你就不是黑客（hacker)，而是骇客(cracker)。

黑客是一个电脑术语，该词来源于英语动词hack，意为“劈，砍”，也就意味着“辟出，开辟”；很自然地，这个词被引申为“干了一件非常漂亮的工作”。电脑黑客在自己熟知的领域里显然是极为出色的，个个都是编程高手。另一种说法是，hack在21世纪早期麻省理工学院的校园俚语中有“恶作剧”之义，带有反既有体制的色彩。

这个带有褒义的词在20世纪六七十年代用来形容独立思考却奉公守法的计算机迷。他们云集在技术精英的堡垒——麻省理工学院和斯坦福大学。对于这些人，史蒂文·利维（Steven Levy）在1984年出版的《黑客：电脑革命的英雄》（*Hackers*：*Heroes of the Computer Revolution*）一书中做过详尽的描述。①

20世纪50年代麻省理工学院的实验室时期，一群才华出众的学生结成小组，经常通宵达旦地在实验室里操作机器。大部分的早期黑客极具机械学方面的天赋，擅长抓住瞬间的灵感尽情地发挥，对解决难题充

① LEVY S. Hackers：heroes of the computer revolution. O’Reilly Media，2010.

满了由衷的热爱。

在当时的计算机工业，IBM 统治着一切。60 年代中期，IBM 占据信息技术行业 2/3 的份额，只是把自己不屑于经营的零星杂活推给其他公司，这些公司犹如国王身边的奴仆，只能做一些 IBM 不愿意做的生意或者生产一些与 IBM 的产品相匹配的小部件。当时流行的说法是，IBM 不是“竞争”(the competition)，而是必须接受的“环境”(the environment)。[①]

与其显赫地位相称的是 IBM 的管理方式。IBM 有如一艘管理得当的大船，所有的员工都训练有素，在市场竞争中冷酷无情、所向披靡，并且绝对忠实于公司。他们是机器塑造出来的、严格遵循公司尊卑关系的雇员，是典型的所谓“组织人”(organization man)。有人讥笑这一时期的 IBM 有如信息技术业中的一所巨大的“集中营”。

IBM 集中人力和财力开发大型机，因为价格昂贵的大型机及其附件是当时军用和民用市场上最走俏的商品。IBM 从未考虑过把计算机卖给普通百姓，它更倾向于向大客户出售大型的、通常是特制的计算机。这种决策的部分原因是它根据自身的组织结构来预测信息技术的发展前景，这就是严格的等级制度和中央控制。这与当时的环境气氛是很吻合的。

70 年代中期以前，信息技术给公众留下了严谨和神秘的印象。当时，信息技术的重点是研制昂贵的、只能由受过专门训练的技术人员操作的神秘机器。计算机科学的语言充满了脱胎于数学信息论的深奥术

---

① ROSZAK T. The cult of information：the folklore of computers and the true art of thinking. Pantheon，1986：136.

语。计算机作为人脑的延伸，更多地和科学研究、重大决策相联系，与普通百姓的生活并无太大关联。

用历史学家西奥多·罗斯扎克（Theodore Roszak）的话说："IBM保持精英风格的决策使工业城堡的围墙出现了一个空白点。这个空白点就是微型计算机。"①

个人计算机今天几乎已成为"高技术"的同义语。然而，这种机器却不是在设备良好的实验室中开发成功的，与一般人听到"高技术"三字所引发的想象迥然有异。它是由计算机黑客们在车库、仓房、地下室和卧室中鼓捣出来的。正是这些被视为"计算机疯子"的人，用他们对技术的狂热，点燃了个人计算机革命之火。罗斯扎克说："微型计算机起步时便笼罩着粗俗激进的氛围，与高科技主流企业精致典雅的风格形成鲜明的对照。"②

60年代后期，嬉皮士运动所提倡的自治主义与民主观念奠定了个人计算机革命的基石。这种无政府主义带有某种危险的意味，直到今天，许多人仍这样认为。但它鲜明地竖起了反权威的大旗。

嬉皮士们一度谴责电脑是集权控制的象征，然而他们中的一小部分人很快就意识到电脑更深层的潜能：它将是飞向自由的魔毯。在计算机上，他们找到了通向未来的道路。他们惊讶地发现，个人计算机将要造就的境界与摇滚乐、迷幻剂一样，使人们不再受到工业社会"清规戒律"的羁绊。

早期的计算机黑客是一群非常独特的人。据说他们中的许多人不善

---

① ROSZAK T. The cult of information：the folklore of computers and the true art of thinking. Pantheon，1986：137.

② 同①141.

交际，也不懂人情世故，似乎只知道工作。作为一个群体，他们的商业意识十分薄弱，政治意识更是匮乏，他们是一些地地道道的技术人员。到了60年代末期，一批新的计算机黑客开始崭露头角，他们中有许多是西海岸反越战运动的活跃分子。命运注定了他们要戏剧性地确立计算机的新形象，赋予它IBM和其他大公司所从未赋予的政治色彩。在他们手里，信息技术最大限度地成为民主的工具。

《全球目录》(*Whole Earth Catalog*) 的编辑斯图尔特·布兰德 (Stewart Brand) 写道："60年代末期到70年代中期，就在新左派大声疾呼推动政治改革然而却明显失败的同时，反文化运动的一个很小很小的分支却在悄悄地、几乎不为人察觉地酝酿一场大众计算机革命，它的成功震动了整个世界。"①

参与这场革命的黑客中间，有两个颇有灵气的年轻人，一个叫史蒂夫·伍兹尼亚克，一个叫史蒂夫·乔布斯。他们共同创立了苹果公司，开发出了划时代的苹果Ⅱ型个人电脑。苹果的成功向世人证明，个人电脑市场是真实存在的。当IBM个人电脑在1981年追随苹果的步伐时，苹果公司在《华尔街日报》(*The Wall Street Journal*) 上打出整版广告："欢迎IBM。真的。欢迎进入35年前计算机革命开始以来最激动人心和最重要的市场……"②

不可避免地，钱商来到了生钱的地方。植根于黑客精神的个人电脑

---

① TURNER F. From counterculture to cyberculture: Stewart Brand, the whole earth network, and the rise of digital Utopianism. University of Chicago Press, 2010.

② MURPHY J B. 37 years ago, Steve Jobs Ran Apple's most amazing Ad. Here's the story (It's almost been forgotten). Inc, Aug. 23, 2018. https://www.inc.com/bill-murphy-jr/37-years-ago-steve-jobs-ran-apples-most-amazing-ad-heres-story-its-almost-been-forgotten.html.

业在金钱上的成功，最终斩断了这一工业与其祖根的联系。然而，早期黑客所弘扬的“计算机权力属于人民”的精神，却给整个行业留下了不可磨灭的印迹。甚至保守的 IBM 也不得不俯首采用开放架构和开放性的操作系统。专有架构和专有操作系统使计算机的力量不是属于使用它的人们，而是属于制造机器的公司；而个人电脑，以及它所驾驭的日益增长的力量，应该是属于人民的。

这也就是利维在他的黑客史中提到的“黑客道德准则”（the hacker ethic）。这些准则包括：

> 对计算机的使用应该是不受限制的和完全的。
>
> 所有的信息都应当是免费的。
>
> 怀疑权威，推动分权。
>
> 黑客应该通过他们的技术来判断。
>
> 你可以在计算机上创造艺术和美。
>
> 计算机将使你的生活变得更好。[①]

没有人把这些准则写进宣言，但是，它们却成为黑客们在塑造计算机技术时的行为方式。这种行为方式进一步影响了日后的软件业。

◎ 集市的开源与大教堂的闭源

牛顿范式和爱因斯坦范式的一个重要区别是，前者属于低能范式，后者属于高能范式。

在一个相对稳定的低能量世界中，经典的构筑方法如建造教堂般，

---

① LEVY S. Hackers：heroes of the computer revolution. O'Reilly Media，2010：Chapter 2.

需要严密的管理体系和封闭的集中结构。软件开发领域有著名的布鲁克斯定律（Brooks' law）：随着开发人员数目的增长，项目复杂度和沟通成本按照人数的平方增加，而工作成果只会呈线性增长。软件工程师弗雷德·布鲁克斯（Fred Brooks）在1975年写就的《神秘的人月》（*The Mythical Man-Month：Essays on Software Engineering*）一书中率先总结了一个现象：在软件开发项目中，如果在项目已经延迟的情况下增加更多的人手，会使得项目更加延迟。他形象地比喻说："九个妇女也无法让孩子一个月就生出来。"①

开源运动三杰之一的埃里克·雷蒙德（Eric S. Raymond）② 认为，在进行高度膨胀的软件设计时，要避免项目因为规模和复杂性失控。有一种方法，他称之为"集市模式"（the bazaar）。它是并行的、点对点的、动态的多人协同开发模式，结构扁平，参与者大多是互联网志愿者，没有强制的契约关系，来去自由。集市模式的前提是开放源代码。与集市模式相反的则是大教堂模式（the cathedral），它是封闭的、垂直的、集中式的开发模式，反映一种由权力关系所预先控制的层级制度。③

集市模式下，开发者之间通常仅仅靠互联网联系，在这种貌似混乱而无序的开发环境中，居然产生了质量极高和极具效率与生命力的软件——诸如Linux这种世界级的操作系统。这是怎么做到的呢？

关于Linux的故事，我们就不再赘述了，直到现在，它依然是人们无论从任何一个角度阐述自组织、自协调、开放式创新都要反复引用的

---

① BROOKS F. The mythical man-month：essays on software engineering. Addison-Wesley，1995.

② 另外两人为理查德·斯托尔曼（Richard Stallman）和林纳斯·托瓦兹（Linus Torvalds）。

③ 雷蒙德．大教堂与集市．卫剑钒，译．北京：机械工业出版社，2014.

经典案例。雷蒙德在《大教堂与集市》(*The Cathedral & the Bazaar: Musings on Linux and Open Source by an Accidental Revolutionary*)中写道:"Linux 最重要的特点不是技术上的,而是社会学上的。在 Linux 被开发出来之前,所有人都认为,如果软件复杂到操作系统这样的程度,就必须有一个精心协作的团队,团队要比较小,而且紧密互动,不管从前还是现在。……Linux 几乎从一开始就发展出一条完全不同的路,其开发更像是仅通过互联网合作的大量志愿者的随意之作。在质量方面,没有严格的标准,也没有一个强有力的机构来管理,他们只是执行一项简单得有点幼稚的策略:每周发布,并在接下来几天内获取数百个用户的反馈。他们创造了一种类似达尔文'物竞天择'的选择机制,被选择对象是开发者们所做的种种软件修改。让所有人吃惊的是,这种方式运作得很好。"

显然,埃里克·雷蒙德眼中的 Linux 是广义自由主义的胜利,而这也正是黑客们为之努力的结果。

在分析 Linux 的成功时,埃里克·雷蒙德认为"共识原则"取代了"命令原则",才使得黑客们可以按照兴趣形成有效社区。Linux 的运行状况就像一个自由市场,由无数个利己主义个体组成,"系统中每个个体都追求自身效用的最大化,在其共生的过程中,能够自然建立起一种具备自我纠错能力的秩序,这种秩序比任何集中式规划都要精妙和高效"。

寻求共识和命令的区别是,前者是激发效用,后者是控制效用。对于拥有极致技术水平的黑客来说,一旦认识到自身的价值可以最大化,他们就会忘记写文档时的痛苦。通过惠及自身来惠及他人,这也是利己主义和利他主义的微妙关系的表现。

长期混在科技迷圈子的雷蒙德很早就认识到了“egoboo”的作用。“egoboo”是“ego boosting”的简写，是指志愿者因为自己的努力得到认可而感到快乐。就好像写作的人，当看到自己的名字被印刷在出版物上时，写作过程中的焦虑和不安会一扫而光。

Linux 是一个高效的 egoboo 市场，“把一个个黑客的利己动机尽可能牢靠地牵系到一个艰巨的任务目标上，而这个目标只有在众人的合作之下才能达成”。

作为人类历史上最高效、成本最低的沟通媒介，互联网无疑提供了开源软件兴起的环境。在这个环境中，大教堂式的闭源模式必然会遭到开源模式的严峻挑战，因为后者可以带来无法被超越的人数规模和协作优势。

雷蒙德对大教堂模式不屑一顾，虽然大教堂模式下也有好的创意和火花。他认为，创新的根本问题不是如何产生，而是如何不去压制。“压制”在大教堂模式下，也可以理解成“强力管理”。对于大教堂模式来说，收购外部创新公司的确是一条捷径，可结果往往并不乐观。鲜有创新的公司在进入大组织后，还能持续保持活力。

软件开发中的“强力管理”和我们说的普遍意义上的组织管理很像：森严的开发等级、共同目标的确立、资源调配、进度监控、人力部署等。这种思维的假设前提是我们生活在一个资源匮乏阶段，资源只有在严格调配下才能得到最佳应用。所以，这是资源配置的防守方式。

开源项目中，黑客们因为兴趣和能力走在一起。因而有人总结，开源项目如果失败，唯一的原因就是程序员失去了兴趣。同时，开源文化具有自我筛选机制，它只接受程序员中最优秀的 5%，而不需要像传统组织那样，为那些能力不足的人去付出不必要的成本。传统的软件开发中，项目的60%左右是不被接受或者不被用户认可的。在开源项目中，用户和开发者合一，项目不被接受的情况基本不可能发生。

康威定律（Conway's law）是软件界的黄金定律：系统的结构取决于产品开发团队的结构。(The system being produced will tend to have a structure that mirrors the structure of the group that is producing it, whether or not this was intended.) 这是由电脑程序员迈尔文·康威(Melvin Conway) 提出来的，其另一表述为："设计系统的组织……其设计受到该组织的沟通结构的约束，会产出如此沟通结构的副本。"[①] 雷蒙德总结为：方法决定结果，过程变成产品。

互联网本身的分布式以及点对点特点，自然消解了冗余的多层组织架构；节点无法独立存在，只有在与其他节点合作时才会产生作用。雷蒙德认为，点对点非常重要。这种方式使得真正的平等沟通成为可能。黑客们为了解决某一个具体的问题而加入，每个人都为了在这个问题上展示自己的实力而投入精力，并带入大量自己的资源。解决问题的快乐就是最好的激励机制，如雷蒙德反复强调的，"快乐是最大的资产"，"乐趣预示着效率"。

雷蒙德将传统管理模式称为"马其诺防线"，这种管理模式以对资源的严密把守而沾沾自喜。然而，开源的精神和黑客们的自我荣誉让这道防线形同虚设。同样是为了一个共同的目标去努力，传统管理模式就像一个蓄水池，只会让资源规模限制于此；开源模式则像一片海洋，有着无数大大小小的入海口，分支之上仍有分支。

集市模式的成功有如下几个要点：

---

① CONWAY M E. How do committees invent? . Datamation，1968，14（5）：28－31.

弄清是用户的需要还是开发人员的需要。如果用户需要的不是开发人员需要的，那么开发人员的热情会大大减少。雷蒙德认为，开发人员的需求是好的软件作品的源头。谷歌的开发规则是一个很好的例证。大部分好用的谷歌软件，是程序员在20%的时间里开发出来的。程序员并没有时间去和用户进行热情交互，仅仅是为了自己工作方便而做出一个个有趣的程序。谷歌鼓励员工创新并提供展示平台，让用户来评价。谷歌邮箱（Gmail）的故事就是如此。

弄清是重建还是改写。雷蒙德说："优秀的程序员知道写什么，卓越的程序员知道改写什么。"也就是说，改写或者颠覆的能力很重要。Linux的发起人并没有另起炉灶，而是在Unix系统之内进行改写，并对原始系统的优势进行最大限度的发挥。

让更多用户成为合作者，并尽早发布。这是发现漏洞的最好方法。大教堂模式下，漏洞的发现是成本很高的过程，大量的人力耗费了大量的时间。而且，版本的更新速度也不会很快，会让用户很失望。用户越多，越能对抗系统的复杂性。"Linux的创新之处，并不完全在于大量采纳用户反馈并快速发布系统版本，而更多在于将这种做法强化到一种能和系统复杂度相匹配的强度。"参与的人越多，漏洞越容易被发现，这是因为一群人的观点比随机选择的人的观点更有预见性。

Beta测试者是最宝贵的资源。这些测试者往往也是黑客，他们可以在源代码处发现漏洞并进行标记。如果有一天，这些测试者主动要求退出，就预示着这个软件项目的生命周期快要来临了。

对于当下国内的很多传统企业来说，它们仅仅知道粉丝的参与，却不知道Beta为何物。最大的误解是，在产品测试阶段邀请的是对产品原理并不热衷的普通用户，而不是黑客级用户。

测试也是产品开发的内容，黑客级用户和开发人员拥有共享的交流模式。普通用户仅仅就产品表征进行描述，这对开发人员并没有实际意义。就源代码提出意见，才是开发人员乐于见到的。

拥有具有编辑意识的产品领导者。好的编辑不一定是好的作者，但是好的编辑一定可以做出优秀的读物。在雷蒙德眼里，产品领导者的一大功能是“识别”创意，而不是“生产”创意。他在总结自己的 fetchmail 项目时承认，“是我限制了表现自己聪明的倾向。这至少反驳了设计原创是集市模式项目成功关键的论点”。

◎ 知识分散与网络决策

世界如飞变化，虽然我们承认“现代”管理作为人类历史上最重要的发明之一，极大地改善了我们的组织和社会，然而，作为一种过于成熟的技术，它必须为了新的时代而重塑自身。

目前，大多数的管理实践强调控制、规范、效率甚于其他一切。这正是问题所在。为了在 21 世纪生存并繁荣，组织必须拥有适应力、创新力、启发力和责任感。这使得有关管理原则与实践上的一场革命成为必需。

如同哈默尔所言，是时候对管理开展一场黑客运动了。管理能够像软件业那样做到快速迭代吗？组织能够超越布鲁克斯定律与康威定律吗？组织能够容忍“管理黑客”们因充满了组织生活的挫折感和混乱感而奋起对其进行敲敲打打吗？要想让旧日的管理脱胎换骨，有灵感的思想家和激进的实干家必须找到对官僚制、层级制、中心化、封闭化的组织的替代方案。

知识的新旧交替绝非一蹴而就。此前，在管理领域，我们认为真正的革命仅仅发生过一次，即泰勒的科学管理。科学管理的意义不言而喻，人类首次将知识用在了对工作的研究、分析和设计中。泰勒的原则是普适的，所有的工作（在那个年代指体力劳动）都可以用同样的方式来分析。可惜的是，由此衍生而来的泰勒主义由于未给人性的细微之处留空间，几乎成为罪恶的代名词。

恐怕只有德鲁克看到了，泰勒是一个心怀建设新社会梦想的人。德鲁克认为，泰勒最伟大的地方在于，他看到了马克思看不到的，即工人阶级和资产阶级之间的矛盾并非只有靠暴力革命才能解决。让工人掌握工作的知识，从而改善其生活，工人可以从“无产者”变成“有产者”。德鲁克在《新现实》（*The New Realities*）中写道：“没有泰勒，产业工人的数量仍然会快速增长，但他们将成为马克思笔下被剥削的无产阶级。”“相反，进入工厂的蓝领工人越多，他们的收入和生活水平就越‘中产阶级化’和‘资产阶级化’。”[①]

泰勒的洞见在于，可以通过改进技术和管理来提高工厂工人的生产率，而不仅仅是通过更长、更累的劳作。而且，工人可以分享增长的成果。而泰勒思想的忠实实践者亨利·福特不仅发明了移动组装线，而且开创性地大幅度提升了工人工资。1914 年，福特汽车公司推出 T 型车之后不久，福特就宣布了一个令人震惊的消息：工人的工资将会达到史无前例的每天 5 美元。[②] 待遇优厚的工人产生消费需求，接着促进业务扩张、增加就业。凭借良性循环带来的动力，美国在第二次世界大战后几十年进入了经济持续增长的黄金时期。可以说，泰勒开启了一场生产

---

① DRUCKER P F. The new realities. Routeledge，1989：183.

② 管理史上最伟大的一项抉择：亨利·福特将工人的工资翻番．财富中文网.(2013－12－12). http：//app. fortunechina. com/mobile/article/187540. htm.

力革命，这都要拜知识所赐。

泰勒发现，生产力的关键是知识，而不是肌肉力量——尽管有时最重要的知识是关于如何组织肌肉力量的指导。德鲁克因此将泰勒视为知识管理的开山鼻祖，因为科学管理的目的正是产生有关如何改善工作流程的知识。

1959 年，德鲁克看到他所称的“知识工人”将取代体力劳动者成为工作场所的核心。① 到 20 世纪末，他提出“无论是企业还是非企业，21 世纪机构中最有价值的资产，都是知识工人及其生产力”②。

随之而来的结果是，泰勒竭力避免而福特勉强忍受的工人两耳之间的东西，变成了当今管理者的宝藏。现在，管理人员面临的最大挑战是如何有效地捕获、利用和开发知识工人头脑里的这些知识。这堪称管理领域的第二次革命。

由是，“黑客”似乎成为对未来企业人复杂身份的最为精确的命名。这里的黑客，指的是对某一类知识热爱并有追求的人。企业里的人接受和累积知识，而知识又反作用于人，这些人不是生活在传统的组织金字塔里，而是立足于网络之上，其任何一个知识触角都可以和网络连接，从而产生价值。

对于知识而言，真正迎来大规模复制的机运是软件的兴起。软件生产是一种和工业生产截然不同的模式，尤其是 Linux 这样的集市开发模式，充分地利用了知识的个体化和同级化，以一种前所未有的分享模式进行协作。其规模之大、效率之高，远远超出了工业人的想象。

---

① DRUCKER P F. The landmarks of tomorrow. Harper & Row，1959.

② DRUCKER P F. Management challenges for the 21st century. Harper Collins，1999.

这种知识革命是发生在组织根部的。传统的组织依靠知识的线性化，Linux带来的软件革命依靠知识的分散化。组织决策的一致，现在也来自这种分散化。从分散到一致的过程，有的人形容为“混沌”。但混沌是一个无法表述清楚的概念，不利于管理者清晰地梳理自己的决策过程。我更倾向于使用“市场”，因为市场有主体，有可描述的动态变化，更重要的是，在市场中，可以通过自由竞争产生决策。在组织内部，思想市场是网络决策的前提。

而网络决策之所以成为必需，是因为商业领袖们知道在这个全球化的世界中，需要懂得的知识太多了。他们不得不尝试一种新的、去中心化的决策制定过程，这个过程能够更有效地利用遍及他们身边的网络的专业知识；他们追随分布式领导力的模式，这类模式在大型的、以网络为基础的协作项目中已经变得很常见。

在这个决策之网中，既包含了有在地需求的人士，也包含了有能力满足这些需求的黑客们。这里的“在地”并非单纯指代地域性，而是指人类行动的尺度规模，它可能是大尺度的（macro-scale）、中尺度的（meso-scale），也可能是有界限的“小盒子”（little-box），和一线、底层息息相关。谁应该承担哪些项目？决策制定者是那些对在地最了解的人——对问题最熟悉的人，以及对项目的可能性最熟悉的开发者。用这种方式做决策，高效而有效。它所以有效，是因为它是一个网络。

然而，这里面也有很多关于领导力的传统因素。领导者需要花费大量时间用于组织活动和建立伙伴关系。一个领导者的能力，来自他围绕着自己的想法构建网络的能力。富有才华的黑客和在地组织者所构成的生态，通过将领导力最大可能地分布到基层，能够解决迫切的难题。

27. 创业者的四个陷阱

看待世界如其所是，而不是想当然。

所有创业者都面临着四个危险的陷阱。

第一个陷阱是，创业者必须面对一个现实：自己提供的新产品或服务并没有在原先设想的市场上大获成功，而是在一个完全不同的市场上取得了进展。许多企业倒在这个陷阱中，因为创业者坚持认为自己比市场知道得更多。

所以，会出现一种怪现象：企业其实已经走在成功的路上，但创业企业家却对此毫无意识。甚至可以说，他们拒绝了成功。从历史上看，大多数成功的新发明或新产品没有实现自己的市场初衷。

一个例子是，约翰·韦斯利·海厄特（John Wesley Hyatt）发明了滚柱轴承，他认为这种轴承非常适合用在铁路货车的车轴上。此前，人们使用浸满油的破布来减轻车轮的摩擦。海厄特竭尽所能劝说铁路公司采用他的新发明，而后者却拒绝丢弃那些破布，结果海厄特的公司被迫宣告破产。

阿尔弗雷德·斯隆，通用汽车公司历史上的传奇人物，却在此时让自己的父亲买下海厄特的小公司。不像海厄特，他愿意把这种产品推向完全不同的市场，那就是刚刚兴起的汽车市场。两年里，滚柱轴承生意就开始兴隆起来。整 20 年中，亨利·福特一直是斯隆的最大客户。

创业者为什么会对送上门的成功拒而不纳呢？原因很简单，因为那不符合他们的计划。创业者相信他们能控制一切。这就直接导致了第二个陷阱：创业者认为，对一个新企业来说，利润是最重要的事情。其实，利润是第二位的，第一位的是现金流。

必须指出，不是只有创业企业家对现金流概念过于漠视。沃伦·巴菲特曾说过，如果他想了解一家公司经营得怎么样，他不会去听证券分析师怎么讲。他们谈论盈利，而那根本不相关。但他会去听取银行信用分析人员的说法，因为他们谈论的是现金流。

假定企业重视现金流，获得了快速增长，创业者还会遇到第三个陷阱，即管理能力赶不上发展势头。迅速地翻番的成长会给企业造成巨大的压力，创业者看到销售额的攀升以及利润曲线的上扬，却往往看不到管理基础的侵蚀。在这个陷阱面前，80%的企业落入万劫不复的境地。甚至就算你的企业是以一种正常的速率增长，到第四年左右的时候，管理支绌也会给创业企业以重击。

什么时候一家创业企业的管理能力与发展能力之间开始出现张力？如果某个客户说，“如果你能制造出 1 万台某种产品，我们就跟你签合同”，而这时你却想，“这个机会多好啊，但我有点担心我们完不成订单”，这就是张力开始出现的时候。为了避免此类危机，创业者必须组建一个创业团队。创业之初，一个典型的创业者事必躬亲，他有帮手，却没有同事。至少需要一年甚至一年半的时间才能打造出一个团队。

最后一个陷阱也是最令人困惑的陷阱，它就是：当企业成功以后，创业者开始把自己置于企业之前。他为这个企业付出了如此之多，生意很兴隆，团队也不错，现在他问自己："我想要什么？我的角色是什么？"这种问题很可能会毁了他自己以及这家企业。他问自己的应该是："这家企业在这一阶段需要什么？我有它需要的能力吗？"很多时候，这需要外力的作用，需要有人狠狠地踢创业者一脚，让他面对严酷的现实：他长久以来做的这份工作已不再是一种享受了。

德鲁克提倡领导者要有一种"智力上的诚信"。它是一种看待世界如其所是的能力，而不是想当然地看世界。[①] 这要求创业者本着客观的精神处理他们的工作。如果你创业，就需要明白，创业者不是自己的主人，而是所创立的企业的仆人。将你的热爱、希望、偏好等等置于企业之下，是你的责任所在。

简而言之，不要问企业可以为你做什么，而是问你可以为企业做什么。把大写的自我排除在决策之外。

---

① LENZNER R，JOHNSON S S. Seeing things as they really are. Forbes，Mar. 10，1997. https：//www. forbes. com/forbes/1997/0310/5905122a. html＃2d6849aa24b9.

28. 从大公司到“企业家公司”*

一家完美的网络化企业，

应该由无数个“企业家公司”构成。

很多人在担心，假如鲸鱼在地球上消失，海底深处那个运转了数千万年的神秘生态系统是不是会遭到破坏？可是，亿万年前，恐龙的灭绝并没有带来生态的紊乱，反而出现了科学家所谓的“竞争释放”。哺乳动物在恐龙灭绝之后呈爆炸式增长趋势，哺乳动物拥有的食物资源更多了，进食效率也大大提高。

同样，商业领域中“恐龙”的倒下从来都不是一件坏事情。优秀的人才被流放到组织之外，其中一部分人会充分发挥自己的“企业家精神”，用掌握的资源和技术成就属于自己的事业。20 世纪 70 年代，以色列军方自主研制出性能卓越的“狮”式战斗机（Lavi Fighter）。80 年代初，迫于美国的压力，“狮”式战斗机仅仅生产了 3 架之后就被彻底叫

---

* 与郝亚洲合写。

停。虽然项目被取消，但参与“狮”式战斗机项目的1 500名工程师进入业界发展，直接推动了以色列走向高科技强国。同样，1977年，IBM因为印度政府的限令而退出印度市场，但大量IBM的前印度雇员却掀起了在本土创业的热潮，多年后，印度汇集了一批全球IT技术的重要人才。

我们在这里不是在倡导汤姆·彼得斯式的狂欢，让所有巨型组织都轰然倒下，毕竟大公司才是推动工业时代经济发展的主要力量。可是，当骤然发现公司存在的种种假设即将或者已经发生变化时，我们也不得不承认这样一个现实：以往区分公司“大”与“小”的方式显得过于简单粗暴。

麦肯锡在多年前的报告中写过：在未来的商业生态系统中，会有鲸鱼、布谷鸟和益生菌并存的局面。[①] 这种带有明显工业时代经济体特征的观点在今天看来已显过时，因为用这个框架无法解释创客群体的存在，更无法解释海尔和阿里巴巴这样的大公司在进行的自我革命。

◎ 网络化企业崛起

韦尔奇1992年的年度报告中，有一句话至今还被奉为变革圣经：“我们致力于将小型公司的精神和小型公司的速度植入我们大型公司的肌体。”与他持有同样观点的还有ABB公司的总裁柏西·巴列维（Percy Barnevik）。他的战略几乎完全摒弃了公司的中心，把责任移交给不同的小型、个人化的事业部。巴列维的逻辑非常简单：成功只会垂青于那些行动迅捷的公司，那些通过品质、服务、创新和接近顾客来增加产品附加值的公司。[②] 类似的还有稻盛和夫（Kazuo Inamori）那扬名天下的阿

---

① 高安德．鲸鱼、布谷鸟和益生菌．新浪财经．(2006－07－07). http://finance.sina.com.cn/leadership/sxyxx/20060707/15282714567.shtml.

② 彼得斯．疯狂的时代呼唤疯狂的组织．蒋旭峰，译．北京：中信出版社，2006：第一章．

米巴组织。[①]

社会学巨擘曼纽尔·卡斯特（Manuel Castells）在《网络社会的崛起》（*The Rise of the Network Society*）中，将组织分为两种：第一种组织的主要目标是自身手段系统（system of means）的复制；第二种组织的目标以及目标的转变，是塑造与不断重塑手段系统的结构。卡斯特称第一种组织为科层制（bureaucracies），称第二种组织为企业（enterprises）。[②]

基于两种组织的区分，卡斯特提出了“网络化企业”（network enterprise）的定义：一种特定的企业形式，其手段系统由各自主目标系统部分交织而成。因此，既定网络的表现便依赖该网络的两种属性而定：其一是连接性（connectedness），指促进组成部分之间无障碍沟通的结构性能力；其二是一致性（consistency），指的是网络目标及其组成部分之间利益的共同程度。

卡斯特对网络企业的梳理，来源于他对工业时代以来产业组织与生产方式的相互影响的分析。首先是从大量生产到弹性生产的转变。大量生产的代表是“福特主义”（Fordism），其原则根植于泰勒主义和对工作的科学组织。福特主义的好处是可以通过规模经济享受生产力收益，弊端是无法准确预测世界范围内的市场需求，也很难在质与量之间求得平衡。与大量生产适配的是一种特定的组织形式：根据垂直整合与制度化的社会和技术分工原则构建的大型公司。

由于大量生产的系统过于僵硬，所以有了弹性生产的需求。新的生

---

① 稻盛和夫．阿米巴经营．陈忠，译．北京：中国大百科全书出版社，2009.

② 卡斯特．网络社会的崛起．夏铸九，王志弘，等译．北京：社会科学文献出版社，2003：146.

产系统将大型公司特有的流水线转变成易于编程的生产单元，从而对市场波动（产品柔性）和技术投入的变化（过程柔性）都能够保持敏感。柔性生产的典型体现是在福特主义之后出现的丰田主义（Toyatism）。卡斯特认为，丰田主义的真正特点不在于企业间的关系，而在于管理者和劳工之间的关系。以往，美国公司强调通过细致的部门分工以及明确的工作划分来提高工作效率，日本公司则重视工作团队自发地处理工作现场紧急事务的能力。

不过，丰田主义其实保持了和福特主义相同的大量生产原则，只是其组织生产的过程利用了员工的主动性和反馈能力，以消除时间、工作和资源上的浪费。由此来看，它只是福特主义的一种延伸，并不能够保证企业在世界经济越来越快的漩涡中存活。丰田主义是一种旨在降低不确定性而不是鼓励适应性的管理系统。

这就是为什么网络化企业会登场。企业不得不改变组织模式，以适应快速的经济和技术变革所带来的不可预测的条件。网络化企业预示着一项组织上的重大转变：从垂直科层制向水平公司的转变。卡斯特认为，如果大公司本身能够进行改革，将组织转化为一个接合（articulate）多功能决策的新网络，在新经济中就能真正成就较优越的管理形态——只有这种管理形态方能适应信息化的全球经济。

◎ 一个人就是一家公司

卡斯特认为，依靠大量生产生存的公司不会死亡，但并不意味着大公司不会死亡。他有一个鲜明的论断：经济组织的基本单位在历史上第一次不再是一个主体——不论是个人（例如企业家或企业家家族）还是集体（例如资本家阶级、公司或国家）。这个单位现在变成了由各种主体和组织组成的网络，并随着该网络对支持性环境和市场结构的适应而不断修正自身。

网络是开放结构，能够无限制扩展，集成新节点，只要这些节点能够在网络中共享相同的沟通代码（比如共同的价值观或者绩效目标）。基于网络的结构是高度动态的，易于开展创新而又不威胁其平衡。在新经济时代，福特主义与丰田主义都不敷使用了，主要的竞争优势不是通过微调流程（不论是精益生产还是看板管理）获得的，而是通过生产流程本身的质变争取的。这就是为什么这个时代的企业家不懈地寻求新的管理模式、科学突破、协同增效和共赢。

网络化企业是对更有效的生产、更大的市场以及更快的流动的回应。先期形成的网络化企业会给其他形式的组织施加压力，要求它们重组为同类企业。网络化企业自身的形成则得益于节点的表现。在企业中，节点由最小的经营体，即个人或小团队组成。

一家完美的网络化企业，应该是由无数家“企业家公司”构成。由此来看，海尔正在执行的网络化战略带有鲜明的革命色彩。与通用电气、ABB的本质不同在于，海尔要从大到小彻底消灭金字塔结构，把大公司变小，把小公司变成小微公司，最后让个体成为直接面对市场的CEO。在这种背景下，我们无法再用“大”“小”来衡量这样的企业举动，解放“人”似乎成为唯一合理的视角。

“未来每个企业的CEO的成功，并不在于你的企业为社会制造了多少产品，而是在于你制造了多少CEO；在于是否打造了一个让每位员工实现自身价值的平台，让企业实现永续经营。”张瑞敏如是说。这也似乎为卡斯特那飘在空中的“网络化企业”寻找到了着陆点。

面对网络化的个人主义者，企业能做什么？答案是：把自己变成一张没有边际的网，把以人为核心的资源能力变成节点。网络化企业更像是一个利益共生的共同体。

◎ 网络化组织的不平衡

张瑞敏特别提到“供应链无尺度”，并延展到“用户体验无尺度、员工创新无尺度”。在网络理论中，无尺度网络是带有一类特性的复杂网络，其典型特征是在网络中的大部分节点只和很少的大节点连接，这种关键的节点称为“枢纽”或“集散节点”。如果网络化组织中的每一位员工都是一个节点，那么节点与节点之间的距离一定会拉大。节点好比磁铁，有的磁铁具有超强的吸引力，有的吸引力则比较微弱。换言之，所有节点不是平等的，因此，网络化组织也绝对不会是平衡的，会出现一些问题。

首先是连接性问题。在互联网的碎片化时代，在网状组织中会出现每移除一个节点以及与其相关的连接，原网络中的其他点也可能受到影响的情况。原本相连的两个节点可能不再相连；即使相连，从其中一处到另一处也可能需要经过更长的路途。总的来说，网络的连通性降低了。所以，如何增强每个节点的不可移除性以及连接性，是网状组织急需解决的问题。

其次是一致性问题。这可能是更加关键的考验。尼葛洛庞帝在《数字化生存》中描述了这样一个实验：一个大礼堂中有千余人，实验者要求大家开始鼓掌，掌声尽量协调一致。结果发现，虽然没有人指挥，起初杂乱无章的掌声却很快就节奏一致了。尼葛洛庞帝不由感慨：我们对于从完全独立的行动中所产生的协调行为的认识还非常肤浅。

“尼葛洛庞帝式鼓掌”现象显示出网络的同步性——即便单一节点

能力提高，如果整个网络不具备协调一致的同步性，网络化组织的效率打造也终将归于失败。而决定网络动力系统的同步性的因素有多种，如节点动力系统的特性、节点的耦合方式与网络的结构。大部分大公司在组织变革的时候，虽然可以用信息化解决连接性的问题，却在“一致性”问题上受阻。

任何一种新的组织模式的提出都意味着要打破旧有的假设，而旧假设的最大问题是其静态性和对多面人性的忽略。管理的终极目标就是要解放人性。在网络化企业中，节点的生产力和竞争力取决于其产生、处理和有效应用基于信息的知识的能力。大公司不再“大”。把每一位员工当作节点，激发他们的企业家精神，慢慢地，这张网就会成为一个大写的公司。

29. 最好的企业领袖变成了企业的敌人

今天，最成功的管理故事都不是公司的胜利，
而是对公司的颠覆的胜利。

◎ 管理学走到了尽头

2012 年 7 月，美国《外交政策》（*Foreign Policy*）杂志网站发表了一篇题为《制造业的未来在美国而不在中国》（The Future of Manufacturing Is in America，Not China）的文章，作者即杜克大学企业家精神与商业化研究中心主任维维克·瓦德瓦（Vivek Wadhwa）预言："技术进步将使中国的制造业像过去 20 年里美国制造业那样迅速衰落。"他认为，未来将出现一种"创造者经济"，届时大规模生产将被个性化生产所取代。①

---

① WADHWA V. The future of manufacturing is in America，not China. Foreign Policy，July 17，2017. https：//foreignpolicy. com/2012/07/17/the-future-of-manufacturing-is-in-america-not-china/.

无独有偶，同一年，《连线》杂志主编、“长尾定律”（long tail）[①]的提出者克里斯·安德森出版了新作《创客：新工业革命》，在书中讨论“创客文化”。他认为，最新的数字科技与古典的“自己动手”的匠艺迎面相遇，构成了一场“新工业革命”。18 世纪掀起的工业革命现在迎来了它的第三波。

安德森决心身体力行。他离开自己主编 11 年之久的《连线》，创办 3D Robotics，其主要业务是运用 3D 打印技术制造无人机。一改软件长期执 IT 业之牛耳的状况，安德森的创业代表着一种“硬件复兴”，原因是开源硬件和 3D 打印机将制造业带入个人制造阶段。当产品设计和原型生产加速，会建立一个关于制造品的“长尾”市场。

自亚当·斯密（Adam Smith）的《国富论》（*The Wealth of Nations*，1776）第一章讲到分工，200 多年过去了，现在我们可以谈论“合工”理论了。企业正在走向分散型加合作型的存在形态。所谓分散型是指，3D 打印导致数以万计的小型生产商对传统上处于中心位置的大型生产者提出挑战。制造业正在逐步扁平化，每个人都可以成为生产者。与此同时，我们也可以通过网络将数百万名生产者和卖家在虚拟空间中连接起来，如同 Etsy 网站所做的那样。在这个网站上，一个由数百万人组成的分散式网络代替了从批发商到零售商的所有中间人，并且消除了传统供应链中每一个阶段的交易成本。

合作型则是指，在后工业时代，网络同市场展开了激烈的竞争，开放性的共同体正在挑战独占性的商业运作。典型的例子有 Linux 对微软、维基百科对大英百科等。这种源自国家、市场两大传统的资源分配

① 安德森．长尾理论．乔江涛，译．北京：中信出版社，2006.

模式之外的第三种合作努力，美国学者尤查·本科勒（Yochai Benkler）称之为“共同对等生产”（commons-based peer production）。在他看来，由个人及或松散或紧密的合作者进行的非市场化、非专有化的生产，在信息、知识和文化交换中所起的作用日益加大，正在冲击市场化的、专有化的生产。[①] 如同另一位美国学者杰罗米·里夫金（Jeremy Rifkin）所指出的：“由市场到网络的转向带来了一个截然不同的商业模式。销售者和购买者之间的敌对关系被供应者和使用者之间的合作关系所取代，利己主义被利益共享所取代。相比公开性和集体信任，狭隘的信息私有化黯然失色。”[②]

此种分散型加合作型的形态必然给过去20世纪的管理学遗产带来冲击，我们所知的管理学大概已经走到了尽头。

◎ 新的经济组织方式将更像市场

企业领导人把自己视为自由市场的拥护者，然而他们所管理的企业却是为了绕开市场而创生的。企业的出现，是为了回应这样一种挑战：组织成千上万的身处不同地方、拥有不同技能的人，完成巨大而复杂的任务，比如制造汽车或是提供大范围的电话服务。它在工业革命时期曾经有辉煌的战绩，然而200年之后，我们迫切需要一种新的组织员工和分配资源的方式。

今天，最成功的管理故事都不是公司的胜利，而是对公司的颠覆的

① BENKLER Y. The wealth of networks：how social production transforms markets and freedom. Yale University Press，2006.

② 里夫金．分散型资本主义时代．全球商业经典．（2012－07－12）．http：//finance. ifeng. com/opinion/fhgcz/20120712/6749414. shtml.

胜利。在这个意义上，杰克·韦尔奇（Jack Welch）可能是最后一位伟大的公司创建者。但即使是韦尔奇本人，也以向科层体制发起挑战著称。其他的管理明星们都是因为攻击根深蒂固的企业文化、破坏企业结构、用革命性的策略令大象跳舞而获得声名。换句话说，最好的企业领袖变成了企业的敌人。

理由显而易见。企业是官僚制的一种，而经理本身是官僚。官僚的基本倾向是自我永续，所以，从定义上来看，官僚就会抵御变革。他们的任务不是加强市场力量，而是试图取代甚至抵制市场力量。哪怕是最好的公司，也无法保护自己免于破坏性的旋风般的变化和企业的惯性之间的冲突。正如张瑞敏所指出的，日本企业的衰落不是由于“坏”的管理，而是因为它们遵循“好”的管理的教条。它们认真倾听它们客户的意见，它们仔细研究市场趋势，它们为可能带来最大回报的创新分配资本。在这个过程当中，它们却失去了开发新的客户与市场的破坏性创新机会。

由经理人控制的企业无法应付加速的变化，这个弱点只是企业受到的两翼夹攻的一翼。另外一翼是，企业存在的核心理由现在也不保。英国经济学家罗纳德·哈里·科斯在他 1937 年的文章《企业的性质》（*The Nature of the Firm*）中论证说，“创建企业成为有利可图之事物的主要原因，似乎在于存在着利用价格机制的成本”，也就是交易费用。① 对于任何给定的任务，于合适的时间在市场上找到合适的人来完成，成本太高，也过于复杂；同样，在公开的市场上，寻找供应商、协商价格、规制绩效、保护商业秘密等，也完全不可行。企业可能也未见得就

① COASE R H. The nature of the firm. Economica，1937，4（16）：386－405.

比市场更善于调配劳动力和资本，然而，它却能够降低交易成本，从而也就弥补了市场的弱点。

科斯在1991年获得诺贝尔经济学奖，那时，互联网时代的曙光初现。从那时以来，居住在不同的大洲、拥有不同的技巧和兴趣的人们共同工作，完成复杂任务的能力产生了量子跃迁。极其庞杂的事业，如编写维基百科和合成Linux操作系统，在无须或只需很少管理的情况下，取得了巨大的成功。这样的成就，使得像唐·塔普斯科特这样的技术乌托邦主义者预测说，“大规模协作”现在成为经济组织的新形式。他相信，企业的科层制会彻底消失，个体现在被赋权，得以共同创造“一个新纪元，甚至是一个黄金时代，可以同意大利文艺复兴或是雅典民主制的兴起相媲美”①。

这当然非常夸张，最不切实际的技术爱好者也很难想象，比如说，一架波音787客机会经由“大规模协作”而建成。然而，趋势的确已然形成，无可否认，交易成本正在快速降低。我们现在既有需求，也有机会设计一种崭新的经济组织方式以及一种新的管理科学，以应对21世纪的变化惊人的现实。这一新的经济组织方式将更像市场，而不像过去的企业。

---

① TAPSCOTT D，WILLIAMS A D Wikinomics：how mass collaboration changes everything. Portfolio，2008：15.

第四部分>>>

先我着鞭·人才篇

30. 创新与想象力的分界线

我们越来越多地离开一个依靠垂直指挥和控制来创造价值的世界，
而走入一个通过横向地同他人联系与合作来创造价值的世界。

◎ 高想象力国家和低想象力国家

2011 年 9 月，在第八届网商大会上，应阿里巴巴集团董事会主席兼首席执行官马云邀请，《世界是平的》（*The World Is Flat*：*A Brief History of the Twenty-first Century*，2005）作者托马斯·弗里德曼（Thomas Friedman）通过远程视频连线，就世界的变化和个人的发展问题与网商分享观念。

托马斯·弗里德曼是《纽约时报》（*The New York Times*）记者，曾三次获得普利策新闻奖。在《世界是平的》出版之前，他在美国已经是公认的有影响力的新闻工作者。《世界是平的》认为全球化是一种取代冷战的国际体系，因而被视为全球化的基本读物。

弗里德曼谈到，他与朋友——约翰·霍普金斯大学外交政策专家迈克尔·曼德鲍姆（Michael Mandelbaum）合著了一本新书《那就是曾经的我们》(*That Used to be Us*：*How America Fell Behind in the World It Invented and How We Can Come Back*，2011)①，书中讲到的美国发生的问题和面临的挑战，也是要和中国网商谈论的话题，因为中国和美国将面临相似的境况。

弗里德曼认为，在《世界是平的》问世之后，世界又发生了很多变化，比如，社交媒体的出现，令社会变得更加高度联系、相互依赖，美国出现的问题会传导到中国，反之亦然。

弗里德曼说，世界互联程度越高，变革就越快，对创新的要求就越高。未来，全世界将不能再简单地按发达国家和发展中国家来划分，而是分为高想象力国家（high-imagination-enabling countries）和低想象力国家（low-imagination-enabling countries）。

“如果我有一个创意火花，我可以在台湾找人设计，通过杭州阿里巴巴找厂商来贴牌生产，由一个网站来设计企业标志，真正的增值恰在最初的创意之上……”所以，在这个世界上，要么是高创新度的国家，要么是低创新度的国家。

◎ 像三种人那样思考

如何适应当今这个互联程度很高、创新要求很高的世界？就像高低想象力国家一样，个体也可以分成两类，一类是高想象力的个人，另一类是低想象力的个人。在区分个体的高低想象力方面，弗里德曼列举了

---

① 中译本另见《曾经的辉煌：我们在新世界生存的关键》(何帆译，湖南科学技术出版社，2012年)。

三种思考方式：

——像移民那样思考。移民到达一个新的国家，在一个新环境里，要想找到工作，就需要比本地人加倍付出努力，才能发现自己的位置。

1984年，联合国决定把纽约自由女神像评为世界文化遗产，因为这座塑像是“人类精神的杰作”，“鼓励思考、辩论和抗争，成为自由、和平、人权、废除奴隶制以及民主和机遇的强有力的象征”。

在很多移民的眼里，自由女神像代表着梦想和新的机遇。人们为什么移民？为什么寻求社会流动？说穿了，是要找到更好地实现自我价值的所在。所以，移民精神意味着自强、奋斗。

对于互联网的使用，有一个用得很多的比喻，即年轻人是互联网的原住民，而年长者是互联网的新移民；新移民要想在原住民的地盘上生存，就得学习原住民的所有技能。

而所有面向互联网转型企业的员工都是互联网新移民，因为受制于原来企业的范式，他们很少能够适应新现实。

用户交互、社区推广、多次迭代、用户体验、导流、建立社群……对于这些，任何一个在互联网公司工作的年轻人都比传统企业的有经验人士更熟练。对于转型企业来说，唯一的办法就是像小学生一样学习，勇于行动，也敢于失败。

移民思维的关键是创新，不断试错，保持灵活性，直到发现自己独特的路径。在这个发现之旅中，走进死胡同、不得不走回头路、在岔路上左右徘徊，几乎都是注定的。但你要相信，每一条路都是祝福，所有的路都能带你回家。

——像工匠那样思考。在中世纪，当生产还没有大规模化的时候，无论是做马鞍、鞋、钱包还是烛台，工匠都会在产品上刻上自己名字的缩写，以表明这个东西是自己生产的，灌注了自己全部的精力，因而是独一无二的。这样的产品一定能够吸引到最忠实的用户。

工匠精神就是对工作倾入感情，为之负责，为之骄傲。

面对互联网从业者，谈论像工匠一样思考，本身有一点讽刺，因为互联网公司信奉的一个东西叫速度。在一个大多数人求快的世界里，像太极拳这样的以慢制快的功夫还能存在吗？

常常可以看到一些经理人，提出一年比一年高的目标，并把这样的目标分解到季度、月度。我们难免会心生担忧：在不顾一切的增长当中，这样做是不是埋下了日后失败的种子？

常常可以看到企业强调 KPI 至上。KPI 是个好东西，有效的 KPI 是重要的信号，表明企业是否按计划运作和实现发展。例如，我们都知道，衡量利润、收入和成本有助于了解业务是增长了、萎缩了，还是仅仅保持原状。在一定程度上，它们也可以揭示重要趋势（如改变成本或收入模式）。

但在大部分情况下，这些传统指标尽管很有价值，却都是回顾性的指标，只能让人们了解过去，而无法揭示企业的未来。主要基于财务报表管理业务的首席执行官和首席财务官可能会成功地运营一家公司；然而，如果没有前瞻性指标予以告知，他们只能通过后视镜管理他们的整条生命线。

所以，企业需要前瞻性的 KPI，这样的 KPI 可以提供有关趋势、问题和前方路障的更多信息。同时，企业也需要把想法真正做深和做透的精神。这也是一种互联网精神：找到用户的痛点，像疯子一样，把这个痛点的问题彻底解决，然后才可能达到某种引爆或者引领的效果。

——像侍者那样思考。弗里德曼举了一个例子，他与合作写书的曼德鲍姆一起吃饭。餐厅侍者跟他们交流非常愉快，而且决定额外送一份水果。弗里德曼很慷慨地给了侍者很多小费，因为他觉得这位侍者替用户把所有已经想到的和没想到的都给实现了。

侍者现场的额外举动取决于两点：第一，这个服务员对是否赠送水果盘拥有决定权；第二，这种现场行为表明该服务员具有企业家精神，因为他能在自己的领地里决定跟用户交往所发生的行为。

弗里德曼很感慨地说，一个服务员完全可以像一个企业家一样思考问题，自主决策，考虑客户的情绪，提供贴心的服务，让客户开心。

这里的企业家逻辑就是：这块领地是你的，你的所有决定都是为了让用户在你的领地里感觉舒服；用户舒服了以后，给你再多小费也心甘情愿，而且下次一定会再来。

像侍者一样思考，最终是为了获得用户和留住用户。互联网时代是一个消费者主权的时代，有没有好的服务能力和服务意识，将在很大程度上决定企业能否在这样的经济环境当中成功。

最后，弗里德曼为个人的发展总结说，我们的世界处在面向高度互联的转型中，下一个工作不是你去找到的，而是你去创造的。所以，必须不断创造，通过与他人的合作，在创新中实现想法。

弗里德曼说："普通人的时代已经过去了，一般般的人只能获得一般般的回报。"这句话说得非常残酷。

◎ 个人全球化的时代

我们不断谈论国家全球化、企业全球化，其实很少有人意识到，个人也在全球化。

个人全球化时代最大的变化是，所有东西都在朝水平化方向发展。

我们越来越多地离开一个依靠垂直指挥和控制来创造价值的世界，而走入一个通过横向地同他人联系与合作来创造价值的世界。世界正由垂直化变成水平化，我们处于巨变的前夜。

斯坦福大学的经济学家保罗·A. 戴维（Paul A. David）写了一篇关于电力的文章，给弗里德曼的说法提供了注解。他问了一个问题：当电力首次出现的时候，为什么人类的生产力没有突然提高？他研究的结果是，要获得电力马达取代蒸汽引擎的生产力提升，人们必须先重新设计建筑，把高大的、可以容纳蒸汽引擎和各种滑轮的多层建筑物，改成小型的低矮建筑，让工厂可利用电力马达运转。此后，管理者还要改变他们的管理方法，工人必须要修正他们的生产方式，有难以计数的习惯和结构等待改变。一旦这些改变在某个转捩点产生汇集，轰的一声，人类就会真正获得电力所带来的生产力大幅提升。[①]

弗里德曼认为，今天我们身处如电力的改变所显示的进程之中，在水平的平台上，正学习改变自己的习惯，将自己水平化。结果是，你的世界将越来越多地独立于组织，而越来越多地受益于你的个人联系。

就企业而言，必须看到，当今一个深刻的矛盾，是企业的进化速度赶不上人的进化速度。唯一的办法，是把企业改造成我们希望共事的那些人的聚集地。

---

① DAVID P A. The dynamo and the computer：an historical perspective on the modern productivity paradox. The American Economic Review，1990，80（2）：355 - 361. http：//www.dklevine.com/archive/refs4115.pdf.

31. 人，到底是无私的，还是自私的？

——读《企鹅与怪兽》

企业家是否能够重新思考人的本性，

而改变那些通过激励结构——

既包括奖励，

也包括惩罚——来管理人的古老的做法？

钟摆终于摆到这一边了么？数个世纪以来，人类社会按照对人性的一种不敢恭维的认识运行，这种认识就是：人是一种内在的自私动物，无论生活在哪里都是一样。经济学把这件事情看得最透，所以才有所谓的“经济人”假设，即把人看作关注自我、物欲横流的生物，不断试图通过理性计算达到效用最大化。其实，我们也都清楚，这是一种漫画化的说法。然而，在市场和政治的“真实世界”中，经济人假设的实际运行好得足以让我们接受它。毕竟，谁没见识过那些令人厌恶的、毫不利人专门利己的、贪婪的家伙！

结果就是，现存最根深蒂固的社会结构——从上至下的商业模式、惩罚性的法律制度、对所有事务采取的市场化取向（从教育改革到环境监管）——都建立在“人是自私的”这一假设之上。在此种社会结构中，“人为财死，鸟为食亡”是金科玉律，“只问成败，不问是非”是社会认知。人们只被两样东西操控：自由市场的无形之手，或是高压政府的铁拳。

然而，在过去20余年里，经济人模型终于显示出了疲态，一批学者开始致力于提出新的解释人类社会的范式。在数以百计的不同文化中进行的研究显示，大多数人的合作能力要比先前假定的高得多。“理性人”的神话被戳出了很多漏洞，虽然新的范式也还没有赢得主流承认，无论是在经济学家、政治家还是普通人当中都是如此。哈佛大学教授尤查·本科勒的书《企鹅与怪兽》（*The Penguin and the Leviathan*：*How Cooperation Triumphs Over Self-Interest*，2011）试图为此振臂一呼。他想告诉人们：合作是怎样战胜自我利益的。

在这本书中，本科勒列举了来自神经科学、经济学、社会学、进化生物学、政治学等学科的一系列新发现，并且提交了大量真实生活的案例，试图证伪“人是自私的”这一命题，志向绝不在小，其目的是要论证：人类一旦懂得驾驭合作之力量，就可以以之改进商业流程、设计更为智能的科技、改革我们的经济体系、将对科学的志愿贡献最大化、减少犯罪、提升公民运动的效力，等等，不一而足。

本科勒的全部要旨在于，诸多的科学研究成果和无数的基于互联网的例子揭示了：人类并非经济学家所想象的那种无可救药的、自私自利的人和社会逆行者，而是具有与生俱来的合作本性，可以在各自同意的社会结构中携手行动，而不是彼此发动一场永无休止的竞争。书名中的“怪兽”其实就是霍布斯（Thomas Hobbes）笔下的“利维坦”（Leviathan)，它象征着遏制“所有人对所有人的战争”的绝对权威。

本科勒充满乐观地写道：“Linux的吉祥物企鹅Tux正在一点一点地瓦解托马斯·霍布斯在《利维坦》一书中所宣扬的人性观。”这种人性观当然就是：从根本意义上和普遍意义上说，人是自私的。管理人的唯一方法就是建立政府并由它对人类进行控制，这样，人类就不会在盲目追求私利的过程中伤害到彼此，或是让彼此的生活悲惨到难以容忍的地步。同时，企鹅也在反对亚当·斯密提出的应对人类自私的另外一种解决方案——“看不见的手”。毫无疑问，企鹅代表着人类内在的无私本性。人类要做的是，设计合适的制度和政策以将这种本性发扬光大。

本科勒的上一本书——《网络财富》（*The Wealth of Networks*, 2006），着重论述了源自国家、市场两大传统的资源分配模式之外的第三种合作努力，他称之为“共同对等生产”。这本书描述了一种新的社会经济生产模式。在这种模式下，大量的人通过互联网产生协作。与传统的商业模式相比，这一模式通常没有严格的等级体系，也不依赖专有知识，输入和输出以一种制度化的形式自由或有条件地共享，使其总是可以平等地供所有人使用，并由人们自行决定是否选择使用。通常（但并非总是如此），基于公地的项目也无须为贡献者提供经济补偿，维基百科、开源软件和博客圈都是例子。[①]

《网络财富》虽然火花四射，却是以学术方式撰写的大部头著作，读来令人头疼。而这本新书一反常态，充满了各种轶事，脚注极少且一个参考文献都没有，与其说它是对自由市场的意识形态及其认知前提的

① BENKLER Y. The wealth of networks: how social production transforms markets and freedom. Yale University Press, 2006.

学理式的解构，不如说它是一部有关人类合作的新科学发现的普及版著作。书中的例子，从丰田的管理文化、西班牙的村民自治，到唱片的自主定价和 GNU/Linux 数字化礼品经济，都表明合作的可行性在大范围内不断显现。那么，合作赖以运行的底层基础是什么呢？遗传？文化？法律和公共政策？商业组织？社会规范？

真正的答案可能是：这一切。本科勒一开始就以进化生物学挑战了理查德·道金斯（Richard Dawkins）的名作《自私的基因》（*The Selfish Gene*）①，以及自然选择只发生在个体层面而非集体层面的说法。他引用哈佛大学生物学教授马丁·诺瓦克（Martin Nowak）的话："也许进化最引人注目的方面就是，它能够在一个竞争性的世界当中生成合作。这样，我们也许可以在突变和自然选择这两个进化的基本原则之外，加上第三个：自然合作。"②

本科勒接着讨论了合作的心理与社会影响，沟通的加强如何导致了共情和团结性，以及在成功的公地管理中公平和信任的重要性。如何框定公平也是重要的，例如，我们能接受走运者的中奖、企业高管的高薪，却无法容忍排队中的插队。在《企鹅与怪兽》全书中，没有一种单一的、总体性的论述，作者更像一位导游，通过不同的学术研究和许多原型系统，带领我们欣赏斑驳陆离的人类合作风景。

"企鹅"讲得很多，但我失望的是，"怪兽"着墨甚少。那只"利维坦"——以国家为基础的从上至下的命令、控制和强迫系统，在书中只是一个陪衬物。在《网络财富》中，本科勒对公地的政治含义有很多论

① 道金斯．自私的基因．卢允中，等译．北京：中信出版社，2012.

② 诺瓦克，海菲尔德．超级合作者．龙志勇，魏薇，译．杭州：浙江人民出版社，2013.

述。本来我期望，通过带进“利维坦”这个隐喻，他能够更加深入地探索在数字网络与合作的时代，国家权力会有何变化，但可惜我未能读到。

不过，瑕不掩瑜。过去20年，想了解学者在人类合作上有何发现，这本书是最好的导读。想了解21世纪，合作会在生活中占据何等地位，这本书有最好的预测。让我们期待，有关人类有能力合作的论证，能够成为更多人头脑中的常识，特别是政治家和经济学家。企业家也是一样：是否能够重新思考人的本性，而改变那些通过激励结构——既包括奖励，也包括惩罚——来管理人的古老的做法？

32. 助推？强推？还是干脆踹一脚？

在很多时候，人类的薄弱意志可能是非理性的，
然而，这种薄弱意志正是人的本性所在。

经济学一向被称为“沉闷的科学”，想想它那些乘数图表、国内生产总值（GDP）比值和边际效用等就知道了。然而，从现今的经济形势来看，也许它更该被叫作“似是而非的科学”。也就是说，它看上去很迷人，但实际上完全无法预测迫在眉睫的灾难。

尽管如此，公众还是对那些经济学家从心里放不下，尤其是目前，他们如此绝望地想要知道世界经济到底哪里错了，又该怎样重回正轨。所以，毫不奇怪，当理查德·H. 泰勒（Richard H. Thaler）出来发言时，人们都竖耳倾听——何况和泰勒在一起的，还有被誉为美国影响力最大的法学家之一的卡斯·R. 桑斯坦（Cass R. Sunstein）。两人联合推出了《助推》（*Nudge：Improving Decisions About Health，Wealth，and Happiness*，2008）一书，其内容从书名上便可一目了然：第一，该书事关人们的选择；第二，该书要告诉大家如何选择才能生活得更健

康、更富裕和更快乐。

一个很大的目标，是不是？泰勒和桑斯坦有资格来写这样一本书，他们都毕业于美国经济学摇篮芝加哥大学，这里是“有效市场假设”的发源地，由此诞生的新古典经济学统治我们这个世界已有好几十年了。你总该知道米尔顿·弗里德曼（Milton Friedman）和加里·贝克尔（Gary Becker）的大名吧？他们谆谆告诫我们说，大家都是“经济人”、纯粹的理性计算者，而人类的思考和选择是一种非常精密的行为。自利的个人所做出的理性决定形成了有效的市场，所以，如果政府肯把自己的手从自由企业身上拿开，资本必然会趋向其最有效率的应用，从而使整个社会繁荣昌盛。

你会想，同样出自芝加哥大学之门，泰勒和桑斯坦难道不会继承弗里德曼的衣钵？这可是自由市场经济的中心啊。恰恰相反，用通俗经济学的一个术语来讲，泰勒和桑斯坦放出了一只“黑天鹅”——他们宣告了传统的芝加哥学派的衰败。他们是一个新的经济学家物种——这类经济学家把自己称为“行为经济学家”。事实上，我们可以这样说，泰勒是行为经济学的开山鼻祖，例如诺贝尔经济学奖获得者丹尼尔·卡尼曼（Daniel Kahneman）就将自己的获奖归功于泰勒，认为泰勒是首位提出将心理学纳入经济学讨论中并衍生出行为经济学这一学科的学者。

行为经济学挑战了“经济人”的假设，它把那种在弗里德曼式自由市场中购买和交换的理性“经济人”视为一个神话。在《助推》一书开篇处，两位作者就写道：“你如果有机会浏览一下经济学方面的教科书，就会知道，经济人的思维如爱因斯坦般缜密，记忆力如计算机般强大，意志力如圣雄甘地般坚韧。然而，我们平日里见到的平头百姓却不是这样……”

我们经常可以看到，这些平头百姓懒得去填那些可以让自己拿到公司退休金的表格，在应该去做瑜伽的时候歪在沙发上边吃甜甜圈边看电视，甚至会忘掉自己爱人的生日。现实生活中的那些男女，行为不连贯，消息也不灵通，意志力很差，而惯性却很强。他们基本上不能够平衡今天的诱惑与明天的回报，其中的一些人甚至连即时性的满足都觉得不够快。用两位作者的话说："他们根本不是什么经济人，他们是社会人。"

既然如此，自由放任政策岂不就应该被宣判死亡？许多行为经济学家的确是这样想的，尽管无论是亚当·斯密还是哈耶克（Friedrich Hayek）都没有把高度理性的经济人的存在作为自由放任的基石，但行为经济学家正在获得越来越多的关注。当然，世界性的金融危机为他们的理论提供了生动的证明。就连美联储的前主席格林斯潘（Alan Greenspan）都承认，他的芝加哥学派世界观被撼动了。可以不无酸涩地说，金融危机成了行为经济学最好的市场营销工具。

行为经济学得势到什么程度？《时代》周刊披露，奥巴马竞选中有一个"行为经济学梦之队"，包括麻省理工学院的丹·艾瑞里［Dan Ariely，著有《怪诞行为学》(*Predictably Irrational*: *The Forces That Shape Our Pecisions*)］、芝加哥大学的泰勒和桑斯坦，以及普林斯顿大学的丹尼尔·卡尼曼。这些人给奥巴马的竞选团队在传递信息、筹款、谣言控制和选民动员上出了不少主意，但他们的角色却鲜为人知。奥巴马竞选战役的重要指挥者迈克尔·摩福（Michael Moffo）惊叹说："这些人真是懂得什么东西能够打动人心。"

这或许就是泰勒和桑斯坦写作《助推》的动机吧：他们想要帮助现实中那些真实的、容易犯错的人做出更好的选择，与此同时，却不去剥夺他们的选择权。他们将这种做法称为“自由主义的温和专制主义”：“在我们看来，如果某项措施旨在影响人们的选择行为，甚至使选择者受益匪浅，那么这项措施便可以称得上是‘自由主义的温和专制主义’……”乍看起来，“自由主义的温和专制主义”像是个语义矛盾的错误，但泰勒和桑斯坦坚持认为，只有实行这套主张，才能避免人们做出愚蠢的决定。

他们用一个词来称呼这种“自由主义的温和专制主义”：助推。助推被用来形容任何能够影响我们的选择的东西。我们都知道，每个人每一天都要做出各种各样的选择，从个人投资哪家公司、自己孩子该上什么学校，到今天晚上吃什么、支持何种事业等。不幸的是，我们常常做出错误的选择。原因在于，作为社会人，我们受到多种偏见的影响。泰勒与桑斯坦所主张的助推就是要通过设计更友好的选择环境和建筑，让人们活得更健康、更幸福。这就需要一种人的存在，泰勒和桑斯坦将其命名为“选择设计者”，他们追求的是通过改变人们的行为方式，使他们生活得更好。

在泰勒与桑斯坦看来，选择设计者无所不在。他们举了一个有趣的例子：在荷兰阿姆斯特丹史基浦机场的男洗手间，每个小便池里都雕刻了一只黑色的苍蝇。男性在方便时似乎总苦于找不到一个可供瞄准的靶子，因此动辄搞得四处都是，而一旦他们发现了一个目标，便会专攻那一点，从而提高了准确性，并减少了飞溅。想出这一点子的人正是一位经济学家，他主持了史基浦机场的扩建。结果发现，小便池上的雕刻使飞溅量降低了80%。

泰勒与桑斯坦由此总结说，表面上不起眼的小事往往能极大地影响到人们的行为。一条屡试不爽的经验法则便是“做大事也要拘小节”。

这些小节证明了泰勒与桑斯坦的观点，即通过选择设计而不是直接向他人强加自己的意志，可以有意识地改变人们的行为。这就是“自由主义的温和专制主义”所具备的吸引力。但与此同时，我们也必须承认，这种“推”的力道和范围是很难拿捏的。

比如，什么时候“助推”会变成“强推”？什么时候有关机构和人士干脆用铁尖皮鞋狠狠地踹你一脚？泰勒和桑斯坦的“自由主义的温和专制主义”有可能具备反自由主义的因素，尽管他们声称“当我们用‘自由主义’去修饰‘温和专制主义’时，我们的本意便是要维护自由”。也许，对于泰勒与桑斯坦的路径，最诚实的一种描述是：它是一种相对柔弱、软性和非侵扰性的专制主义。即使是这种专制主义，也不可以把手伸得过长。在很多时候，人类的薄弱意志可能是非理性的，然而，这种薄弱意志正是人的本性所在。

33. 游戏化与冷战思维

游戏是在人性需求的驱动之下，
跟新的技术结合所产生的东西。

游戏化（gamification）是指将游戏思维和游戏机制应用于非游戏场景中，以调动人们积极解决问题并增加来自用户的贡献。它利用人人都有的自然欲望，比如对社交、学习、精通、成就、身份地位、自我表达、利他等的企盼，通过设计完成任务后的奖赏或是击败对手而成就自己的竞争，将用户转化为玩家。这里的奖赏包括积分、成就勋章、升级、进度条以及虚拟货币等，不一而足。这些奖赏对于其他玩家必须是完全可见的，这样才能增加竞赛的刺激——积分榜单就是一种常常被使用的技巧。

游戏化的另一维度是，为了让现存任务更容易完成，采取一些方法把这些任务打造得更像游戏。例如，提供更多有意义的选项，为任务编写在线教程，增强任务的挑战性，增强任务的叙事性，等等。

游戏化的尝试已经遍及多个领域，无论是健身、投资、教育、娱乐，还是招聘时用以评估应聘者。它可以用于客户参与和客户保留，也可以用来激发创意、展开头脑风暴，还可以借此提高员工的生产力。数据显示，越来越多的机构和公司通过游戏化策略来组织销售和创新流程。星巴克为那些在多个地点光顾咖啡馆的人颁发勋章，同时为单店消费较多的人提供折扣。医疗保险公司正在考虑，如果投保人愿意让保险公司实时评估每天的生活方式，可以对有益健康的行为予以奖励。

甚至未来的选举也可以用游戏化的方式来组织，人们只要去参加党派活动，点击政治家的网页，参与和政治家的互动问答，就可以获得奖励和游戏勋章。最疯狂的主意则是组织所谓“选民抽奖”活动。每位选民收到的选举通知单都附有一张奖券。计算出选举结果之后，电视台将公开开彩，头奖1 000万美元，“在一场全国选举的巨大成本海洋中，这不过是一滴水珠而已”，然而对于普遍的选举疲劳状况，这将不失为一个强有力的激励手段。除头奖外，还可以设置各种富于象征意义的特别奖项，比方说邀请选民参观国会大厦或总统宅邸，或者干脆颁发惊喜奖，奖品是与总统共进晚餐。

◎ 游戏化管理：员工与用户

管理者在今天日益面临严峻的任务、问题和挑战。他们需要一支完全敬业的员工队伍，但是盖洛普透露，全球的敬业度可能低至15%。[①]为了改变这种状况，游戏化正在迅速融入我们的现代工作方式，和社交媒体一起，提升员工敬业度。因为游戏能够强烈吸引玩家，同样的参与体验若能进入工作场所，管理者十分乐见。

---

① HARTER J. Dismal employee engagement is a sign of global mismanagement. Gallop blog, Dec. 13, 2017. https://www.gallup.com/workplace/231668/dismal-employee-engagement-sign-global-mismanagement.aspx.

1914年，亨利・福特决定在福特公司实施5美元工作日计划（five-dollar day）时，不仅考量工人的工作情况，还企图规范他们的业余时间行为。他明确表示，要拿到更高的薪水，就必须过着“整洁、理性和勤劳的生活”。员工必须表明自己不喝酒精饮料，不虐待家属，此外还要定期向储蓄账户存钱，保持住宅清洁，并具备正直的人格。福特为了落实他对生活方式的规定，动员了一大批调查人员，人数一度达到200名。调查人员被要求“每天至少给十几个家庭打电话核实有关婚姻状况、宗教、国籍、储蓄、健康、爱好、寿险等信息和各种各样数不清的问题”。为了帮助他们完成工作任务，福特给每位调查人员提供了一辆崭新的T型车、一名司机和一名在少数族裔地区调查所需的翻译。[①] 这种激进的做法，可以说是游戏化员工激励的先驱。

全世界最早打出“游戏化管理”旗号的是上海盛大公司。作为一家游戏公司，2007年，盛大首创围绕游戏化建设企业组织和绩效管理体系的做法。陈天桥提出了以“人性、乐趣、和谐”为核心价值观的“游戏化管理”的概念，辅之以组织架构的调整、信息化系统的建设以及绩效体系的完善。他的口号是：“要像管理游戏一样管理公司，像服务用户一样服务员工。”他首创了对盛大所有的员工都像游戏中的人物一样赋予一个经验值的做法，这种创新来源于一个颇为现实的追问：盛大本身就在管理一个虚拟社区，为什么把那个社区打理得井井有条，而在现实的企业社区中，却永远会碰到各种各样的问题呢？

陈天桥说，每年企业到了发奖金和论晋升的时候，作为企业的领导

---

① 管理史上最伟大的一项抉择：亨利・福特将工人的工资翻番．财富中文网．(2013-12-12). http：//app. fortunechina. com/mobile/article/187540. htm.

人，他都无比痛苦，生怕不公平，而经验值对员工表现和工作业绩的忠实记录会让他变得不那么诚惶诚恐，不再继续拍脑袋。或许可以说，游戏化管理就意味着推出一个“电脑版的陈天桥”，这种做法实际上是一种量化管理。通过游戏化管理，我们可以看到陈天桥想让企业管理更具参与性的努力。

游戏化管理的做法随后在各种企业中推行开来。亚马逊的仓库工作以单调繁重著称，为了激励工人，亚马逊已开始在工人的工作岗位旁安装屏幕，这些屏幕上装有简单的游戏。工人的身体动作——从接单后打包到移动物品——被转换为虚拟游戏中的对应物。因此，某人拿起物品并将它们放入盒子的速度越快，在游戏中他们的汽车绕虚拟轨道行驶的速度就越快。[①] 这些游戏旨在降低工作的无聊程度，也可以通过在虚拟游戏世界中使工人相互竞争来鼓励获得更高的生产率（假如泰勒从坟墓中醒来看到这一幕场景，估计连下巴都会惊掉了）。

这种将工作转变为可能的游戏的游戏化管理手段，是公司经常采用的一种策略，为的是提升对产品或服务的参与度。例如，优步和来福车等出租车应用程序会定期为司机设定目标，比方在一周内完成一定次数的驾车活动，以鼓励驾驶员增加服务时间。[②]

以此类推，也可以采用游戏设计元素来提高用户参与度。例如，耐

① BENSINGER G. “MissionRacer”：how Amazon turned the tedium of warehouse work into a game. The Washington Post，May 21，2019. https：//www. washington-post. com/technology/2019/05/21/missionracer-how-amazon-turned-tedium-warehouse-work-into-game/.

② VINCENT J. Amazon turns warehouse tasks into video games to make work “fun”. The Verge，May 22，2019. https：//www. theverge. com/2019/5/22/18635272/amazon-warehouse-working-conditions-gamification-video-games.

克运营的系列应用程序是世界上杰出的游戏化产品之一。它充分利用了人们自然的竞争精神。Nike Run Club App 的个性化指导和激励，全面覆盖跑步相关需求，助跑步者跑得更多、更好。Nike Training Club App 里的 185 项免费训练内容，配合全方位健康生活和运动建议，帮运动者达成理想训练效果。

就游戏设计元素而言，耐克的跑步程序促使跑步者像对待比赛一样认真训练，为其标示跑步线路、追踪跑步进度，记录距离、速度、时间及燃烧的卡路里，促使人们出门跑步，激励他们跑得更远并不断打破自己的纪录。

不仅如此，跑步程序还与社交媒体建立了联系，鼓励跑后个性分享：通过添加照片、跑步数据和贴图，个性定制你的分享帖，可以选择分享给好友或同步到其他社交平台。因此，跑步者可以与朋友竞争（或向朋友炫耀）。这一切都是为了吸引更多的人参与其中，从而最终推动耐克的销售。

为什么这么多公司趋向游戏化手段？很简单，游戏化会触发与积极的员工/用户体验相关的情绪。这些真实有力的人类情感，无论是实现目标的幸福，还是克服复杂挑战的兴奋，都可以带来更高的参与度、忠诚度和更好的业绩。所以，我们看到游戏化管理四面开花：它被广泛用于流程、学习、众包、员工评估、测试工具或设备的易用性以及系统的实用性等。

◎ 抵抗数字化自我

然而，推行游戏化不是没有代价的。武断的目标和奖励在心理上具有强大的作用，可以使艰苦的任务看起来富有意义且引人入胜，并可以用来塑造行为。可是，走得太远，它们就变成了另一种类型的工作，只不过披上了游戏的外衣，而且由于这种伪装而更显压抑。

游戏式的竞争只在短期内是令人愉悦的，一旦工人开始表现不及同事，游戏就会变得不那么有趣，并且实际上会适得其反。任何游戏都是在某一固定的时空范围内进行的，其规则虽为游戏者自由接受，但又具有绝对的约束力，如何保持游戏的紧张与愉快的平衡构成很大的挑战。

德国学者弗兰克·施尔玛赫（Frank Schirrmacher）在《自私：生命的游戏》（*Ego*：*The Game of Life*）一书中，认为游戏化的实质是将整个生活转化成由徽章、奖励和激励手段组成的一场长久游戏。为什么会出现这样的趋向？施尔玛赫将其归咎于冷战思维：冷战时期的大思想家声称，处于抉择情势下时，大家只不过在博弈，利用这一理论，他们成功地将人类理性删减成唯一的动机——自身利益。只有当一切都成为一场游戏时，按照利己主义者的各种规则进行，才能用精确的数学公式对人、对人们周围的世界进行计算。①

弗兰克·施尔玛赫的书读起来像是在不断警告：老欧洲的文化价值正在被硅谷和华尔街所破坏。冷战之后的人类关系被打碎成为一系列方程和博弈论场景，资本主义已然发展成为一个无限的信息市场。在信息资本主义社会中，每个公民都是消费者。在这个不受控制的信息时代，那个人类永远追问的深刻问题——“我是谁”，越来越为数字世界所影响。数字化的自我在很多地方已然取代了真正的自我，后者日益感觉无力，原因在于他不明白前者是如何生成的。因而，有必要发起一场数字化的公民抵抗活动，以防止公民被数字化自我所控制。

---

① 施尔玛赫．自私：生命的游戏．谭琳，译．北京：机械工业出版社，2014.

34. 量子世界中的中国智慧

人类把握世界的两大"思维结构"——

西方重"因果",

中国倡"阴阳"。

玛格丽特·魏特利(Margaret J. Wheatley)的《领导力与新科学》(*Leadership and the New Science: Discovering Order in a Chaotic World*, 2006)是一本有趣的书。魏特利以新科学为表,实则在质问西方自牛顿(Isaac Newton)和笛卡尔(René Descartes)以来的对现实世界的认知方式,诸如:把世界看成一部没有生命的大机器;把个人劳动者予以商品化;过于强调科学客观性和科学管理;等等。

从作者写的序中,可以清晰地看到东方文化对其领导力和组织研究的影响。作者说,源于"新科学"的有关领导力的新观点"根本算不上新观点。只有对于西方社会来说,它们才是新的"。

承认新科学的古老性,意味着把关系、传统信念、团体与和谐带回到一个现代化的、机械的、技术驱动的世界;意味着通过智慧和合作而不是以往的蛮力为混乱的现实创造新的解决办法；意味着牢固地树立这样一种认识：是合作让生命变得更加繁茂，而绝不是竞争；意味着懂得混沌相对于秩序的必要性——无论是在生命体内还是在一个组织中，混沌都并非坏事，而是建立秩序的必经之路。

可能你会问：量子物理、生命系统、混沌理论这些东西，与中国的古老文化怎么能扯上关系？原因无他，“新科学”打破了西方人固有的“机械论”倾向，即习惯于从元素的角度来探察结构，强调研究不同实体之间的机械联系，而暗合中国人素朴的“系统论”倾向，即习惯于从结构的角度来分析元素，注重研究整体架构中的功能关系。魏特利说：“新科学与牛顿科学的一个最大差别是：前者关注整体，而后者关注部分。”又说：“在量子世界里，关系是决定万事万物的关键要素。”如此看来，西方人的新科学，不就是我们的旧哲学？

试观察人类把握世界的两大“思维结构”——西方重“因果”，中国倡“阴阳”。“因”与“果”是两种彼此外在、相对独立的元素。“因”不依赖于“果”而存在；“果”一旦由“因”产生出来，同样具有了独立自存的属性。前者对后者的制约和影响是外在的、历时的、单向的。而在注重“阴阳”关系的中国人看来，“阴”与“阳”构成并服从于统一的矛盾结构，“阴”不能离开“阳”而单独存在，“阳”离开了“阴”同样失去了其自身的意义，二者之间的制约和影响是内在的、共时的、双向的。

按有果必有因的思维线索向上推论，西方人便不得不为感性的现实世界找出一个最初的创造者。所以，在牛顿科学中，世界被看作一个因“上帝第一推动”开始运转的机器。这是一个封闭的系统，必然朝着熵增加的方向发展，为了扭转衰败的进程，必须为生存而不断抗争。出于对因果关系的强烈偏好，在管理上，西方首先把事物分解成若干部分，进行精明的预测和控制。管理者认定这些部分存在无休止的冲突，怀着控制的梦想，以为自己有能力将混沌从生活中赶跑。

而以“阴阳”思维来思考，世界不是机器而是生命。在生命世界里，重要的不是控制，而是动态的联系。任何事物都不能独立存在，混沌和毁灭是生命循环的一部分。组织也是生命系统，具备所有生命都拥有的适应和生长能力。由此，需要关注组织当中的人，包括他们的意图、尊严、情怀和价值，因为这些都是强化关系所必不可少的。

然而，我必须说，我不想在管理学和领导力的问题上重复在其他领域一再出现的陈词滥调，说中国文化曾经是、今日依然是如此美妙，可以治疗西方患上的顽疾。这种说法对中国人没有半点好处。正如《领导力与新科学》作者在序中诚恳指出的，以关系为导向的社会不易创新，而且，由于后发现代化的缘故，当西方社会的新科学已经放弃讲述如何控制大自然，而开始探讨如何与自然和谐相处的时候，我们却在反其道而行之。在此，我想说的只是，对西方人来说，从整体的角度认识世界是一项新的技能，而这项技能从来就包含在我们中国人素有的智慧之中，我们其实无须舍近而求远。

古苏菲派教义说：“你认为，你知道一，所以你一定知道二，因为一加一等于二。但是，你还必须知道‘加’。”是从什么时候开始起，我们忘记了中国式的“加法”呢？

35. 协作改变世界

——《维基经济学》序

维基经济不是别的，

就是关于如何掌握驾驭协作以获取更强竞争力的艺术和科学。

“在商业中，也许从来也没有比今天更激动人心也更加危险的时候。稳定消失了。创造一家永远不会被技术所颠覆的企业的想法行不通了。”在《维基经济学》（*Wikinomics*：*How Mass Collaboration Changes Everything*）中，唐·塔普斯科特和安东尼·D. 威廉姆斯对企业家当头棒喝。[①]

在他们看来，目前最具颠覆性的技术就是大规模协作，两人援引在互联网上广为流行的维基软件（Wiki，一种使用户能够编辑网络内容的软件），将由此衍生的“投入和共同创造”的经济命名为“维基经济”（Wikinomics）。

---

① 泰普斯科特，威廉姆斯．维基经济学：大规模协作如何改变一切．何帆，等译．北京：中国青年出版社，2007.

在维基经济中，“失败者创建的是网页，胜利者创建的则是生机勃勃的社区。失败者创建的是有墙的花园，胜利者创建的则是一个公共的场所。失败者的创新是在公司内部进行的，胜利者的创新则是和用户共同进行的。失败者精心守护他们的数据和软件界面以防被盗，胜利者则将资源与每个人共享”。

作者在开篇就讲述了一个近乎现代天方夜谭的故事。坐落于多伦多的黄金公司（Goldcorp Inc.）的CEO麦克欧文（Rob McEwen）受困于无法找到金矿，在Linux公开源代码的成功故事的引导下，决定公开公司的地质数据，向全世界的人求助。他在网上发起了“黄金公司挑战赛”，能够提出最优估计和最佳方法的参赛者可以获得57.5万美元的奖金。结果，参赛者在公司的矿床上发现了110个目标，其中的50%是公司以前没有发现的。80%以上的新目标后来证实确实有大量的黄金，总量达800万盎司[①]。

麦克欧文的成功思维在于，他意识到唯一有资质做出新发现的人可能在他的组织范围之外。通过分享一些知识资产，公司能够利用集体的智慧和天才的力量。这些有智慧和才能的群体正在改变我们从事商业的方式。他们在创造新的电视新闻，分析人类基因，重混喜爱的音乐，设计软件，为疾病找到治疗方法，编辑学校教材，发明新的化妆品，甚至制造飞机。

以大规模协作为基础的维基经济已经造就了许多惊人的商业传奇：

——当宝洁开始推出新的品客薯片时，它发现要每分钟在几万个薯片上印上鲜明的图案是一件非常复杂的事情。过去，宝洁可能会为此投

① 1盎司=28.350克。

入大量的内部资源。但是，在调动了它的全球网络之后，一个解决方案突然在意大利的波洛尼亚出现了，那里的一位大学教授创造了一种在蛋糕和小甜饼上“喷墨”的方法。宝洁迅速购买了该技术并使之满足自己的要求。

——电子消费行业巨头百思买（Best Buy）旗下的服务公司电脑特工（Geek Squad）依靠开放的管理模式获得了惊人的增长。它让员工经营公司，通过网上合作设计产品，有时依靠电脑游戏沟通业务。

——波音制造的787“梦幻”飞机（Dreamliner）启用风险共担/利益共享的全球合作模式，有来自6个不同国家的100多家供应商参与。公司抛弃了传统的飞机制造商的角色，变成“大规模供应链集成商”，将一个多样的和全球分散的设计者和制造商团队整合成一个高度复杂和组织严密的系统。

在这些实例的基础上，两位作者总结了七种大规模协作经济的模式。例如，“点子市场”（Ideagoras）是一种关于思想、创新和独一无二的天才的新市场，公司作为资源搜寻者，可以在像InnoCentive这样的网站上匿名张贴研发过程中遇到的难题，全世界的科学家可以递交他们的解决方案，通过投标的方式获得报酬。全球“财富500强”企业中有35家企业通过InnoCentive网站扩展其解决疑难问题的能力。“产销合一”（prosumption）则是说消费者积极、持续地参与产品的创造，那些懂得如何发掘消费者的洞察力的公司将能够获得竞争优势。

不论是哪种模式，一项关键的指导原则是，到公司外面去寻求战略方向和伟大的想法。调动网络社区贡献其思考和知识是必备的条件。维基经济不是别的，就是关于如何掌握驾驭协作以获取更强竞争力的艺术和科学，它是对合作和参与的新时代的一种隐喻，正如迪伦所唱的：

“它将很快摇晃玻璃，震荡墙壁。”

对那些熟悉油管、脸书和维基百科的人来说，所谓“维基经济”的说法或许没有提供多少振聋发聩的东西。然而，如果你不清楚大规模协作可能为企业和社会带来什么，那么，无论是为了职业生涯还是个人生活起见，你都应该读一读塔普斯科特和威廉姆斯的这本书。对于企业的管理者，作者提议，每个公司的 CEO 或是高级管理人员都应该自己去开一个博客，到论坛发帖子，参加网上投票，去亲身感受一下互联网大社区，从而找出应对这场变革的方法，带领公司顺应潮流。在具体管理上，也应该更注重利用每个员工的潜能。

如果说这本书有什么不足，那也许是缺乏一点怀疑精神。事实上，如同劣币驱逐良币一样，在网络信息市场上，极有可能出现免费的信息淹没付费的信息、廉价的比特击败昂贵的比特的情形。此外，群体的智慧当然是惊人的，但群体的愚蠢也常常酿成大错。

尽管有此瑕疵，两位作者仍相当精准地抓住了大规模协作的经济趋势，提醒人们参与这样的合作进程应该持有什么样的态度。正如知名博客和科幻小说家科利·多克特罗（Cory Doctorow）所说的：“铁匠在啤酒中撒下眼泪，悲叹自己没有办法在铁路时代卖马掌，但是这并不会使他们的马掌更受欢迎。那些学习变成机械师的铁匠才会保住自己的饭碗。”①

向外看，而不仅仅是向内看，这将是一场管理思维上的大跃迁。或许，我们可以说，这是自从 20 世纪早期通用汽车发明公司概念以来最大的跃迁。

---

① TAPSCOTT D，WILLIAMS A D. Wikinomics：how mass collaboration changes everything. Portfolio，2008：286.

36. 我们这个世界的经纬

众包揭示了一个关于人类的基本真理——
社区比公司更能有效地组织起工作者，
一份工作的最好人选是最想做这份工作的人。

◎ 决定海上霸权的经度之谜

马克·吐温（Mark Twain）的《密西西比河上》（*Life on the Mississippi*，1883）写道："当我想玩耍嬉戏时，我就用地球的经线和纬线织成一面大网，拖曳过大西洋，以便打捞鲸鱼。"[①] 作家的想象让我们感受到这些经纬线统治世界的权威：不管它们下面的世界格局如何变化，这些经纬线都纹丝不动。

每个稍有地理常识的人都知道，纬线是一系列环绕地球表面的同心

① TWAIN M. Life on the Mississippi. Introduction by Justin Kaplan，Afterword by John Seelye. Signet，2009：Chapter 3.

圈，从赤道到两极，这些圈的半径逐渐变小；而经线是通过两极的一些大小相等的半圆，它们交于地球的两个极点。经纬线构成了我们所居住的这个星球的刻度，可是，经线与纬线之间有着真正核心的差异。

纬度由自然规律决定，确定纬度就和孩子们做游戏一样简单：任何一个称职的水手都可以根据白昼的长短、太阳或者人们熟悉的恒星的高度测出纬度。相比之下，确定经度，尤其是在海上，却是 18 世纪最让人恼火的科学难题，这一难题曾使一些人类历史上最聪明的人束手无策。伽利略（Galileo Galilei）、卡西尼（Jean Dominique Cassini）、惠更斯（Christiaan Huygens）、牛顿和哈雷（Edmond Halley）等天文学家全部试图求助于月亮和星星以解决经度问题。为了通过天文观测测定经度，巴黎、伦敦和柏林都建起了规模宏大的天文台。

为什么经度的测定如此重要？因为它对航海者是一个生死攸关的问题。如果无测知经度，即使是最好的水手，一旦见不到陆地，也会迷失方向。再伟大的船长也逃脱不了这种命运，从达·伽马（Vasco da Gama）到巴尔沃亚（Vasco Nunez de Balboa），从麦哲伦（Ferdinand Magellan）到德雷克爵士（Sir Francis Drake），他们所到达的“目的地”都由不得他们的意愿，更多的只能归因于上帝的庇佑。一旦陆地从地平线上消失，海员们只能自始至终摸索前进，船只由于无法获知经度而失事的事件大量发生。在海员们能测定经度之前，历史一页又一页地记载着航海中的死亡故事。

除了船体触礁，由于不知道经度，长途航行的时间变得更长，也可能会夺去海员的生命。例如，海员们会因长期缺乏新鲜蔬菜和水果而患上坏血病；或者，航船找不到有淡水的岛屿，在抵达陆地之前船员焦渴而死。种种悲惨状况令英国著名的日记作者、曾在皇家海军担任文官的塞缪尔·佩皮斯（Samuel Pepys）写道："在航行中没有出现更多的惨祸和不幸，纯属侥幸，全靠上帝的恩典、运气，还有大海的广阔。毕竟，不触礁的可能性比触礁的可能性大。"

经度不仅事关成千上万海员的生命，还事关经济。在地理大发现时代，欧洲各国漂在海上的财富日见其多，在不明经度的情况下，经济上也受到了巨大影响。由于只能根据纬度进行导航，远洋船只汇聚在几条窄窄的安全航道上航行，捕鲸船、商船、战舰以及海盗船在交通紧张的航线上挤作一团，彼此之间还进行抢夺。这也解释了为什么欧洲列国的君主们都曾在经度的故事里扮演角色，著名的有英国国王乔治三世（King George Ⅲ）和法国国王路易十四（King Louis ⅩⅣ）。据说，法王路易十四曾在依据精确的经度测量而修订的地图面前抱怨说，他输给他的天文学家的领土比输给他的敌人的还要多。

鉴于经度问题的关键性，1714 年，英国政府悬赏 2 万英镑（相当于今天的数百万美元）征求测定经度的实用可行的方法，应者如云，无数江湖术士言之凿凿地提出许多建议，以至于"经度的测定"一词很快成为"努力做不可能做成的事"的代名词。在《格列佛游记》（*Gulliver's Travels*，1726）中，有人让好船长格列佛把自己想象成长生不老的人，他于是期望能有缘目睹彗星的回归、汹涌的大河变成小溪和"经度的测定、永动机、万能药及其他美妙绝伦的发明"①。谁也没有想到，最终的折桂者是约克郡一个没有受过教育的无名钟表匠约翰·哈里森（John Harrison）。出身低微但智力超群的哈里森独树一帜，大胆地想象用机械方法解决问题——通过精确的计时装置，把真实的时间从船出发的

---

① SWIFT J. Gulliver's travels. Penguin，2003：194.

港口带到世界上任何一个遥远的角落。

这种方法背后的逻辑是，经度的测量与时间相关。在海上确定经度，一个人在同一时间里，不但要知道船上的时间，而且要知道出发的港口或已知经度的其他地点的时间，两下里的钟表时间可以让导航员将时间的差异换算成地理位置上的距离。因为地球在 24 小时内自转一周为 360 度，每小时可以转 1/24 圈即 15 度，所以船只与目标地点的每一小时时差，就表示该船或东或西航行了 15 度的经度距离。

哈里森完成了恐怕连牛顿都不可能完成的事情。他发明航海经线测量的传奇历程，在戴瓦·索贝尔（Dava Sobel）的《经度》（*Longitude: The True Story of a Lone Genius Who Solved the Greatest Scientific Problem of His Time*）一书中有着引人入胜的描写。[①] 一些史学家认为，哈里森的工作加速了英国对海洋的控制，并因此成就了大英帝国的霸业。

◎ 哪里能够买到最酷的 T 恤?

杰夫·豪（Jeff Howe）2006 年 6 月在《连线》杂志上的一篇文章中首次提出“众包”一词，宣告了一种新的商业模式的诞生——这种模式开始时是外包（outsourcing），然后是开源（open-sourcing），现在则是众包（crowdsourcing）。[②] 众包指的是把传统上由内部员工或外部承包商所做的工作外包给一个大型的、没有清晰界限的群体去做。这种工作可以是开发一项新技术、完成一个设计任务、改善一个算法，或者是对

---

① SOBEL D. Longitude：The true story of a lone genius who solved the greatest scientific problem of his time. Fourth Estate，1995.

② HOWE J. The rise of crowdsourcing. Wired，June 1，2006. https：//www. wired. com/2006/06/crowds/.

海量数据进行分析，等等。

这种说法是崭新的，但相似的做法其实早在18世纪就存在了。读者已经知道，如前所述，英国政府曾经通过公开悬赏求解经度问题。《牛津英语词典》（*Oxford English Dictionary*）的早期版本也是众包的——成千上万的志愿者在纸条上提交了条目，并将这些条目汇编成词典。[①] 这说明，人类很早就懂得集思广益的道理，认识到通过集中群体的智慧、广泛吸收有益的意见，可以破除障碍、成就不凡。集，集中也；广，扩大也。泰山不让土壤，故能成其大；河海不择细流，故能就其深。众包背后的哲学，我们并不陌生。

然而，在缺乏工具和手段的年代，“集”和“广”的过程却是艰难而痛苦的。使众包的做法达到新高度，以至于成为一种新的商业模式的因素，是互联网的出现，它使面向大众寻求商业智慧和灵感成为可能。

2007年春天，有线电视台Current TV开始介入广告创意，鼓励用户应征完成广告。这家电视台的大部分节目来自用户自生产内容。它建立了一个社交网络，观众可以创作并上传15分钟的短片，张贴对其他观众作品的意见，并投票选择哪些片子应该播映。欧莱雅的一个华丽的形象广告“有信心找到属于自己的色彩”就来自其中一个观众的创意，而欧莱雅只付给广告创意者1 000美元。如果欧莱雅自己来制作，则需要花费164 200美元。[②]

这样的故事不胜枚举：著名的格蒂图片社（Getty Images）花了5 000

① 温契斯特．天才、疯子、大字典家．景翔，译．台北：联经出版事业股份有限公司，2017.

② WHITLA P. Crowdsourcing and its application in marketing activities. Contemporary Management Research，2009，5（1）：15－28.

万美元收购 iStockphoto 网站，该网站有超过 23 000 名摄影爱好者上传他们的摄影作品，颠覆了库存图片的传统；Threadless. com 印制并销售由该网站用户设计的 T 恤衫；“第二人生”虚拟世界允许人们创建和保留有关新业务、品牌和个性的知识产权；Fluevog 开源鞋类网站请爱好者们提交新款鞋的设计并对设计作品进行评选；Ducati 摩托车的客户可以通过公司网站设计新型摩托车①；乐高公司推出了“乐高工厂”（LEGO Factory）的新概念，允许用户下载一个三维的乐高玩具组装软件，设计自己的模型，再将设计图上传到乐高网站 legoshop. com 并进行购买②。

这里尤其值得多赘几笔的是在线 T 恤衫厂商 Threadless. com。Threadless 是由杰克·尼克尔（Jake Nickell）和雅各布·德哈特（Jacob DeHart）于 2000 年创办的，他们都是芝加哥在线社区 Dreamless 的积极参与者，这里云集了众多服装设计师。杰克·尼克尔赢得了 Dreamless 发起的 T 恤衫设计大赛，于是萌发了建立一个 T 恤衫设计社区的念头。Dreamless 的组织者都承认，社区收到的 T 恤衫设计方案之多、品质之高，令他们惊叹。Threadless 就是要为那些崭露头角的设计师提供展示设计灵感的平台，同时帮助他们克服自身缺陷。

无论是专业设计师还是业余爱好者，都可以为新 T 恤衫提交设计想法，社区对这些设计和顾客购买意愿进行投票调查（通常用 0 到 5 进行打分）。通过这个信息平台，Threadless 每周都能为其中一种产品挑选出 6～10 个新设计方案。胜出者会收到总价值 2 500 美元的现金和奖品，

---

① HEMPEL J. Crowdsourcing：Milk the masses for inspiration. Business Week，Sep. 25，2006：38 - 39.

② MEIGE A. Open innovation，crowdsourcing and the rebirth of LEGO，Apr. 1，2010. https：//open-organization. com/en/2010/04/01/open-innovation-crowdsourcing-and-the-rebirth-of-lego/.

更关键的是，其设计才能得到公认，每一件T恤衫的标签上都印有设计者的名字，社区成员还可以穿上获胜的T恤衫拍照片，并将其列入在线产品名单。成员也可以对这些作品提出批评和建议，并反馈给设计者。①

Threadless已经成为商业和社区模式双赢的典范。公司成立近10年后，T恤衫月销量多达10万件，顾客遍及全球，注册用户达100万。Threadless每天能收到150～200个原创的设计方案，每周最受欢迎的9种设计将会投入生产。② 每天有超过1 000名新注册用户进行设计和艺术方面的讨论，并根据设计方案所激发的灵感，提交配套的音乐和视频。这一切既不依赖于传统的广告宣传和促销，也不借助大型零售商在全世界的门店的销售。③

这是一种了不起的商业模式：Threadless让它的顾客进行设计，自己选择生产线，确定产量，并负责市场推广、促销以及销售工作。生产当然是外包的，Threadless需要做的仅仅是维护网站而已。这意味着极低的市场风险和运营成本。客户社区承担了创新、新产品开发、销售预测和市场营销等核心功能。

◎ 社区比公司更有效

在油管以及任何可能的社交网络中，只有1％的用户是活跃的内容

---

① PILLER F T. Open innovation with customers: crowdsourcing and co-creation at threadless. SSRN Electronic Journal, 2010. https://papers.ssrn.com/sol3/papers.cfm?abstract_id=1688018.

② CAULFIELD B. Why crowdsourcing isn't for everyone. Forbes, Apr. 3, 2009. https://www.forbes.com/2009/04/03/threadless-crowdsourcing-internet-technology-internet-threadless.html#786df2d278a4.

③ LAKHANI K R, PANETTA J A. The principles of distributed innovation. Innovations: technology, governance, globalization. MIT Press, 2007: 97-112.

创建者，另有10%与内容互动并进行更改，其余89%的人都是被动观察。[①] 所以，众包的关键是，精明的公司致力于用最复杂的业务问题吸引知识人群，以最大限度地发挥一小部分有想法的人的影响力。考虑一下一开始由礼来公司创建、后来独立发展的开放式创新与众包平台InnoCentive，它将组织未解决的问题和未满足的需求（在平台上称为“挑战”）进行公开展示，寻求分布式的知识，获取解决方案。像宝洁和波音这样的大公司也可以通过支付费用的方式借助外部力量应对它们内部无法解决的棘手问题。而解决了问题的个人（退休的科学家、业余爱好者、大学生等）将获得丰厚的现金奖励。

无须什么高深的理论解释，集思广益生产出来的产品有可能媲美世界顶尖公司创造出的最好的产品。众包正在深刻地影响着世界100强公司的商业模式。比如宝洁公司要求下属的每个部门有一半的业务或是服务的创新来自外部，而不再产生于内部[②]；比如IBM投入十亿美元开发众包，因为它发现，从Linux操作系统到Apache服务器软件再到火狐浏览器，信息经济的大部分基础建设都是由自发组织起来的志愿者队伍完成的。[③]

与外界绝缘的公司一度认为自己拥有所有答案。宝洁在相当长的一段时间内都是如此，它把自己视为创新的先导者，在一个多世纪中引领了消费品产业。然而，它的创新成功率——用已有多少新产品实现了财

---

① HEMPEL J. Crowdsourcing：milk the masses for inspiration. Business Week，Sep. 25，2006：38－39.

② HUSTON L，SAKKAB N. Connect and develop：inside procter & gamble's new model for innovation. Harvard Business Review，Marrch 2006. https：//hbr. org/2006/03/connect-and-develop-inside-procter-gambles-new-model-for-innovation.

③ BENKLER Y. Peer production and cooperation，//JOHANNES M B，MICHAEL L Handbook on the economics of the Internet，Edward Elgar Publishing，2016：Chapter 5，91－119.

务目标来衡量——只有15%。① 宝洁认识到，过去变化缓慢的市场鼓励企业以内部为导向，实行纵向一体化；但在今天，地理界限的消失、竞争界桩的倒塌、全球范围内的成本压力，都逼使企业走向开放。现在，宝洁致力于同任何人在任何时间和地点展开协作。

在众包的情况下，今天的组织要从纯粹的等级体系演变为网络化的体系。后工业时代的组织模式是一种跨越传统商业界限的虚拟网络组织模式。我们这里所说的网络并不是指技术层面的网络，而是指企业价值链上下游之间的网络和社会关系的网络。这种网络存在一种历史的演进。

罗纳德·哈里·科斯认为，企业的存在是为了实现市场交易的经济性。根据这种观点，效率是设立公司的主要动机。然而，随着协作技术系统地降低企业内外的互动成本，企业存在的根本原因也在改变。

企业在网络上的第一步演进是，逐渐走到外部产生价值。也就是说，要跨出组织的传统界限，与其他公司的专业化能力对接，以加强自己的产品创新、商业模式创新。网络的第二步演进是通过社会性技术，使得社会网络中的个人能够自由地合作。这些社会性技术同消费者的高度互动相关。在此情况下，企业必须为自己创设新的角色，学习新的运营方式，否则将无法生存。

有许多公司想采用众包的新型商业模式，但它们容易犯下的错误是，急于建立消费者社区，而不去仔细考虑自己到底要什么、计划如何去做。因此，“大众”很容易提交一些低水平的方案。如何在泥沙俱下的情况下筛选出智慧？以下的做法非常关键。

---

① BROWN B，ANTHONY S D. How P&G tripled its innovation success rate. Harvard Business Review，June 2011. https：//hbr. org/2011/06/how-pg-tripled-its-innovation-success-rate.

聚焦：定义模糊的问题只会得到模糊的答案。Current TV 明确规定，观众创造广告内容的目标是在网上以及有线电视网上播映新的广告。这种方式使欧莱雅或者索尼等公司可以在观众所创造的广告中挖掘新鲜的创意。

做出正确的筛选：2007 年 7 月，IBM 公司发起即兴创新的头脑风暴（innovation jam）活动，为的是开发员工及其家属和客户的群体智慧，从而拓展创新领域。IBM 确定了四大主题，为每一主题提供交互式的背景信息，利用主持者使谈话不偏离主题。最终，公司收集了 37 000 个创意，由员工对这些创意进行筛选。有 14 万人在网上参与了第一阶段的创意，公司的首席执行官彭明盛（Sam Palmisano）参与最终的评选，并计划拿出 1 亿美元用在有前景的创意上。①

选择合适的人群：人群既可以是外部的（比如 InnoCentive 上由 38 万多名问题解决者组成的网络②），也可以是内部的（即组织的员工、合作伙伴或客户）。InnoCentive 依靠一群具有高超专业技能的天才科学家，并在大学里征募年轻而聪明的人才（这个网站还与中国多所大学签订了协议），这些人能够为企业带来很好的创意。而 IBM 的创新即兴大讨论则面向内部。其中值得关注的是用户创新，如《经济学人》杂志所说，“顾客不仅是国王，现在，顾客还担任市场研究主管、研发主管和产品开发经理”③。

---

① HEMPEL J. Crowdsourcing：milk the masses for inspiration. Business Week，Sep. 25，2006：38 - 39.

② Premium Challenges. InnoCentive. https：//www. innocentive. com/offering-over-view-old/premium-challenges/.

③ The rise of the creative consumer. The Economist，Mar. 10，2005. https：//www. economist. com/business/2005/03/10/the-rise-of-the-creative-consumer. 可参见 HIPPEL E V. Democratizing Innovation，The MIT Press，2005。

把社区建成社交网络：金钱可以激发人们的参与，但成功的众包依靠点燃大家的激情。Cambrian House 是迈克尔·斯考斯基（Michael Sikorsky）创建的一家软件公司，完全依靠众包运行。每个贡献创意的人都收到专利权的点数，享有产品中的权益，最终获得兑现。斯考斯基说："人们长期投入的一个重要原因就是彼此建立了友谊，正如在 eBay，买方和卖方彼此讨价还价，进行评论，这些互动培育了信任，使人们在社区中保持活跃的状态。"①

众包揭示了一个关于人类的基本真理——社区比公司更能有效地组织起工作者，一份工作的最好人选是最想做这份工作的人。有热情、快乐工作的人构成了我们这个世界的经纬，而众包就是要利用群体的智慧，创造出人人受益的美丽事物。

必须指出，众包并不仅仅意味着为众人，它也意味着为个人。17 世纪的法国哲人蒙田（Michel de Montaigne）曾写道："世界上没有两个人的意见完全相同，正如两根头发、两个谷粒都不尽相同。差异性是他们最普遍的特性。"② 蒙田的意思是，我们唯一的共同之处就是我们全然不同。在网络时代，这是件很棒的事。在哈里森的故事中，一个决定霸权兴衰的科学之谜经由个人之手被解开，再次提醒人们个人在历史中的奇妙作用；而今天，拥有了前所未有的新工具和新联系，个人的作用达到了从未有过的新高度。

---

① HEMPEL J. Crowdsourcing：milk the masses for inspiration. Business Week，Sep. 25，2006：38－39.

② FRIEDRICH H. Montaigne. Philippe Desan（ed. & intro.），Dawn Eng（trans.）. University of California Press，1991：139.

37. 员工总比老板更聪明

高管不再制定一项看似长期可行的战略，
转而交给员工，让他们根据自己的能力和兴趣去和市场匹配，
这不是故意地反其道而行之，
而是在创新大爆炸的时代里的必选动作。

在哈佛大学商学院教授企业史的理查德·S. 泰德罗，在加入苹果公司主持苹果大学之前的最后一部著作叫作《自欺》（*Denial: Why Business Leaders Fail to Look Facts in the Face-and What to Do About It*, 2010）。在这本书里，泰德罗列举了 10 家世界级公司的成败来说明一个问题：领导者的“自欺”是企业前进路上的陷阱。

泰德罗对自欺的解释，借用了弗洛伊德（Sigmund Freud）的“有意识和无意识”的研究成果。所谓自欺，就是视而不见，拒绝承认现实对自己的威胁。这是一种有意识的无意识活动：“有时候，我们把某些信息引到知觉范围以外，因为它们让人过于痛苦或紧张。这种自欺如同麻醉剂。更常见的原因是令人不快的信息与让我们感到自在的假设相抵

触，而排斥这些信息比更改我们的假设更加容易。”

心理分析很长时间一直没有被列入科学范畴，是因为无法被证伪。也就是说，泰德罗在解释“自欺”的现象时，将落脚点设置在了心理层面，就意味着这是一个终极问题。除非你主动改变心智，否则你一定会遭遇“自欺”的黑洞。

企业的本质是企业家，这是一个永恒的真理。但个人的行为是无法被准确预测的，所以，解决“自欺”的问题似乎不可能。诸如安迪·格鲁夫这样的天才级 CEO 曾说过，每个组织都应该有一个“卡桑德拉”(Cassandra)。卡桑德拉是希腊神话中的预言家，她曾经准确地预言了特洛伊的覆灭。格鲁夫认为，组织中层应该有这样的预言家，因为中层比高层更能敏锐地感受市场的风吹雨打。① 避免自欺的一个方法就是，高层要勤于倾听来自中层甚至是基层的声音。

可是，这种方法基于管理者独有心智的偶然性，无法形成方法论。有的 CEO 会倾听，有的则完全不会，比如亨利·福特（Henry Ford）就曾经把鼓足勇气谏言的小舅子炒了鱿鱼。按照泰德罗的分析方法，最后拯救公司的很可能是 CEO 的私人心理医生。显然，这并不现实。

事实上，德鲁克在 20 世纪 40 年代就已经给出了答案。他在《公司的概念》（*Concept of the Corporation*，1946）中有一句极具洞察力的话：“大规模生产的基础不是流水线、传送带，也不是机械装置或技术等其他东西，而是人与人之间、人与机械工艺之间自觉的、有意识的、有计划的和有序的关系。”② 这句话是他对“人的组织”这一概念的精确

---

① TEDLOW R S. Andy Grove：the life and times of an American business icon. Portfolio，2006：271－272.

② DRUCKER P F. Concept of the corporation. Transaction Publishers，1993：25.

解释。

《公司的概念》来自德鲁克对通用汽车的观察。他在该书里将“管理”定位在了“组织”的层面，即管理是组织最核心的问题。因为对组织的观点不同，所以斯隆对德鲁克有所不满。他们之间的暗中较劲也成为美国商业史上的一段传奇。

斯隆对通用汽车的组织变革开启了工业时代“管理”的大门。纷繁复杂的事业部架构、对股东和利润负责的公司价值观让德鲁克产生了不适感。他认为，通用汽车代表的大公司不是人的组织，而是机器的组织。在这台机器中，基层员工无法完全释放活力，其命运最终要被掌握在“职业经理人”的手中。而职业经理人的个人偏好，或者一时兴起，很可能导致公司走上末路。其中当然包括“自欺”现象的产生。

亨利·福特“斩杀信使”式的行为，被泰德罗放在了《自欺》的第一篇。显然，在这位哈佛大学前教授眼中，作坊式的非现代管理方法是最可能滋生“自欺”现象的温床。问题是，斯隆带来的具有现代工业特征的大公司组织架构，就可以避免“自欺”吗？当然不是。

层级组织并没有从制度上解决领导者的心智问题，或者说，领导者的心智问题是无法在个人身上根除的。唯一的方法是将其心智和组织心智适度分离。就像达特茅斯大学塔克商学院的詹姆斯·奎恩（James Brian Quinn）在《创新爆炸：通过智力和软件实现增长》（*Innovation Explosion: Using Intellect and Software to Revolutionize Growth Strategies*, 1997）中所言，组织的智力存在于系统之中，而不是某一个人的大脑里。

可这在层级组织中非常难以实现。格鲁夫希望看到的“卡桑德拉”在中层中出现的概率并不高，反而是中层的活力最为不足，日渐成为层级组织被诟病的核心。野中郁次郎（Ikujiro Nonaka）很可能是世界上最后一位将组织创新的希望寄托在中层的管理大师。在他的知识创新理论中，中层扮演着核心的角色。①

野中郁次郎认为，在进行组织变革的时候，真正起作用的不是“自上而下”或是“自下而上”的形式，而是起到“承上启下”作用的强大的中层团队。“承上启下”并不是指简单地对上峰指令的上传下达，而是努力做到将领导者的战略愿景和自己团队的“知识体系”相融合，简单来说，就是起到催化剂的作用。

野中作为日本的管理学家，强烈反对美国管理大师汤姆·彼得斯的观点，后者在20世纪80年代提出，企业中层管理者是累赘，应该将其取消以增强企业的创造性和灵活性。野中认为，这等于挖走了企业的核心：中层管理者不仅在知识创新方面而且在新知识的推广和企业团结方面都起着至关重要的作用。

野中从知识管理的角度出发看待中层问题，他不否认我们经常说的“中层”从一开始就带有权力等级的色彩，这也是扁平化运动的根源。然而，可以设法消灭阻碍流程的中间权力地带，但绝不意味着要消灭掉掌握知识的人。

我们在理解时下的“去层级”“消灭中层”“平台组织”的时候，要看清楚的是，这是一次组织制度的转变，而不仅仅是管理方法的转变。让组织向人回归，这是德鲁克在斯隆时代就发出的呐喊。讽刺的是，我们一边在理念上奉其为管理大师，一边在行动中无限向斯隆靠拢。这种

① 野中郁次郎，竹内弘高．创造知识的企业．李萌，高飞，译．北京：知识产权出版社，2006.

精神分裂就像是后现代社会的隐喻，满满都是悲剧色彩。

管理是无趣的，这是管理演变成为管理学科之初就命中注定的，因为机器是无趣的。人之独有的趣味性的消解，机械力量的无限增长，也让这半个多世纪以来，人们沉浸在一种巨大的误解当中，以为“创新”只是属于少数人的行为。这类少数人的存活与否，还要取决于领导者灵机一动带来的恩赐情况。

很多时候，我们在理解加里·哈默尔那句“把硅谷带进公司里”①时，常常停留在设立一个类似创新特种部队的超组织机构上。但这类机构的存在常常无法得到延续，即使延续下来，也要经历难以逃脱的组织内部的争斗。可能在短期之内，这类机构可以带来创新效率；但从长远来看，效率的损耗并没有降低。

管理中的趣味不是娱乐，而是人的愿景和当下行为的高度一致性，说白了就是，其自然生发的志趣和市场目标之间不存在摩擦。在传统的组织架构中，这样的理想断然无法实现。

这就是像巴西的塞氏企业（Semco SA）和国内的海尔这样的公司受追捧的原因。两者都把人作为组织运转的核心。塞氏的特色是员工自定薪酬；海尔更进一步，长期坚持用户付薪。这两种制度上的创新恰恰可以解决泰德罗总结的领导者“自欺”的问题。

高管不再制定一项看似长期可行的战略，转而把这项任务交给员工，让他们根据自己的能力和兴趣去和市场匹配，这不是故意地反其道而行之，而是在创新大爆炸的时代里的必选动作。高层的战略往往会看

① HAMEL G. Bringing silicon valley inside. Harvard Business Review, Sep. – Oct. 1999. https://hbr.org/1999/09/bringing-silicon-valley-inside.

过去五年甚至是十年，而在一个时空被充分挤压的新宇宙观里，五年或十年足够让一家卓越的公司速朽为化石。

人的变化速度就是市场变化的速度，而人恰恰是最多变的动物，尤其是在新媒体日渐加剧情绪化的今天。没有任何由传统组织架构支撑的战略可以追上情绪的速度，唯一的方法恐怕就是：让人满足人，让员工自己来满足自己。

第五部分>>>

先声夺人·用户篇

38. 每家企业都是一个舞台

企业以服务为舞台，
以商品为道具，
以消费者为中心，
创造能够使消费者参与、值得消费者回味的活动。

◎ 服务正被体验所取代

有这样一则家庭小故事：爸爸买了一套新衣服。奶奶问："是什么料子？"妈妈问："做工怎样？多少钱？"女儿问："是什么牌子？"

故事虽小，我们可以从中看出这些年来经济形态的变迁。最早人类从自己所居住的地球获取资源——如棉花、煤炭、咖啡等，然后将其作为商品出售。随之出现了消费品，比方说，棉花经过加工制成了成衣，类似消费品的大规模生产导致产品经济的诞生。后来，慢慢出现了服务经济，产品的价格和技术差别逐步缩小，影响客户购买产品的因素除产品的品牌和公司的形象之外，最关键的是服务品质。

从 20 世纪 70 年代起，服务经济开始成为经济增长的发动机。这体现在两个方面：首先，服务部门（主要集中在金融、酒店、零售、卫生、公共服务、信息技术和教育上）在工业化经济中的重要性不断提高。与前几十年相比，当前的《财富》500 强公司名单中，包括更多的服务公司和更少的制造商。其次，服务在产品中的相对重要性提升。今天的产品比前几十年具有更高的服务成分，在管理学当中，这叫作产品的服务化（servitization of products）。如今，几乎每种产品都具有服务组件。

甚至制造与服务的界限也日益模糊不清了。耐克公司是一家生产体育运动产品的公司，然而它却是《财富》杂志评选出的服务类公司 500 强之一，而非工业类公司 500 强之一，原因是它懂得经营生活方式。习惯于有形物品的人们对无形的服务也经历了一个从不适应到适应的过程。他们逐渐认识到，产品与服务之间的旧式二分法已被服务—产品连续体（service-product continuum）所取代。

企业管理大师普拉哈拉德在《普拉哈拉德企业成功定律》（*The New Age of Innovation*：*Driving Cocreated Value Through Global Networks*，2008）中针对下一代经济中制造业企业的盈利模式转换举了一个精彩的例子：普利司通公司是全球闻名的轮胎制造厂，生产的产品是轮胎，属于典型的制造业。然而，普利司通却实现了由卖产品到卖服务的跨域。原来，普利司通通过装在每个轮胎上的传感器把每个消费者即驾驶人的驾驶习惯、驾驶路况、轮胎磨损信息搜集起来，通过综合分析，挖掘出他们在不同路况下的最佳轮胎参数。消费者按照这一轮胎参数驾驶可以省油、省轮胎——也就是省钱。于是，普利司通大胆地转变盈利模式：免费赠送轮胎，有偿提供轮胎、驾驶等信息，按行驶里程来收费，从而把企业与消费者的关系从交易型变为服务型，完美地融合了

B2B和B2C。

然而，根据两位美国作者B. 约瑟夫·派恩（B. Joseph Pine）和詹姆斯·H. 吉尔摩（James H. Gilmore）的说法，服务正在被某种更加不可捉摸、更易引起争议的东西所取代，这种东西就是体验。派恩和吉尔摩出了一本叫作《体验经济》（*The Experience Economy: Work is Theatre & Every Business a Stage*）的书，这本书的副标题是“工作是剧场，每家企业都是一个舞台”①。作者宣称，我们正迈过体验经济（the experience economy）的门槛，在更大的意义上，可以说我们正在进入一个经济的新纪元：体验经济已经逐渐成为继服务经济之后的又一个经济发展阶段。

“如果你为物品和有形的东西收费，你所从事的是商品业。如果你为自己开展的活动收费，你所从事的是服务业。只有当你为消费者和你在一起的时间收费时，你才算进入了体验业。”这里所说的体验就是企业以服务为舞台，以商品为道具，以消费者为中心，创造能够使消费者参与、值得消费者回味的活动。在消费者看来，个性化体验比简单的商业交易拥有更高的价值，他们愿意为此付出额外的金钱。

两位作者把体验经济的崛起与服务经济的崛起相提并论。由于技术的进步和消费者日益提高的期望值，服务在今天开始变得越来越像商品。作者断言，那些在日益缩小的物品和服务领域内划地自限的企业将失去生存的机会。为避免这种命运，企业必须学会创造丰富的、令人动心的体验。

按照批量生产方式提供的服务通常带来糟糕的体验。自从服务供应商把制造商用于大幅度削减成本的批量生产法则用于提供服务，顾客就

① PINE B J, GILMORE J H. The experience economy: work is theatre & every business a stage. Harvard Business School Press, 1999.

一直忍受着这样的体验。消费者对有偿服务要付钱这一点没有抱怨，他们不满意的是服务。在服务经济如日中天的20世纪七八十年代，只要你提供服务，消费者一般不会对你挑三拣四。但是，在今天，仅仅提供服务已经不够了。消费者看重的不是服务——不管是金融服务还是别的什么服务，他们要的是体验。

迄今为止，体验作为经济增长的一个崭新维度远未受到应有的重视。其实，体验早已寓于经济活动之中，只不过长久以来，消费者、商家和经济学家将其归并到服务业，与一些常规的平凡举动如到干洗店洗衣、修车、装电话、去银行等混杂在一起。体验与服务是不同的。当顾客购买一种服务时，他实际上买的是为他度身定造的一系列无形的活动。但当他购买一种体验时，他买的是时间和享受，他在这段时间里享受一系列值得回味的活动，商家将这些活动编排得像一出出戏一样赏心悦目，并以他喜爱的方式演给他看。

仍以耐克为例：为了鼓励跑步，它每年都会举办多场线下活动，不遗余力地吸引更多的人参与到这项运动中去。它意图把跑步从一种个人的枯燥运动，发展成社区型的健康、新潮的生活方式。为此，它不断完善跑步训练的应用程序及人性化的社交网络服务，推出一系列的手机应用，其关键词正是体验。用耐克全球跑步品类副总裁杰米·马丁(Jayme Martin)的话来说，“Nike+ Running体验是我们为跑步者提供的最人性化、最具激励性的服务方式之一。我们将凭借这种集联动性、社区化、互动分享功能和数据化评估等特点于一身的全新服务模式，掀开跑步体验的崭新篇章”①。

① 全新的Nike+Running体验：更智能更互动更鼓舞人心．新浪体育．(2012-06-26)．http://sports.sina.com.cn/o/2012-06-26/20166115374.shtml.

从营销角度来看，这是典型的体验营销，耐克公司并不希望消费者穿完一双鞋就扔掉，它的目的是和消费者建立一种更为牢固的关系，不仅要让目标群体使用自己的产品，还希望得到反馈和提高附加值。

前述轮胎的例子也是一样，如果具有每段时间准确评估轮胎磨损情形的能力，轮胎公司就可以为车主提供个性化的建议。比如，某位驾驶人的一组轮胎只跑了两万英里，却磨损得很严重。在安装了传感器以后，可以即时监测轮胎的使用情形，并将数据传送给资料中心。轮胎公司就能及时提示驾驶人小心、减速、检查胎压，或者到最近的服务站去换胎。设想一下，如果你是这位驾驶人，你会不会感觉体验良好？你和公司之间的关系会不会就此改变？

由于反馈机制的存在，这种模式还有其他的好处。轮胎公司可以获得详尽的资料，知道每位驾驶人如何驾驶车子，以及载重、行车速度、刹车习惯等各种重要的信息，这些都有助于新产品开发。

关注消费者体验就是要求企业站在消费者的立场上去审视自己的产品和服务，注重与消费者的沟通，挖掘消费者内心的渴望，使商业模式从交易基础（transaction base，如销售一双鞋子或一只轮胎）向持续关系（ongoing relationship）转变。

◎ 体验的妙处

体验可以分为四种——娱乐的体验、教育的体验、逃避现实的体验和审美的体验（4E：entertainment，education，escapism，esthetics）。最好的体验涵盖了这四种类型。

娱乐当然是吸引客户的良好方式。在赌城拉斯维加斯，商店把自己打扮成古罗马集市的模样，每隔一小时，逛街者就可以欣赏到5～10分钟的表演，如百人队士兵列队行进之类。尽管这段欣赏节目的时间占用了一部分购物时间，但就每平方英尺的购物花费来看，古罗马式商店的此一比例远较一般购物中心为高。

与娱乐的体验不同，教育的体验要求观众有更大的主动性，为的是增进个人的知识或技能。例如，餐厅提供动手烹饪课以及特殊的活动，如品酒；陶器工作室教人制陶；荷兰的一家农村旅游景点为顾客提供观看传统的木鞋雕刻的机会，参观者可以同工匠交谈，自己制作木鞋和代用品。

逃避现实的体验：观众完全沉浸其中，积极参与整个体验的塑造过程。例如，一次滑雪旅行或虚拟现实实验，就可以引发此类体验。

审美的体验则可以从游览大峡谷或在巴黎歌剧院看演出之类的活动中产生。

在体验经济中，生产商有六种增加消费者对自身产品需求的方法：

第一是将产品融入带有体验性的品牌之中。这意味着，创造一种品牌形象，强调消费者购买、使用或占有该产品时的良好体验。耐克鞋、哈雷摩托车都是这样做的，著名的“Intel Inside”营销攻势的目标也是如此。

第二，随着消费者对体验的需求增加，他们对能够帮助产生体验的物品的需求也会增加。这时需要提供更多的刺激感觉的道具，如纪念品。

第三，在产品中加入更多的能引发消费者在感觉上的共鸣的元素。

第四，有意造成产品的短缺，激发消费者的占有欲。

第五，组织产品俱乐部。

第六，发起有关产品的特别活动。

体验经济可以带来一种幻觉：企业把每一位消费者都看作独特的个

人，进而满足他们的个性化需要。想一想去拉斯维加斯游览的经历、在迪士尼乐园游玩的经历、在硬石餐厅吃饭的经历，以及在耐克城买鞋的经历。使交易成为记忆是新经济的关键，这种新经济面对的是那些在电脑和电视屏幕前长大的消费者。

◎ N=1，R=G

在规模经济时代，企业大规模生产完全一样的商品，出售给同质化的客户群；而随着新经济时代的到来，范围经济、大规模定制等陆续出现。普拉哈拉德将基于单个客户需求的多样化称为“N=1”，即消费者独特的个性化体验是价值的基础。

同时，他提出，没有任何一家企业可以在规模和范围上满足任何一位消费者在一瞬间的体验，企业必须在全球范围内获取资源，即 R=G（R=resource，即资源；G=global，即全球化）。注意，在这里，获取资源不是拥有资源。

普拉哈拉德认为，在互联网和全球化的时代里，大变革不可避免，但是企业一定要知道变革的两大支柱就是 N=1 和 R=G。把两者融合起来看，就是如何运用广泛的资源满足个体消费者的价值主张，而这个满足过程则是企业和用户一同来完成的。

“如果价值的轨迹是从产品和服务向体验转移的话，那么可以肯定，价值创造必须以个体消费者为重点。”普拉哈拉德写道。[①] 在这种变革中，用户体验是价值输送的终点。

---

① 普拉哈拉德，克里施南．下一代企业的核心竞争力．21世纪商业评论．（2009-03-25）．http：//finance.ifeng.com/news/20090325/477669.shtml.

39. 免费是不是一种商业模式?

今天的网络企业家不仅必须创造出人们喜欢的产品，
还要创造出人们愿意付钱购买的产品。

◎ 高技术的价格矛盾

1996 年，在微软与网景之间，爆发了历史上最为奇特的商战之一：双方争着把浏览器免费送到客户手中。

在中国，前几年的移动和联通大战中，移动运营商竞相推出各种移动电话资费套餐方案，其中包含一定的通话时间、一定的短信条数，甚至在你使用了足够的服务之后，免费赠送你一部手机。

eBay 在北美市场是靠向卖家收费而受到投资商青睐的，它从一开始就盈利，而且获利颇丰。可是，马云却宣布中国的淘宝是免费的，而且“几年内都将免费”。曾几乎垄断了国内全部 C2C 市场的 eBay，受到后来者淘宝的挑战，最后败北。

这些公司是不是疯了？并非如此。它们只是在遵循一种全新的规则。这种规则看上去似乎自相矛盾，但放到当今数字技术价格及容量发生巨大变化的大背景下，就显示出了深刻的意义。道理很简单：微软和网景免费赠送浏览器是因为，它们在抢占网络浏览的标准；移动运营商的算盘是，从对手那里争夺更多的客户，向客户推广能带来更多价值的新电信业务；对于马云，2005 年前后的中国 C2C 市场还不是一个该不该收费的问题——在交易信用、物流配送、互联网普及、电子商务人口等方面，中国消费者与美国消费者没有处于同一个世界中，因此，把“水库”尽可能地、尽快地挖大，才是最最重要的工作。

人类有一种根深蒂固的本能：总想获得免费的午餐。就网络业而言，许多企业家认识到了这一点，他们纷纷采用古老的销售招数——免费赠送，企图以此打响品牌，扩大市场份额，在群雄纷争的网络战场上奏凯。其背后的思维方式是这样的：网络好比一块等待开垦的新大陆，现在赶紧去跑马圈地——无论为此付出的短期代价有多大，日后自然会有好报。

这便是高技术的自相矛盾之处：在价格下跌得最快——甚至为零的时刻，买卖照样还能够红火。我们很容易明白为什么免费对消费者来说是有吸引力的，但是公司如何通过免费发放产品和服务来赚钱并不总是那么明显。各公司常常要思考的是：在这个技术产品几乎可以免费得到的世界上，自己怎样才能保持竞争力？

在《免费：商业的未来》（*Free：The Past and the Future of a Radical Price*）一书中，克里斯·安德森试图解释为什么免费越来越成为一种有效的商业模式。① 数字化技术的基础经济学决定了免费模式在数字

① 安德森．免费：商业的未来．蒋旭峰，等译．北京：中信出版社，2009.

世界中比在模拟世界中更容易大行其道。这是因为，信息产品和服务具有“非常特别”的成本结构。它们是高固定成本、低边际成本的。生产第一份信息产品的成本非常高，但是生产（或复制）此后的产品的成本可以忽略不计。例如，一旦第一本书被印刷出来，生产另一本书的成本就只有几美元；刻一张光盘只需要不到一美元，耗资上亿美元的好莱坞巨片的成本大部分花在第一份拷贝出来之前。

这种成本结构有许多重要的意义。信息生产的固定成本的绝大部分是沉没成本，即如果生产停止就无法挽回的成本。如果你投资于一座写字楼但是又改变主意不想要它，你可以把楼出售，挽回部分成本。但是，如果你拍的电影失败了，没有什么市场可以让你把剧本再卖出去。沉没成本通常必须在生产开始以前预付。除此以外，大部分信息产品的营销和销售成本也越来越高。

信息产品的可变成本也有一种特殊的结构：如果已经生产了数量很多的拷贝，那么多生产一份拷贝的成本不会增加。微软不像波音，企业也没有折旧和生产容量的限制：信息企业很容易在一天之内扩大自己的生产能力以满足需求。如果你能生产一份拷贝，你就能以相同的单位成本生产 100 万份甚至 1 000 万份拷贝。

独特的成本结构决定了免费经济的诞生。谷歌为了让其庞大的搜索引擎启动运行，需要在软件和基础设施上投入数以十亿计美元，但其后递增的搜索几乎花不了它什么钱。

◎ 免费加收费

免费的商业模式建立在“交叉补贴”（cross subsidy）上，这也就是为什么你订购一个移动运营商的长期服务计划，就可以得到一部“免费”手机。类似的情形还有，数字电视公司免费送机顶盒，为的是让你订阅付费频道。

“免费+收费”模式（freemium）是在网络生存空间中最常见的商业模式之一。这个说法由风险资本家弗雷德·威尔逊（Fred Wilson）发明[①]，也就是说，把服务分成从免费的到昂贵收费的各种不同等级。例如，有些网站和软件如果付费，就可以享用比免费版功能更多的“专业版”。这叫作价格歧视，即对于那些给你的信息产品估价甚高的消费者，不妨卖一个好价钱；而对于那些偶尔购买、不愿意掏腰包的客户，可以杀价销售，甚至可以免费向大众派发产品，因为产品散发得越广，越有可能把更多的付费客户吸引过来。

“免费+收费”模式的核心是，在免费服务上赔钱，但在溢价的付费服务上赚钱，同时把前者作为一种廉价的推广手段。举个例子，上百万名Skype用户在网上进行音频和视频通话却无须付一分钱，原因是一小部分用户为了得到额外的功能而付出的费用补贴了免费用户。通常而言，一家网站会遵循“5%定律”，也就是说5%的付费用户是网站的所有收入来源。这种模式之所以能够运转下去，是因为给其余95%的用户提供服务的成本是相当低廉的，可以视为零。

广告可以说是最有名的免费模式。你既不用为无线电视付费，也不必为搜索付费，两者的原因都在于，你免费获得的内容被附加了广告。当然，安德森在书中指出，广告不大可能为网上所有的内容带来收入。如果你是一位博主，不管你有多么牛气，从Google AdSense服务中赢取

① WILSON F. The freemium business model，Mar. 23，2006. https：//avc. com/2006/ 03/the _ freemium _ bu/.

的收入恐怕永远也不会使你的写作物有所值。

如果博客更加关注的是声名和影响力而不是金钱，或者写作博客是为了招揽更有利可图的生意，比如说出书或演讲，免费模式就没有什么问题。但如果你想要纯粹依靠网络为生，则“免费”会成为一个麻烦。就连谷歌前 CEO 埃里克·施密特也承认，免费的午餐不是人人都可以品尝到的。他说：“免费的问题在于，它排除了市场上所有的价格歧视结构……它往往会造成赢家通吃（winner-take-all）。”①

这并不是说除了免费，在网上就完全没有机会了。安德森指出，与免费模式竞争也没有那么难，只要商家确实能提供更好的东西或是具有差异性的东西。如果有真正独特和可以满足急切的消费需求的数字化产品和服务，还是可以赢得消费者的青睐的。

把产品高价卖给付费程度高的客户，存在两种办法。第一种是为产品增加价值。路透集团通过把它的主要产品以对客户有用的方式组织起来，从而与竞争对手的产品有所不同，避开了使自己的产品商品化的陷阱。第二种是不要给你的高端客户以低价购买的机会。

在网络经济中，企业必须采用各种各样的方法细分市场，并充分利用信息处理技术把市场细分工作做得更好，因为它们如果不能够找到办法向高付费客户收取高价，那么就只能向付费程度低的客户销售通用信息。而网上的通用信息，像电话号码、新闻、股价、地图等，只是在以边际成本——“零”的价格出售。

前一天的经济信息人人都可查到，获取也不费分文，但交易人却愿意为稀缺的实时金融信息和分析付出成千上万美元，因为这些信息和分

① 安德森．免费：商业的未来．蒋旭峰，等译．北京：中信出版社，2009：第 8 章．

析能够帮助他们预测未来的价格。由此，在免费与昂贵之间，存在着众多的内容空间，其价值高低和潜在收入的多寡各有不同。

◎ 网络效应

虽然消费者现在期待在网上看到的大部分内容是免费的，但是，他们的期待和行为是有可能发生变化的。在有线电视、卫星电视和 DVD 问世之前，无线电视多少年都是完全免费的。如果能向消费者展示出足够的好处，消费者会愿意付费去获得从前是免费的东西。这是当下网络公司要深入思考的事情。虽然免费带来了大量的流量，比如推特的爆炸性成长有目共睹，但大规模流行并不能为一种无法立足的商业模式背书。

可以肯定的是，那些拥有定价权力的企业不一定总是选择使用这样的权力。上百万的人愿意为自己喜爱的社交网络埋单，但由规模带来的潜在网络效应使得免费成为一种无法抗拒的战略选择。除了供应方的规模经济，信息产品市场的另一个关键之处在于需求方的网络外部性(network externality)。当一种产品对一位用户的价值取决于该产品别的用户的数量时，经济学家就说这种产品显示出网络外部性或网络效应(network effect)。通信技术是一个主要的例子：电话、传真机、调制解调器、电子邮件和互联网都显示出网络效应。

受强烈的网络效应影响的技术一般会有一个长的引入期，紧接着是爆炸性的增长。这种模式是由正反馈（positive feedback）引起的：随着某一产品用户基础（installed base）的增加，越来越多的用户发现使用该产品非常值得。最后，产品达到临界容量（critical mass)，占领了市场。这种网络外部性也是赢家通吃产生的前提。所以，增长是网络公司战略上的必由之路，这不仅是为了获得通常的生产方规模经济，而且是为了获得由网络效应产生的需求方规模经济。

将来，“免费＋收费”模式会变得越来越重要。它会一方面允许企业保持免费所带来的规模效益和广告收入，另一方面允许它们开辟额外的收入来源。例如，《华尔街日报》采取的就是这样的混合模式：既有收费的内容，也有免费的内容。安德森说：“单单免费是不够的，它必须与付费搭配……今天的网络企业家不仅必须创造出人们喜欢的产品，还要创造出人们愿意付钱购买的产品。免费也许是最好的价格，但它不可能是唯一的价格。”

这是一个反高潮的结论。实际上，信息技术将永远不会是免费的。因为每当这些技术刚刚变得有些廉价时，就会有人探出路子来大量利用这种技术产品，致使它们又稀罕起来。然后，人们又会要求有更大容量和更快处理速度的新技术。只要想象力丰富的人能不断琢磨出更好的东西，这种循环往复将永无休止。

40. 什么是“大产品”?

有了更多的信息和更多的传播要素，
传统的产品就脱胎换骨了，乃成为“大产品”。

什么是产品？这似乎是个再简单不过的问题。作为消费者，你吃的、穿的、用的、玩的，无一不是产品。但我们还需要一个管理学上的定义。一种说法是，产品是用来满足人们需求和欲望的物体或无形的载体，简言之，是能够提供给市场、被人们使用和消费，并能满足人们某种需求的任何东西，包括有形的物品、无形的服务、组织、观念或它们的组合。

这个定义很完备，遗憾的是，它仍然只是个工业时代的定义。这里虽然也提到使用和消费产品的人，但定义中的使用者和消费者，听上去仍然像是主体性微弱的被动个体或群体。在网络时代，我们需要向产品中添加更多的赋予用户主体性的内容，这种添加物大体可以分为两类：一是信息，二是传播。

◎ 产品即信息

大数据如今火爆异常。许多企业在想如何使用大数据分析来增加收入、提升市场份额，然而，很少有人去认真思考如何将更多的数据加入产品中，从而不仅令产品也令产品开发更上一层楼。

托马斯·C. 莱德曼（Thomas C. Redman）在《哈佛商业评论》（*Harvard Business Review*）网站的博客中提到过一个概念，我认为深中肯綮：每一家公司都需要一项“信息化”（informationalization）战略。[①] 此处提到的“信息化”，并非指企业中常见的那种利用计算机技术、网络技术等一系列现代化技术，通过对信息资源的深度开发和广泛利用，不断提高生产、经营、管理、决策的效率和水平，从而提高企业经济效益和企业竞争力的过程；狭义地归结到产品思维上，它是指，通过在现有产品和服务中构建更多的数据与信息，使其对顾客更具价值。

几乎所有的产品和服务都可以经由这样的“信息化”而提升价值。例如，通过在汽车中内置GPS，车主可以更快地抵达目的地，节省了时间和燃料，从而令汽车产生了更高的价值。

GPS只是传感器的一种。今天的汽车中，传感器越来越多，它们不仅让汽车更好用，也给厂家提供了机会：通过调出传感器中的数据来更好地掌握车的运行状况以及车主的使用状况，然后将这些数据反馈到设计进程中，从而优化未来的消费者体验。

“信息化”位于两种古老的需求的汇合之处：第一种是，产品和服

① REDMAN T C. Integrate data into products, or get left behind, June 28, 2012. https://hbr.org/2012/06/integrate-data-in-products-or-get.

务的改进永无止境；第二种是，所有的人都希望在个人和职业生活当中，获取更多的相关、及时、准确、易于掌握、详细的和集成的数据。

莱德曼的灵感其实来自未来学家斯坦·戴维斯（Stan Davis）。早在1991年，戴维斯就在与人合著的《视力2020》（*2020 Vision*）中提出了一系列有关“信息化”的公式，诸如：

信息化=个性化产品+快速反应；

信息化=在交货地点制造；

信息化=缩减管理成本、库存和运营资本；

信息化+直接入口=更高的服务标准；

信息化=组织内的纽带；

信息化+物流=全球化。①

所以，尽管大数据分析/挖掘重要，但产品的信息化也十分重要，企业需要一个从大数据到大产品的进程。虽然前者吸引了更多的眼球，但后者其实更容易上手，可以带来更好的效益，也会增强企业的竞争优势。

◎ 从单一价值到交互价值

当然，从传统的信息量和数据量较少的产品和服务中，也能获得价值，但那种价值是单一的，不像经过“信息化”以后的产品和服务，能够获取交互价值。

什么是交互价值？在总结海尔的转型经验时，我曾经提出过一个公

---

① DAVIS S，DAVIDSON B. 2020 vision：transform your business today to succeed in tomorrow's economy. Simon & Schuster，1991.

式：交互价值＝信息量/规模。

一种交互怎么就拥有了价值？因为它被注入了信息。

信息可以为产品增添附加价值。标准化解决了大规模生产的问题，却没有提升单个产品的价值量；甚至标准化生产由于对稀缺性的破坏，反而稀释了单个产品的价值。信息则可以提升产品本身的附加价值，信息量越大，产品的价值就越高。因此，交互产品的价值等于信息量除以规模。

在工业时代，企业为了实现大规模生产而不得不采用标准化的生产方式，这使得每个产品的价值相对萎缩了。那些高附加值而未进行大规模生产的产品，也因为成本高昂，价格居高不下。将来，开源设计配合3D打印和更灵活的机器人组装线，将使得企业能够以合理的价格销售小规模生产的产品，实现规模化的定制生产。而定制生产更能满足人的多元化需求，实际上是在每个产品上附着了特别的信息以迎合不同的人的期待，这种做法无疑增加了产品本身的价值。

服务也是如此。令消费者不愉快的体验来自服务过慢、订单不准确，以及他们需要付出额外精力的各种情形。这些都和信息息息相关。通过专注于实现“减少信息阻力”，企业可以营造和其他众多服务业不同的用户体验。

今天，消费者已经厌倦了继续被当作“有腿的钱包”来对待。企业领导者必须了解，商业不仅仅是买进卖出的贸易或是钱物交换。商业应该是而且渐渐必须成为伴随顾客一生的个人联系的拓展。虽然商人通常认为商业就是卖东西给顾客，但真正的领导者会清楚所有商业都是个人化的。最终，商业的成功倚赖于一群人对他人的关注并从中盈利。一般的公司往往提供“千篇一律”的服务，但是，传奇的公司总能找到超越固化服务平台、营造个性体验的路径。

每件事都有商品化的风险（大部分归因于信息传递的速度、消费者对技术的掌握程度）。在运作中严谨地传递精准、流畅、便利的用户体验，为公司对抗千篇一律的商品化提供了坚实的保证——它注重与消费者维系个人联系。而维系个人联系只能靠信息，不能靠规模。

唯有让消费者感到“大吃一惊”的品牌才能生存和发展。与之相反，那些仅仅能够满足消费者需求的品牌正处于消亡的边缘。

◎ 产品即传播

信息只是产品的第一类添加物，第二类添加物是传播。向产品里添加传播听上去有点令人费解，其实就是确立产品里的传播分享机制，令产品具有传播性。具有传播性的产品，我们称之为病毒式产品，它的成长是有机的，通过用户推荐，每一个现有用户都会带来不止一个新用户。

如果一种产品拥有下面五个特征，就可以称为病毒式产品。

第一，该产品的核心用途通过交互而增强。如果一种产品的用途无法实现这一点，用户就没有动力去狂热地分享自身的产品体验。这并不是说，如果产品被孤立地使用，该产品就没有价值；而是说，产品的使用者意识到，通过和其他使用者交互，该产品会变得更有价值。

第二，产品的使用者围绕产品的使用可以形成网络。网络在这里用来形容一群拥有共同的兴趣和目标的人，或者性状相类的人。病毒式传播需要足够的规模，需要不断“招募”传播者。小型网络不能够满足这一要求，因此，利基产品在病毒式成长上会遭遇困难，因为它的适用性有限，任何特定用户都比较难以了解该产品还会对谁拥有号召力。

第三，产品从现有的人际联系中受益。用户同用户交互的便利未必充分激发病毒式传播；部分产品能够巧妙地实现用户之间的互动，但并不因此生长出“病毒”，因为用户缺乏动力介绍他人使用产品。例如，如果一个游戏允许随机选择多个玩家，那么，其体验并不会被这些玩家的交际所增强，因为这些玩家之间不存在现存的人际联系。这表明，病毒式产品依靠现实世界中真实存在的网络。一种产品要想成长，就必须在其用户现有的人际网络中传播。

Skype 就是这样的例子，它允许用户在广大的范围内建立偶然的联系，也可能会因此发生有趣的对话（以及大量的滋扰），但 Skype 真正的引爆点在于它连接了本来就彼此互相认识的人。如果它不是开发了这类功能，或者没有加强这类功能，它就不可能获得病毒式成长。微信的大规模流行更是利用了这一点：要想注册微信，要么通过 QQ，要么通过手机号，这两个都是经过一层筛选的，也就是说，有微信账号的，已经是经过两层筛选的了。尤其是手机号，几乎一个手机号对应一个真实的人。从微信 5.0 开始，注册页面连“使用 QQ 号码登录”的选项都没有了，只能通过手机号码注册。

第四，该产品具有很强的保留用户的能力。如果你就一种产品向其他用户做出推荐（即发出“病毒邀请”），等于你为该产品进行了背书，你会在意自已的信誉。如果要用户对那些他们并不完全熟悉和特别喜欢的产品做出推荐，他们会十分踌躇，因为若非是被产品的效用所说服，他们将冒声誉上的风险。所以，用户保留率越高，用户向其他用户推荐的可能性也就越大。

第五，产品的使用必须做到方便和容易识别。接收到“病毒邀请”的人会观察一种产品的好处是不是可以被迅速判定，这种判定包括有用性、有趣的程度以及相关性，它会极大地影响接到邀请的人有多少会转化为实际的用户。保留率同“病毒邀请”的数量相关，转化率则同产品用途的识别度相关。病毒的吸引力同产品的易用度相互增强。易用度愈高，则会造成更高的用户转化率，这些用户也会转而发出更多的邀请，从而带来更多的用户。

有了更多的信息和更多的传播要素，传统的产品就脱胎换骨了，乃成为“大产品”。

41. 移动互联网思维是触点式思维

如果对移动持频道化思维的话，
你就浪费了一个巨大的机会。
正确的移动互联网思维是触点式思维。

对于移动互联网，首先要从认知开始。在2013年有一个很常用的词叫“互联网思维”，我想讨论一下移动互联网思维。

为什么说到认知的问题？因为从人类认知的角度来讲，每当我们遇到新问题时，我们通常会用旧的方式来看它。

举个简单的例子，马车以前是人类的主要交通工具，但是，汽车第一次出现的时候，大家发现没有办法界定汽车，所以我们就会很自然地把汽车叫作“无马的马车”，这种过去的认知会影响到我们对于新事物的观察视角。

所以，当我们第一次感受到移动的潜力时，我们最容易把移动当成某种路径，这从对移动的不同的叫法可以看出来：我们把移动叫作频道或者管道，也叫作通道、渠道。我把这样的认知叫作“移动的频道化思维”，因为对于不同的人来讲，当他接触到移动时，可能他都会按照自己的认知框架去认识它。

如果你是客服员，你会觉得移动给你带来跟客户交流的新通道；如果你是产品经理，你会觉得移动给你带来新的分发渠道；如果你搞营销，你会认为移动是新的更好的活动平台。当你想到这些频道、通道、渠道时，你最容易联想到的是水在管道里流动的样子。通常来讲，管道两边还有阀门。管道用户或者管道的所有者，可能在收发信息的时候打开这些阀门。从渠道的角度来说，水的流动可能是双向的，也可能是单向的。如果我们用它来获取客户的反馈，它就是双向的；如果单纯发布内容，则是单向的。这是典型的移动频道化思维。

这种思维是非常错误的。它部分是正确的，但是总体来看，作为认知框架来讲，非常错误，因为移动远远不是频道或管道或通道这样的词所能概括的。

移动最大的特点在于它可以实现不断的接触。以手机来讲，有三大特性：第一个特性叫能动性，即你是使用手机的主体。第二个特性叫亲密性，即手机几乎永远都会在你身边。第三个特性叫即时性，即手机是实时的。这三点使手机根本不像任何的渠道，甚至都不像我们熟悉的万维网。所以，很早之前，《连线》杂志有一篇极具洞察力的文章叫作《万维网已死，互联网永生》，因为移动这个天地跟万维网是完全不一样的。

另外一个跟移动有关的东西不是手机，而是平板电脑。平板电脑其实也不符合频道的特点，但是和手机又是不同的。平板电脑可以让我们更方便地深入到内容里去，我把这个叫作“沉浸式体验”。无论在平板电脑上看文件还是玩游戏，都可以持续很长的时间，这样就导致平板电脑会提供一种沉浸式的体验，手机则让我们保持连续不断的联系，它们因此都不可以被视为带阀门的管道。

如果你对移动持频道化思维的话，你就浪费了一个巨大的机会。正确的移动互联网思维，我称为“触点式思维”。有多个触点，所谓移动性就意味着构成多个触点的生态系统。

手机触点、平板电脑触点，当你使用这些触点时，可能是单独使用，也可能跟社交关联在一起。如果你作为企业，能够把这些触点连接为一个无缝的系统，那么你就能够满足你的用户在不同的场景下多样化的需求。

有意思的是，为什么移动跟万维网是完全不同的世界？原因在于，这些独特的移动触点，不仅仅是现在看到的比如说移动的网站或者是应用，它们也是即时通信，也是广告，也是地理位置服务。比起传统的万维网，所有触点在移动体验当中更具整合性。例如说你在平板电脑上看广告，你会发现它比传统网站广告好看多了，广告就是内容。一项好的移动策略需要保持各种触点的丰富性，最忌讳的是把移动当成单一频道来使用。

当你把移动作为一个触点来考虑时，一定要保持对未来的开放性，因为你不知道还会有什么东西加入这个多触点的生态系统当中。比如现在看电子展，里面有一大部分是搞智能汽车、智能电器、智能家居的，换句话说，你的汽车和家用电器都可能在将来的某一时刻，成为这个多触点系统当中的一个触点。所以，要从触点角度考虑移动问题，而不是从频道角度考虑。

42. 企业如何玩转社交平台

社交平台的说法比社交媒体更准确。

“媒体”一词暗示一对多的广播过程；

而使用社交平台的人从来都是希图构建多对多的关系。

10 年以前，几乎没有人听说过社交媒体；而今天，脸书、推特和领英这样的社交媒体，拥有超过 10 亿个用户，流量几乎占据整个互联网的四分之一。似乎在一夜之间，社交媒体变成现代人生活当中不可缺少的组成部分，我们依靠它交友、恋爱、获取新闻，甚至是做生意。

与传统通路相比，社交媒体所构造的崭新空间究竟有什么不同呢？IMD 商学院战略与创新教授米科拉伊·扬·皮斯科尔斯基（Mikolaj Jan Piskorski）写过若干关于社交平台与企业的案例，涵盖脸书、推特、领英、维基百科、MySpace、Zynga、eHarmony、Friendster、Meetup 与 Yelp 等。最后，他把这些案例应用汇集成书，试图回答这个问题。[①] 他认为，

① PISKORSKI M，2014. A social strategy：how we profit from social media. Princeton University Press.

社交媒体要满足的是人们无法在线下实现的社交需求，或者，即便此种需求可以被满足，成本也过于高昂而让人无法承受。

在皮斯科尔斯基看来，未能实现的社交需求——他称之为“社交失败”——构成了社交平台吸引人们的原因。社交失败包括两类：一类与人们不愿会见新朋友有关，这叫作“会面”失败；另一类与人们不愿把私人信息或社会支持与认识的朋友分享有关，这叫作“交友”失败。企业在制定社交媒体战略时，需要思考自己到底应该是通过提供“会面”解决方案还是施行“交友”解决方案来实现自己的目标。这可能衍生出社交战略的四种不同配置：低成本型“会面”方案、低成本型“交友”方案、提高购买意愿型“会面”方案以及提高购买意愿型“交友”方案。

皮斯科尔斯基还区分了数字战略与社交战略。企业需要数字战略，但更需要社交战略，后者远比前者复杂，因为它要求公司同时满足消费者的经济需求和社交需求。若想直截了当地满足经济需求，公司可以借助多年累积的丰富的营销经验，并将其应用于数字空间；但大多数公司对社会交流的成本和消费者的最终社交需求知之甚少，对如何有效地满足这些需求更是一无所知。现在，大多数公司很难具体识别社交失败的类型，因而也无法提供最佳解决方案。更加致命的是，公司在解决这些问题的同时，还要提供经济方案。换言之，公司的方案必须既能帮助用户改进社交关系，又能给自身带来经济利益。

在社交平台上，企业最容易犯的错误是，它们以为简单地把数字战略移到社交环境中即可，换言之，它们要么动用社交平台广播企业讯息，要么试图凭借平台获取用户反馈。用户反感这类行为，因为他们在社交平台上活动的目的是与他人联系而不是与企业联系。设想一下这个场景：当你和朋友围桌吃饭时，突然闯入一个陌生人，拉过椅子坐下就说“嗨，我能向你推销一个东西吗？”你的反应一定是“不”，因为他干扰了你和朋友的谈话。这么浅显的道理，很多公司却需要现实的教训才能明白。

这就是为什么企业需要设计社交战略来帮助人们创造或加强关系。社交战略能够成功，是因为它与用户在社交平台上的期望和行为保持了一致。如果接着使用上述那个餐桌的例子，一个拥有社交战略的人会走过来，这样对进餐的朋友们说：“如果你需要更好地发展友谊，我有个东西可以帮忙。”

成功的社交战略具有三个特征：(1) 可以降低成本或是增加消费者的购买意愿；(2) 可以帮助用户建立或加强关系；(3) 可以鼓励用户免费为企业做事情。许多企业蜂拥加入社交平台，比如建立粉丝页或是开设官方账号，日日计算自己增加了多少关注者或是收获了多少个“赞”，但这并不是社交战略。原因很简单：假如这些数字并不能带来更高的销量或是更低的成本，那么它们就是虚幻的。好的社交战略总是围绕以上三个特征做文章，诸如：美国运通公司建立专有社交平台，帮助小企业主彼此联系，解决生意问题；Yelp 鼓励贡献者多写点评，多产的人会获得“精英”地位，可以凭此身份参加派对并与其他“精英”结交；NikePlus 则允许人们跟踪健身表现并和其他同好分享运动窍门，比如受人喜爱的跑步路线。

很重要的一点是，企业要避免一个误区——把社交平台仅仅当成另外一个渠道，试图在新渠道上向用户做广告。这条路是完全行不通的。不论企业做出多大努力，大多数消费者都不会像识别和信任朋友一样识别和信任品牌。正确的路径是让自己的产品或者服务更具社交性，同时善用群体动力学机制，加强用户彼此的沟通。

从本质上来说，社交战略比数字战略更具风险。就数字战略而言，公司实际上是把营销和获取客户的工作转移到社交平台上，接下来要做的事情和以前一样。业务模式的变化不大，也就降低了失败的风险。然而，社交战略要求公司至少改变价值链中的某一部分，将这一部分的权力移交到消费者或供应商手中。虽然这种方法可以增强消费者的购买意愿或者能够降低生产成本，但它也意味着公司无法再直接管理这一过程。例如，公司不能再通过花钱的方式来保证获取客户，只能依靠客户来赢得客户了。

以上讲的是企业层面。从用户角度，也需探究他们在社交平台上的使用习惯。究竟是什么吸引他们黏在社交网络上？一个突出的发现是：照片。照片堪称社交平台的杀手应用。有项统计说，70％的网络社交活动与浏览照片或是查看他人的个人资料相关。贴照片的人炫耀自己的生活充满乐趣，期待自己受观众欢迎；而对于看照片的人来说，社交媒体提供了一种微妙的、无须窥探却也能深入他人生活的契机。

性别差异也非常有意思。女性是社交平台的磁石。社交平台最大的应用类别是男人看不认识的女人，其次是男人看认识的女人，然后是女人看认识的女人。女性用户对自己不认识的女性和男性表现出来的兴趣较低。总体而言，浏览女性用户资料和照片的行为占所有浏览行为的三分之二，因为男性和女性用户都在浏览女性资料。

综合起来可以看到，社交平台的说法比社交媒体更准确。“媒体”一词暗示一对多的广播过程；而使用社交平台的人从来都是希图构建多对多的关系，结识新朋友，或是加强现有的关系。对企业来说，这样的区分也绝非不重要。如果你使用社交媒体，你的思维方式往往会局限于生产供客户消费的内容或是征求客户的意见。但假如企业意识到消费者要的是相互联系，它们就可以发展出社交战略。

那些能够掌控数字空间的企业会在一开始就从商业目标出发，问自己一个问题："我的竞争优势之源在哪里？我怎样才能使用社交平台更好地加强这个优势？"如果不是从这个问题起步，企业在社交平台上所做的努力不管多少，都不会产生商业结果，即便这些努力造成了同客户的人量互动。

43. 品牌，谁说了算

现在，品牌传播依赖于向社区投放富有亲密感的信息，
像过去那样大叫大嚷已经没人听了。
为了赢得信任，除了持续不断地传递品牌主张，
还需要让品牌在消费者心中产生一种个人亲密感。

谁是今日互联网上最有影响力的人？他们是懂得发掘社交网络的力量以建立品牌、声誉和获取利润的人。毫无疑问，他们是网络的原住民，懂得交换信任、名声和关系，懂得利用社会化媒体积累影响。举手之间，他们可以成就企业，也可以倾覆企业。其中，信任在建立数字化名声方面显得格外重要。正因为它是关键性资产，所以那些能够用它进行交易的人被克里斯·布洛根（Chris Brogan）和朱利恩·史密斯（Julien Smith）称作“信任代理”（trust agent）[①]，他们是企业最需要

① BROGAN C，SMITH J. Trust agents：using the web to build influence，improve reputation，and earn trust. John Wiley & Sons，2009.

的人。

那么，为什么信任如此重要？这是因为信任在今天的消费环境中是稀缺因素，怀疑一切、能力超群和信息灵通的消费者数不胜数。虽然企业触及消费者的手段和途径变得丰富多样，但消费者是否倾听企业传递的信息越来越让人生疑。由此来看，网上最值钱的硬通货不是美元，而是信任。例如，统计数据显示，12～16岁的青少年所消费的东西，60%缘于其他青少年也消费了这些东西。

信任代理不见得非是市场营销人员，他们是精通技术并试图通过透明度、诚实和真正的关系来给企业赋予人性的一群人。他们谈论自身的体验，做出各种购买推荐，依靠给人留下好印象而广交朋友。由于广告已变得如此饱和，消费者购买产品的决策不再单一地依靠广告，而越来越多地依赖他人的评价。而信任代理的一个明显特征恰好就是：对人的兴趣远超一切，这些人可以是客户、雇员，也可以是同事。

与此同时，比起企业的市场营销，社交网络和个人联系的影响力要大很多。在这方面有一个经典的例子：虽然微软花了不计其数的钱在广告和营销上，试图加强消费者对它的品牌认知，然而却没有多少人买账，直到一个叫罗伯特·斯考伯（Robert Scoble）的微软员工现身，他因写作Scobleizer博客而广为人知，给微软的营销努力加上了那么一点人情味，他激起的反响出乎所有人的意料。

斯考伯有什么法宝呢？他只是像一个真正的人那样行事，有想法，有感情，甚至有时候和其他人一样，对微软的某些做法颇有微词。我们可以把斯考伯这样的人称为信任代理，即一些不以销售为目的、不施展高压手段的市场营销人员，致力于利用网络来真诚而人性化地做生意。

斯考伯后来与人合著了《直率的交谈：博客如何改变企业与消费者的会谈方式》(*Naked Conversations*：*How Blogs are Changing the Way Businesses Talk with Customers*)。[①]

这样的信任代理在许多公司已出现：比如在戴尔公司担任首席博主七年的莱昂内尔·门查卡（Lionel Menchaca）以及谷歌的软件工程师马特·卡茨（Matt Cutts）等。门查卡认为，与消费者交流的诀窍是从个人角度而不是从“品牌讯息传递”角度展开写作，要真实且富有人情味。马特在搜索引擎优化圈子里十分有名，经常就如何在谷歌上提高能见度给出建议。2006 年，《华尔街日报》甚至称卡茨之于搜索结果就仿佛格林斯潘之于利率。

信任代理的成批出现表明这个世界真的变了。《连线》杂志前主编克里斯·安德森说：“品牌不是你说什么样就是什么样，而是要看谷歌怎么说。”我们可以进一步引申说：品牌什么样，还要看脸书上怎么说，或是其他人在推特上以及各种社交网络中怎么说。

现在，品牌传播依赖于向社区投放富有亲密感的信息，像过去那样大叫大嚷已经没人听了。为了赢得信任，除了持续不断地传递品牌主张，还需要让品牌在消费者心中产生一种个人亲密感。营销界和广告界的人士还没有认识到这一点吗？那就等着人们用对待上门推销保险人员的那种态度来对待你们吧！

---

① SCOBLE R，ISRAEL S. Naked conversations：how blogs are changing the way businesses talk with customers. Wiley，2006.

44. 社会化营销的精髓

当你在社会化媒介上拥有有机的受众群体时，
你为他们提供的价值与广告是不同的。
一个与你的品牌持续保持亲密关系的客户
比一个“一劳永逸”的客户更有价值。

◎ 媒介消费的三大变化

今天我们所生活的这个世界已经和以前完全不同了，其中一个很大的变化，就是我们消费媒介的方式的改变。我把这种改变总结为三点：第一点，是时间和场景的碎片化；第二点，是互联网成为一切媒介的媒介；第三点，是媒介具有了社会性。

第一，碎片化。半个世纪前消费媒介的时候，消费者和媒介之间存在一定的距离，通常是媒介生产出来的内容由消费者被动消费，时间和空间都是由媒介提前限定好的。在 20 世纪三四十年前，出现新一代媒介，这些媒介包括大家所熟知的随身听、录像机、电子游戏、个人计算机、卫星电视等，其实它们也是那个年代的新媒介。为什么说它们是新媒介？原因很简单。因为这些媒介大部分是由消费者自己掏钱支持的，而不是由广告商掏钱支持的。同时，这里面有一个规律，就是消费者在一个媒介上花钱越多，通常来讲他们在这个媒介上花的时间也越多。今天，我们又开始面对崭新的媒介形态：由于有了互联网，有了智能手机，有了社交媒介，我们身处无所不在的媒介环境之中，这个环境似乎是完全听命于消费者个人的。

这时，我们消费的内容、消费的场景、消费的时间全部是碎片化的，它导致内容的提供者也变成碎片化的。这是我讲的第一个重大的变化，就是我们正在经历从大众媒介（mass media）到“乱众媒介”（mess media）的转化。碎片化的一种终极形态，可能导致产生“一人媒介”，即某个媒介只有一个消费者。

新一代的媒介消费者对内容的需求不断增长，但他们要的是，按照他们的所在，以他们喜欢的方式，在他们产生需求的一刻，由供应商来提供内容。

第二，今天我们能够想象到的所有媒介，全部都是在互联网上呈现的，里面既包括电视，也包括广播；既包括报刊，也包括出版；既包括电影，也包括音乐；既包括照相机，也包括电话；既包括大众传播，也包括人际沟通；既包括电子游戏，也包括虚拟人生……这些是互联网会引发媒介革命的根本原因，因为它是所有媒介的媒介，媒介在人类社会中已然发展到它的顶端。

第三，在这个演进过程当中，出现了社会化媒介。什么是社会化媒介呢？如果有一种媒介，在其上能够开展这样一种活动，既整合了互动技术，也整合了社会交往，同时整合了用文本、图像或者移动的图像

(即影像）多样化表达的内容，把这三样东西无缝整合为一体，这样一种媒介就叫作社会化媒介。

所以，当你进入社会化媒介世界的时候，你会感到眩晕，因为它有无数的呈现方式、无数的进入路径、无数的内容展现。我们把它总结为 Web 2.0 也好，总结为所谓智媒也好，它都有一些基本要素，是开放的、互动的、由用户来控制的。通过参与、通过对话、通过社区，用户彼此紧密连接在一起，不只是为了获取信息和娱乐，更重要的是为了开展社会交往和社会行动。

既然媒介在发生如此翻天覆地的变化，那么媒介从业者就会产生一种失控的感觉，会失去重心、失去平衡，乃至失去饭碗。打个比方，在马车向汽车转变的时候，从事马车业的人受影响最大；如果铁匠没有机会再给马打马蹄铁，铁匠就会失业。默多克说要给今天的媒介变革找一个合适的类比，只能倒退五百年想象一下印刷机的发明。① 新的技术正在把权力从编辑、从 CEO、从发行商、从既有体制内的这些人当中转移出来，面向要求更高的新一代消费者——他们受过良好教育，不愿意被领导，知道在竞争激烈的世界中，他们有能力随时随地获得所需的东西。换言之，普通人现在拥有了对媒介的控制权，而传统媒介所面临的挑战是如何与这些新的消费者互动。

◎ 市场就是谈话

当普通人登场，开始拥有媒介控制权时，所有的媒介归根到底要追

① Rupert Murdoch："Newspapers will change，not die". The Independent，Mar. 20，2006. https：//www. independent. co. uk/news/media/rupert-murdoch-newspapers-will-change-not-die-6106205. html.

求的东西只有一个，就是对话。从事市场营销的人，也需要扭转自己的认识，把营销看作一种对话。而对话是什么东西呢？所谓的对话就是静静学习和分享的艺术。

2000年的时候，里克·列文（Rick Levine）、克里斯托弗·洛克（Christopher Locke）、多克·西尔斯（Doc Searls）和戴维·温伯格（David Weinberger）四个人合写了一本书——*The Cluetrain Manifesto: The End of Business as Usual*。这本书在中国从来没有引起应有的重视。在我看来，这本书（其中文译作《市场就是谈话：扭转传统企业思维的95个观点》）是互联网时代有关营销的开创性著作，它画龙点睛，表达了有关商业的未来的一个振聋发聩的主题：任何组织的关键技能不再是营销，而是谈话。①

书的开篇就提出了扭转传统企业思维的95条论纲，这些论纲是这样开始的：

1. 市场就是谈话。

2. 市场是由个人而非人口统计意义上的个体组成的。

3. 人与人之间的交谈听上去富有人情味。他们是通过人的声音传递的。

4. 无论你是发布信息、表达观点、提供视角，还是表示异议或说俏皮话，你的声音总是不掩饰的、自然的，没有人为的味道。

5. 人们是通过这种声音相互认识的。

6. 互联网使得在大众传媒时代无从实现的事情成为可能，人

① 列文，等. 市场就是谈话：扭转传统企业思维的95个观点. 周遵友，等译. 北京：中信出版社，2002.

与人之间可以自由交谈。

当企业人士话语冷淡、枯燥而又傲慢甚至是说谎时，实际上是在公司和客户之间高筑厚墙，将客户拦在墙外。这在前互联网时代或许还行得通，但如同《市场就是谈话：扭转传统企业思维的 95 个观点》的四位作者所观察到的，互联网上充满了朋友和伙伴的声音，那些矫揉造作的、以机构自居的、标语口号式的和推销叫卖的声音会越来越被人们当作不齿的和伪善的东西加以屏蔽。

现在，客户与客户之间，员工与员工之间，正在以一种对话语言进行交流。这种语言自然、坦诚、直截了当，也绝不缺乏幽默感。如果公司无视这种交流方式，就会陷入重大危机；如果公司不进行这种交流，它们也将失去千载难逢的发展机遇。

◎ 社会化营销的精髓：以他人为媒

在对话的前提下讨论社会化营销，一切问题都可以迎刃而解。

一般来说，在西方的很多大型活动正式开始之前，主办者会搞鸡尾酒会，就是人们在大厅里随意行走同人交谈，这样的一种场景其实就构成了非常典型的社会化媒介。能否利用社会化媒介进行营销，实际上就是你作为一个企业或者一个机构，有没有能力打造一个让大家互相交谈的空间。当然，同时提供非常具有吸引力的内容也是必要的，但是这一内容需要让他人主动来选择。不是说你提供了有吸引力的内容，自己去传播，而是你积极调动他人去帮助传播这些富有吸引力的内容。这是社会性营销的精髓。

过去搞营销的人很容易堕入一个误区，就是沿袭旧式的广告方式。如果今天你企图用广告方式来从事营销的话，就会把它简单当作一种衡量标准，比如某一营销活动能吸引多少眼球——这是一项很重要的衡量指标。还有另一项重要指标是，我们能制造出多少引起轰动的东西，即大热门产品。如果用广告思维来看，基本上可以用这两样东西来衡量自己所做的努力。但是，今天的营销，用一个大家已经习惯用的词，就是要以人为本，营销就是在讨论人之所以为人的所有东西。比如说，如何沟通，如何联系，如何写作，如何产生集体性智慧，如何让用户自己创造和贡献，如何产生用户自身的内容，最后是如何形成社区。这一切都是与人相关的，这是崭新的营销理念。

其实也可以把它叫作重归，因为它是回归当年自从人开始直立行走起长时间内所做的事情，那个时候人与人之间的交往就是这样一个场景。就是最最普通的谈话、最最普通的口碑和最最普通的口传，这些东西使我们回到人类交往最基本的内核。

当然，这并不是说，不应该对社会化营销的效果进行衡量。管理学中有一条金科玉律：任何事情如果得不到衡量，它就没有价值。所以，企业还是需要想出办法动用各种工具，对社会性营销予以衡量：每一阶段做得怎样？哪些地方做得好，哪些地方还不够好？它对企业的业绩或者品牌产生了多少实际的助益？是提升了流量、点击率和转化率，还是提高了用户参与度和顾客满意度？

衡量社会化媒介的投资回报率可能很困难。在其他任何地方，企业都不会有如此多的顾客因多种不同原因而集中在一个通道里。相应地，也没有如此多的部门，有着重叠的业务目标，却必须在同一个沙箱中发挥功能。每个部门各有自己的 KPI，这使得衡量任何一项社会化媒介活动的具体影响都变成某种巨大的挑战。

如果目标是销售，那么你将根据财务回报来衡量成功。如果目标是品牌知名度，那么你将根据曝光次数、关注者或观看次数来衡量影响。切忌将两者混为一谈。比如，你试图就提高品牌知名度的活动计算财务回报，或者，对于旨在促销的活动，你却考察关注者增加了多少，这会使衡量变得异常混乱。一个基本的认识是：当你在社会化媒介上拥有有机的受众群体时，你为他们提供的价值与广告是不同的。

再强调一下，所谓的社会化媒介其实就好比鸡尾酒会，或者说，如果鸡尾酒会的例子离中国文化太远，那么也可以说，社会化媒介就是中国的茶楼或者农村集市。所有这些过往注重对话氛围和人际传播链条的交往方式，都是今天的社会化媒介的最好的隐喻。

◎ 九大策略达成社会化营销目标

企业在利用社会化媒介的时候，或者在从事社会化营销的时候，应该怎么做，又需要注意什么？

第一，你必须在社会化媒介平台上构筑自己强有力的存在。这是毋庸多言的，是一切行动最基本的前提。目前，市面上存在多种这样的平台，需要企业根据自己最合适的情况来选择。你的社交账户对于分享信息、与用户互动以及建立品牌形象非常重要。

第二，对你的用户要做足功课。在你所发现或者利用的社会化媒介上，谁在那里活动？你的用户都在做什么？你的竞争对手也在积极投入吗？你的供应链也参与其中吗？这些都要做充分的调研。

第三，要懂得社会化媒介的文化，以及必要的网络礼仪。使用社会化媒介的时候，最忌讳的是被熟练的用户认定为一只菜鸟。

第四，与上一条相关，社会化媒介是非常耗费时间和精力的，需要在里面“泡”很久。这是一门功夫，想偷懒是偷不了的；不“泡”新媒介，永远不知道新媒介是怎么回事。

第五，努力选择一些合适的工具。怎样设计一个企业网站？怎样打造一个企业博客？怎样精心布置一个企业在社会化媒介平台上的主页？怎样开一个微博账号或者微信公号。新媒介布局，内容安排，表达调性和语气，所有这些都同你如何选择正确的工具密切相关。

第六，发展自己的社会化媒介词汇，建构独属的社会化媒介文化，让别人由于你的独特性而在众多的企业当中记住你的存在。

第七，这是很多企业非常难以决定的一件事：到底社会化媒介推广是公司里少数几个人的工作，还是全体员工都应该关切的事情？虽然由专人或小团队来管理企业的社会化媒介是必要的，但如果能够吸引更多甚至所有员工参与，那么你的企业的社会化营销工作将可能获得更大的成功。这是因为，固然官方账号有其正式的用途，但是，在企业员工都有自己的社交联系的时代，他们可以以个人的方式帮助扩大品牌知名度，开掘更多的销售线索，增加流量并促进社交招聘。

第八，通过社交构建广泛的关系网，寻找可靠的连接以建立互惠互利的业务关系。这可以包括一系列举措：依靠现有的连接来建立新的连接，可以使网络扩展更显自然；举办活动，识别事件，利用具有最大成功潜力的社交机会；与网络伙伴保持共生，因为成功的业务关系是双向的，不仅应该将社交活动看作从别人那里获得自己需要的东西的机会，还应该给别人也创造机会；不断寻找新面孔（即使是自信的交流者，也可能倾向于在社交活动中涌向他们已经认识的个人；但如果固执于已有的联系人，则很难真正扩展业务网络）。

第九，学会无私地展示企业的形象，而不是时时刻刻想着如何卖掉自己的产品，不要推销，更不要硬推销。要有一种利他的思维。

◎ 社会化营销的常见疑难

第一，不能够充分认识社会化媒介的用处及其威力。举一个简单的例子，当计算器发明出来以后，有些人觉得算盘完全可以满足自己的需要，为什么要用计算器？你清楚这样的想法的荒唐性。放在今天，在是不是积极利用社会化媒介上是一样的道理。

第二，你如果没有预定的目标，则很少会从社会化营销中获得很多价值。进入社会化媒介领域需要精心构思，并且制定自己的目标。这个目标需要细化，比如，你可能甚至需要为每个单独的社会化营销活动量身定制目标和 KPI。

第三，你需要仔细考量自己是主打某个区域，还是向整个世界推销。你要选择你所珍惜或重视的用户群在哪里。你可知道，有很多企业提供完美的产品和服务，但在社交方面却根本无法成功？这是因为它们的传播没有获得适当的受众，不管传播的内容有多吸引人。很多时候，市场营销人员经常先搞活动，再尝试确定他们希望会接受的目标市场。这样做，颠倒了次序。你需要先找出目标受众是谁，然后去往他们的所在向他们展开营销攻势。

第四，边干边学。经常有人说，我还没有准备好，怎么发力社会化营销呢？可以告诉你一个很简单的道理：你永远不会有准备好的时候。这跟游泳一样，如果不跳到水里游，等在岸上把所有姿势都练好再下水，是不可能学会游泳的，一定要跳进水里去磨炼你的泳技。

第五，社会化营销当中，大家最深恶痛绝的行为是，你每次讲话的时候都企图向别人推销自己的东西。我们都知道这很诱人：你在社会化媒介上积攒了一定的关注者，你有点迫不及待地想告诉他们你可以为之提供惊人的产品和服务。不幸的是，不断推销商品信息和自我推广只会疏远你的受众。最终结果是，你获得了从不参与的关注者或者更糟——根本没有关注者了。正确的做法是：提供价值，比如慷慨给出对用户有帮助的信息，真心为他们解决问题；显示，而不是告知；调动他们参与的积极性；用“二八原则”控制促销内容与价值信息（前者只占 20%，后者为 80%）。

第六，另外一个常见的错误是，不加区分地对待你的关注者和你的粉丝。在真实世界当中，你可能有知己，有一般的朋友，还有些偶尔才见面的朋友，你对待他们因人而异。同样，作为一个企业，如果你在社会化媒介当中活动，实际上要对你的受众群体做很多的区分，为的是进行不同力度的投入。

第七，不能采取多渠道通吃的手法。有的企业会把同样的内容贴到很多社会化媒介当中。你在这个地方所看到的内容和在另外一个地方所看到的内容完全一样。这是一种非常愚蠢的做法。在传统媒介时代，如果你投放电视广告，你一定是用电视的方式进行最好的呈现，而不会把平面媒介广告直接搬到电视上。对于社会化媒介也是一样，要做到一人一面，而不是千人一面。

第八，最大的一个忌讳是在社交中使用机器。那些在社交空间中活动很久的人，往往火眼金睛，马上可以看出来某个账户有可能是机器维护的，因为它没有人情味。这违反了“市场就是谈话”的基本原则，是一个需要竭力避免的错误。

第九，社会化媒介讲究的是迅速行动。一旦有人在互联网上诋毁你，你必须马上反击；有人在互联网上公布你的错处，该道歉的话要立即道歉。如果你企图把这个事情先压一压，或者要等把局面搞清楚之后再出来回应，那么，这时关于你的企业的负面的东西已经传遍互联网，最后再也无法收拾。所以，很多事情需要在第一时间就予以回应。

第十，要追踪社会化媒介的最新发展。社会化媒介就像互联网的其他部分一样，总是处于不断的演进当中，这个过程里会有很多新方式和新应用出现。但凡有新的东西进入这个场地，就要加以仔细研究，以做到为我所用。

很多人把社会化媒介视为能够解决一切问题，是万用良药，这当然是错误的。不当的社会化媒介使用会使企业的漏洞被放大很多倍。很多人认为社会化媒介是免费的，其实它一点也不便宜，使用的时候的确往往不用花钱，但是如果你想把自己在社会化媒介当中所做的事情做好，你就需要做出巨大的投入，因为你要投入人力、工作量，甚至投入对新的工具的购买和采用，所有这些东西都意味着花钱。因此，社会化营销是有成本的，而且成本不小，这就使得提高社会化营销的效率成为十分迫切的事情。

荀子说："不闻不若闻之，闻之不若见之，见之不若知之，知之不若行之。学至于行之而止矣。"荀子所说的原则非常正确。马上跳进水里，马上用，就会马上明白社会化媒介到底会给企业带来什么好处。社会化媒介，越使用越熟练，越熟练越使用。这是一条学习曲线，在这个过程中要沿着学习曲线攀升到这个曲线的更高端。

45. 社群经济与粉丝经济*

社群经济以社群内部成员的横向交流为纽带，
通过对社群的服务与创造社群价值获得经济效益；
这显著区别于粉丝经济通过粉丝对品牌主体的向心性依托
而获得经营性收益的做法。

◎ 社群经济与伪社群经济

随着社会交流方式特别是网络的发展，社群的含义产生了极大的变化。经典理论下的社群有一定的特点和限制条件，诸如：社群内成员的构成要以一定的社会关系作为基础；其成员从事的社会活动有一定的地域限制；成员社群内部应形成一定的文化，并能使社群成员产生归属感与认同感；同时，社群的建立与维护需要一定的基础设施。但在互联网时代，交流与沟通打破了原有的时空限制，使得社群可以不依托现实社

---

* 与宋宇齐合写。

会中的某些条件而建立。在地域上，因为互联网的全球性，社群成员的组成可以摆脱原有的地域限制，成员可以做到异地的交流沟通；在时间上，社群成员可以通过网络进行非实时的交流。社群活动也因此不仅仅局限于特定时间、地点的特定活动，极大地便利了社群的维护和发展。

社群经济正是基于社群而形成的一种经济思维与模式，它依靠社群成员对社群的归属感和认同感而建立，借由社群内部的横向沟通，发现社群及成员的需求，其重点在于通过满足这些需求而获得相应的增值，并进一步建立社群内部的生态系统。这种内部生态系统的建立也使得社群本身通过优化社群环境、增加社群认同感等方式产生增值，从而有了更强的外拓资本。在互联网环境下，超强的传播效应与社群本身超低的边际成本使得社群的拓展具备更大的经济价值。

举例来说，国内知名时尚网站 P1 在成立之初，以街拍为摄影爱好者及时尚人士提供摄影和穿着方面的交流平台，这就形成了一个以摄影和时尚为核心的社群。其账号体系便是利用社群经济的一个典型案例：P1 并不开放注册账号。在用户心理上，P1 通过不开放注册的方式设立准入门槛，为其社群成员构建了较高的自我认同感。这种高自我认同感在社群成员的社会交流中会被作为一种资本进行表述，从而使有意加入该社群的非社群成员对获得账号有了更高的渴望，这种渴望极易在现实中产生经济价值，也就出现了倒卖 P1 邀请码的情况。

如前文所述，社群经济的方式是通过对内部生态的满足产生经济价值并进一步外延。目前有相当一部分理论将粉丝经济等同于社群经济。其实，粉丝经济是一种单向的价值流通，它通过塑造一个品牌（这个品牌可以是人、物、观念等），来笼络对该品牌有较高认知度与喜好的受众成为其粉丝，这样的关系构成使得其内部的信息传递具有单向性的特点，即品牌传递某些信息，粉丝接受信息并向品牌做出反馈。这样的纵向信息传递方式有着极强的向心性及非理性因素。粉丝因缺少横向交流及获取外界信息的渠道与方式而产生对品牌主体的盲目崇拜。纵使品牌主体没有从物理上屏蔽粉丝获取外界信息的渠道，其对粉丝灌输的价值体系也使其在心理上自觉排斥了外界信息。这一点被用在很多营销案例中——从早期的歌手到现今诸如苹果、小米品牌等，它们的核心都是旨在营造一种目标受众的狂热崇拜。在这种狂热的崇拜下，品牌主体及其运营者通过开发品牌价值及周边产品获得经营性创收。

在互联网时代，社交媒体同样为粉丝经济的发展创造了更好的发展条件。它有效拉近了品牌主体与粉丝间的距离，扩大了品牌主体的信息传播范围，降低了其传播难度，使得品牌主体能够聚集更多粉丝，获得更大收益。同时，社交媒体与电商、互联网金融的结合也为粉丝经济产品的销售提供了便利有效的途径，进一步增加了收益。

例如，小米便是利用社交媒体和粉丝经济的一把好手。小米利用社交媒体进行粉丝吸引和维护的方式可谓应有尽有，几乎涵盖了当下所有的主流社交媒体。在微博上，雷军的个人账号成为推广小米的最主要力量。作为一家标榜创新的科技公司，其掌舵者的个人效应受到广泛关注，这个掌舵者自然而然成为品牌主体下的子品牌。雷军微博粉丝达2 200 万个，他每日更新微博，其微博在小米品牌推广初期几乎条条与小米有关。在微信方面，小米各子品牌开设微信服务号，但由于服务号一月只能进行一次推送，其账号作用并不侧重于粉丝的招募宣传，而是侧重于既有粉丝的维护。在腾讯空间上，小米拥有大量关注者。腾讯的QQ 空间历来是一块社会化营销不怎么投入的阵地，但据小米联合创始人黎万强在《参与感：小米口碑营销内部手册》中所说，截至 2014 年 6

月，小米在QQ空间聚集了3 000万名粉丝。此外，小米论坛的流量也非常大，每天访客超过200万人次，日均发帖量达到30万篇以上，10倍于同类厂商。[1]

虽然无论是在微博、微信还是QQ空间和论坛上，粉丝理论上都能与品牌主体进行互动并进行粉丝间的交流，但实际能够与主体进行互动的粉丝仅占极少数，粉丝间的有效交流更是寥寥无几。他们对品牌主体的凝集力几乎全部由品牌主体进行单方向维护。这与社群的构成要素及社群成员凝聚力的构建要素存在很大差异。

◎ 社群经济与粉丝经济之比较

社群经济与粉丝经济的最直观的差异在于，社群经济以社群内部成员的横向交流为纽带，通过对社群的服务与创造社群价值获得经济效益；这显著区别于粉丝经济通过粉丝对品牌主体的向心性依托而获得经营性收益的做法。不过，因社交媒体互动性强的交流特点，粉丝经济与社群经济并非泾渭分明。好的社群能够树立自有品牌，从而聚集人气，形成一定的品牌向心性；粉丝经济也可以利用社交媒体的互动机制为粉丝提供一种类似社群的归属感。这也就导致了社群经济与粉丝经济在社交媒体中容易混淆的现象。但如果我们深入来看，二者可以在以下三个方面进行分辨。

成员之间的互动程度

社群依托社群成员间的联系形成。社交媒体在网络时代起到的正是交流平台的作用，平台给予社群成员自由交流与沟通的方式和渠道。而

① 黎万强．参与感：小米口碑营销内部手册．北京：中信出版社，2014.

社交媒体对于粉丝与品牌之间起到的大多是信息传播载体的作用，其信息有较强的单向性传播特点。以微博为例，社群的主体微博多发布与社群主体相关的内容供社群成员阅读、转发。社群成员间通过交流结识，进一步建立网状关系。社群主体的运营者即微博运营者通过组织线上线下活动、服务社群成员而获得经济效益。但在粉丝经济中，品牌主体以发布某一新产品为内容核心，敦促粉丝通过接受其内容产生消费。其成员极少在主体发布的内容下有深入交流，多为自说自话的评论，粉丝间也很难通过该平台进行联系。

最典型的例子便是明星微博账号。明星微博账号主体是明星及其公关团队发布的用于维护明星价值的资讯消息，为的是让明星粉丝被动接受以维持崇拜心理。然而，基于明星粉丝群体而形成的诸多明星粉丝团与后援会却是社群形式，其通过微博发布明星信息及社群活动信息获得粉丝群体关注，并将粉丝群体迁移到微信群等即时通信平台中，为粉丝提供线上线下的交流平台，最终通过组织粉丝相关活动获得经济效益。

成员与主体互动深入度

社群与社群主体间的互动程度要远远高于粉丝与品牌主体间的互动程度，其同成员间互动程度的本质一样，仍然与两者的构成机制与交流方式相关，即社群是基于社群成员的相同喜好、认知而建立的自发性互动性组织，粉丝则是基于对品牌主体的崇拜而建立一种上下关系。社交媒体账号主体在社交媒体中发布消息后，社群中会产生相关话题，社群成员与账号主体的交流能够得到相应的回复与问题解答。而在粉丝群体中，品牌主体往往仅进行相关信息发布，而不会与粉丝产生除转发以外的多余互动；在消息评论中，粉丝往往也不会做出交流举动，而是以单纯表达崇拜为主。当然，在某些情况下，二者可以相互融合与共存，这主要取决于成员个体对于平台的自身诉求。

小米论坛便是集粉丝经济和社群经济为一体的一个 BBS 平台。其间有针对小米粉丝的、在粉丝经济思想指导下的营销内容，也有针对技术与产品问题的互动交流内容。营销内容毫无疑问是提高粉丝购买欲的粉丝经济方式，反馈帖及技术展望内容则实现了成员与社群主体即小米的沟通，用户通过产品问题的反馈和对新产品的预想展望为小米提供了直接的问题与期望采样资料，从而使小米能够对产品做出有针对性的改进研发，以获得更大的市场收益。

主体账号的运营维护方式

主体账号的运营维护方式也是区分粉丝经济和社群经济的重要标志。社群的主体账号通过服务社群成员获得增值，其重点更多放在建立和维护交流平台上，账号的主要运营者通常也是社群成员（以业余时间进行平台的维护和拓展），社群成员也会自发加入账号的内容维护中，发布社群主体相关内容，与社群成员互动。因此，社群账号也有着随意性强的特点。因其更多地承载平台职能，在一些社交媒体中，社群不以明显的账号形式存在，比如百度贴吧、论坛类社交媒体。而粉丝经济中的主体账号因承担的是信息发布与传递的属性，故其会在成本允许的情况下雇用专人或团队维护主体账号，撰写内容，选择合适时机发布。所以，粉丝经济的主体账号维护方式有着一定的程式化及操作规律可循，并因其需求延伸出了相关行业。但是，随着社群知名度的提高及社群成员基数的发展等因素的推动，社群的经济效益逐步显现；为满足日常运营需求，社群主体账号也会雇用专职维护人员。这也就与粉丝经济主体账号产生了一定的相似性，在这种情况下，就需要通过主体账号运作的目的性来进行甄别和判断。

◎ 社群经济的现状及展望

因为社群经济在我国起步较晚且社群相对独立分散，在缺乏专业运营人员及团队的情况下，社群自身的经济价值并未在社群内部被有效开发。更多的社群经济开发是社群所在社交媒体平台通过细分市场的形式进行广告推送以获得盈利。这也是社群经济发展较为成熟的一个方向。社群账号的平台提供商通过对社群主体及成员的甄别划分，进行点到点、点到面的广告推送，以获得较常规广告投放收益更高的增值收益。社交软件陌陌就通过群信息标签中的特点分类为群成员提供相关广告推送，并在这类广告推送的基础上增加微商接口，引入微商，打通微商到客户的对应渠道，获得相关金融流转收益。

这种联通平台用户及线下商业网络的模式也成为近年来各大平台提供商针对社群经济进行拓展的主要方向，但这种发展完全抛开了社群这一经济载体，实质是开发社群聚集的账号价值进行增值。以汽车论坛“汽车之家”为例，其利用论坛用户规模及汽车相关性推出“养车之家”等客户端，上线线下养车服务商，提供养车服务及配件售卖，以获得线上交易带来的现金流。对于宽泛的社群来说，“汽车之家”论坛本身即为一个大的汽车用户及汽车爱好者社群。但就狭义社群概念而言，其社群的实际存在形式却在论坛分类里得到细分，社群成员的交流及归属感也多集中于细分的论坛之中。因此，其将社群的增值作用偷换为用户聚集效应产生的增值作用其实有失公允。

本篇开头所介绍的P1时尚论坛的社群经济发展模式则有一定的可取性。它利用社群的品牌价值获得针对社群成员及准社群成员的经济价值。其经济价值由社群成员对社群的价值认知和定位产生，围绕社群本身进行增值，而不是利用用户搭建平台获得现金流。在对被街拍的人“如何穿，穿什么”的关注中，社群成员自然会对品牌进行探究，再适当以帖子、介绍等形式引入品牌宣传内容，从而可以在社群成员不反感的前提下获得广告收入，并依据成员的社群主体需求（在这里是时尚）展示诸如照片分享、拍照软件等内容，进行社群经济的开发。

与此同时，如何将粉丝经济转化为社群经济是当今环境下所面临的重要问题。当粉丝被伪社群的宣传营造出的社群认同感欺骗时，真正的社群会被受到伤害的粉丝群体所质疑，从而使社会对社群失去部分信心。另外，粉丝经济的强大聚集效应带来的向心力便于提高经济效益，这使得将粉丝经济转化为社群经济变成了一条发展社群经济的捷径。依据前文中对社群经济及粉丝经济差异性的分析，我们认为，在社交媒体中将粉丝转化为社群成员，从而使粉丝经济转化为社群经济的核心，增强了群体间的互动交流，增加了价值认同，使得群体获得超出信息接收者的参与感。

谷歌的模块手机便是将谷歌安卓系统粉丝转化为社群成员的一种重要手段。在经历了从非智能机到智能机的迭代期后，谷歌和苹果各自拥有了自己的粉丝群，但这样的粉丝经济下产品用户的消费习惯过度依赖于对品牌的崇拜，而模块手机的推出使得安卓系统的粉丝能够自由配置手机模块，玩出不同花样，在满足粉丝动手需求与个性需求的基础上，其进一步满足的社交需求无疑是粉丝群体在乎的一项重要诉求，粉丝间及不同粉丝群体间能够以此为话题进行深入的、有自我意识的交流。这无形中弥补了粉丝经济中依赖于垂直信息传递而忽略粉丝间横向交流的不足，将粉丝群在保持其粉丝经济价值的基础上迁移至社群，有效地发展了社群经济，并依靠社群成员的自发性及高认知度特点，进一步避免了粉丝流失。

前文简述了社群平台提供商的盈利模式及发展策略，但更多的中小型社群依然各自为营，较难开发经济价值，这也就需要从社群本质属性入手，利用社交媒体的时空便利，有针对性地为社群成员提供适合于他们的增值服务，来挖掘价值。

46. 无红包不社交 无社交不红包

——微信红包设计深度解析

由于人在社交平台上的活动，

不仅社交被改写了——无红包不社交，

金钱也被改写了——无社交不红包。

2005 年 9 月，腾讯成立在线支付平台财付通（Tenpay），为线上交易提供支付和收款服务。随后，腾讯逐渐衍生出以财付通为主体的多项金融服务（如理财产品等）。2013 年，随着微信用户的快速增长，微信借助财付通的支付交易系统推出了移动支付功能，用户可通过微信钱包使用国内多家银行的储蓄卡和信用卡完成线上和线下场景的支付。2014 年初，QQ 钱包登录手 Q，弥补了微信当时在低年龄层以及低线城市的市场份额空缺。①

① 中金公司．腾讯控股：连点成线，基于社交的商业帝国．（2018 - 04 - 16）．http：//img. zhitongcaijing. com/pdf/20180416/20180416180849 _ 28772. pdf.

然而，微信支付在“红包”出现之前，其主要功能还停留在金融支付工具上。微信红包的推出有两大优势：游戏化和交易便捷化。用户可以不知道对方的银行卡号，仅用对话框就能完成转账功能，将传统型交易的步骤大大压缩，从而可以刺激用户间交易。而同支付宝相比，微信红包又可以不必以商品为中介，在社交账户上就完成迅速转账或者支付，无疑扩大了在线支付的想象空间。

所以，微信红包的作用不仅在于圈拢更多用户上，更体现在它具备了杀手级功能。据 2015 年的统计，QQ 与微信——腾讯帝国的这两大社交产品联合起来，每天平均要消耗掉一个用户 29%的时间。[①] 当 7 亿多名微信用户[②]进行病毒式传播时，它的日发送量可以达到数十亿乃至上百亿次。如果我们将“红包”视为一种传播介质，那么其峰值时的转化效果是惊人的。

◎ 打通“社交+支付”

2014 年，微信红包横空出世，借助熟人社交、小圈子社交，顺应移动支付的新潮流，短短几天就达到了支付宝几年才达到的效果，顺利切入到移动支付市场，抢了支付宝一大块蛋糕。

腾讯随即又推出 QQ 红包，对支付宝形成双重夹击。支付宝应战，百度也加入战团，结果是互联网红包得到迅速普及。截至 2016 年 1 月，

---

① 翟文婷．怎么抓住用户？企鹅的还童大法．中国企业家．（2015－11－05）．http：//www.iceo.com.cn/com2013/2015/1105/300304.shtml.

② 腾讯 2016 年一季报显示，微信和 WeChat 的合并月活跃账户数达到 7.62 亿。见：微信月活跃用户破 7.6 亿，快赶上 QQ 了．钛媒体．（2016－05－19）．https：//www.tmtpost.com/1712130.html。

互联网红包在城市手机网民中的渗透率为 89.5%。①

互联网红包的核心在于社交产品强大的关系链，互联网好友之间的强关系是互联网红包崛起的基础。企鹅智酷 2016 年 2 月发布的《中国人如何抢红包？互联网红包报告独家揭秘》显示，大部分用户通过社交平台首次接触互联网红包。其中有 80.8%的用户，通过收发信任人群的货币电子红包，开启了自己的互联网红包之旅。更有甚者，通过一种应用扩散过程，红包还加速了智能手机在乡村和老人群体中的渗透。②

微信红包的一大优势是自带传播，即用户会主动或被动地去邀请更多用户参与游戏之中。但应用的扩散也与红包设计团队的精心设计分不开。2015 年羊年春晚的“摇一摇”红包，是微信红包历史上一个重要节点。据微信支付团队介绍，在羊年春晚前，微信红包的发展现状是：用户增长速度很慢，但留存度非常高。“所以玩的人一直在玩，没有玩的人一直在远远的地方。”为此，微信红包团队决定借春节的契机，让更多用户出现“第一次”。调查发现，91% 的用户第一次使用红包是收红包，所以，刺激用户兴趣的做法就是“发钱”。于是，微信红包采用“一摇即得”的方法，将单纯的摇“人”的功能升级为摇钱、摇礼券等。这种设计巧妙地利用了社交圈属性与关系链感染，成功激起朋友圈中的链式反应。③

有意思的是，红包起始于强关系，但随后却在弱关系上大显身手，

---

①　杨鹏．大数据解读：中国网民抢红包的秘密．腾讯科技．（2016－02－29）．https：//tech. qq. com/a/20160229/008778. htm.

②　企鹅智酷．中国人如何抢红包？互联网红包报告独家揭秘．腾讯科技．（2016－02－10）．https：//tech. qq. com/a/20160210/004834. htm＃p＝1.

③　王鹏飞：拆红包——不同产品周期下的用户体验思考．腾讯大学．（2015－12－25）．https：//daxue. qq. com/content/content/id/2307.

充当了建立和维持社交圈子的催化剂（详见后文）。

从支付角度看，互联网红包属于移动支付产品。收发红包，表面上看，是将特定或随机金额划拨给他人，但其战略意义则在于，通过社交消费，扩大移动支付场景，为移动支付的全面应用奠定基础。

打开微信支付界面，付款、零钱、银行卡三大功能赫然在目（后修改为收付款和钱包两大功能）；在腾讯服务项下有信用卡还款、微粒贷借钱、手机充值、理财通、生活缴费、Q币充值、城市服务、腾讯公益、医疗健康等服务；在第三方服务项下，有叫车、机票车票、精选商品、电影演出赛事、酒店、拼多多、二手商品等服务，几乎包揽了生活消费服务的方方面面。

此前，支付宝钱包已经涵盖餐饮、零售等线下支付场景。线上自不待言，余额宝、充值、转账、信用卡还款、彩票、行程单、会员卡、电子券等服务频频发力。相比之下，微信支付于2013年8月上线，起步较晚，无论在线上还是线下，移动支付场景相对缺乏。在此情势下，微信支付推出红包功能，打破了支付宝的绝对垄断态势，改变了中国移动支付的市场格局，被马云形容为"珍珠港偷袭"。①

与阿里巴巴相比，腾讯做移动支付原本并无优势，电商交易与支付天然相连，而社交却缺乏相应的支付场景。最终，红包的横空出世为社交创造了最大的支付场景，腾讯打通"社交＋支付"的尝试可以说在全球都是领先的。到2016年12月，腾讯移动支付月活跃账户及日均支付交易笔数均超过6亿，而且还在持续上升。至2018年6月，腾讯移动

① 解密微信红包"珍珠港偷袭"事件. 时代周报.（2014-02-13）. http://money.163.com/14/0213/06/9KUMSIM500252H36.html.

支付业务活跃账户已逾 8 亿[①]，成为移动支付市场的又一支强势力量。

2016 年春节，除夕当日微信红包的参与人数达 4.2 亿人，收发总量达 80.8 亿个，是 2015 年除夕当日 10.1 亿个的 8 倍。除夕当日，QQ 红包的参与人数达 3.08 亿人，收发总量达 42 亿个。参与 QQ 红包活动的用户中，"90 后"占到了 75%以上。微信红包、QQ 红包收发总量超 122 亿个。[②] 相形之下，PayPal 在 2015 年仅完成 49 亿次交易，其中移动支付只占 28%。[③]

微信红包构思巧妙，让用户能够以非常愉悦、非常轻松的心态体验移动支付。以前绑卡要做很多用户教育，但有了红包之后都是好友帮好友，利用社交链极大地普及了移动支付。而一旦形成海量的体验过移动支付的用户群，后面让其体验更多的移动支付业务就顺理成章了。所以，微信红包堪比微信移动支付的起始点，其终点则是在 O2O 市场争霸战中的王位。当然，微信红包的流行同时为微信的货币化（monetization）铺设了道路。

◎ 微信红包作为社交润滑剂

2014 年，微信第一次把传统的拜年红包从线下搬到虚拟空间。拜年红包（也叫压岁钱）是中国礼钱的一种，通常由长辈赠与儿童。自从

---

① 关于微信支付. 腾讯客服. https://kf.qq.com/faq/181012y6bUNR181012nMFnMr.html.

② 腾讯除夕红包量达去年 7.5 倍. 腾讯科技.（2016-02-08）. https://xw.qq.com/tech/20160208012580/TEC2016020801258000.

③ PayPal reports strong fourth quarter and full year 2015 results. PayPal, Jan. 27, 2016. https://investor.paypal-corp.com/news-releases/news-release-details/paypal-reports-strong-fourth-quarter-and-full-year-2015-results.

微信红包上线第一天起，虽然它也包含实际的经济价值，但用户更多将其当作一种游戏来参与。

作为一种游戏，抢红包是一种类似博彩的随机性反馈，很容易让用户身陷其中欲罢不能。这种欲罢不能并不因为红包数额的高低而改变。事实上，在现实生活的社交情境中，人们有着约定俗成的礼金门槛，与微信红包的低门槛迥然有异。这表明，人们争抢微信红包的原因更多出于社交愉悦而不是传统的人情往来。同时，收送礼金的对象也有很大的变化，不再局限于长辈—儿童关系，而更多发生在同龄的亲朋好友之间。

随着微信的普及，它渐渐由关注者相对固定、认识时间较长的熟人社区向基于共同兴趣或带有共同目的的陌生人社群转化，也就是由强关系向弱关系转化。在弱关系社交中，微信红包常常作为润滑剂。例如，一位新成员加入一个微信群时，用发红包的方式向资深成员提交“见面礼”；群主常常被要求发红包，以使其社交领袖地位不断得到确认；一个群过于沉寂，可以通过红包活跃气氛；而群成员发生冲突，也可以经由红包舒缓紧张情绪或者转移话题。此外，红包也可以用来为特定事宜捐款、定向打赏等。红包由此成为社区活动的一种有效中介和工具。

由微信红包，我们可以思考金钱的社交含义。在西方，金钱在传统上被视为一种非人格化的媒介（impersonal medium），只在商业上适用，社会关系在其中主要起功能性作用。在《货币哲学》（*The Philosophy of Money*）一书中，齐美尔（Georg Simmel）主张，金钱永远无法成为一个“个人关系的有效调解者”，正如他所说，“以货币形式出现的礼物，更明确地把礼物同送礼者疏离和疏远开来”[①]。在西方，一个“完

① ZELIER V A. The social meaning of money. Princeton University Press，1997：82.

美”的礼物应该包括精心选择的过程。但中国不同，金钱长久以来被视为“完美”的礼物，因为它可以用来购买任何收礼者想要购买的东西，并因此消除选择礼物的不必要的风险。说得简单点，金钱在中国早已被用来表达社会关系中的关怀与爱。因而，在微信上，与其说红包是一种货币力量，不如说它是一种社会力量，它向我们展示了在具体的社会性语境下，金钱可能从金融资本转化为社会资本的方式。

微信红包开始时基于熟人关系，起到了巩固强关系的作用；但慢慢地，它令一些沉寂的关系可能因为红包的润滑剂特性而激活。在不对等的关系——例如明星与粉丝、企业与用户——之中，它还发挥着维护社区的作用。这些都显示了微信红包作为一种移动社交产品的开放性。其中的关键之处在于，产品虽然由平台开发设计，但最终用途却是由用户在使用过程中奠定的。一个有趣的例子是，2015 年“5·20”的时候，微信团队发现，人们突然开始发 5.20 元的红包，于是微信就把 200 元钱的红包上限取消了一天时间，使单个红包上限可以达到 520 元。

由于人在社交平台上的活动，不仅社交被改写了——无红包不社交，金钱也被改写了——无社交不红包。金钱和社交的这种辩证关系从支付宝面对微信红包的攻势采取的反击手段也可以看出：支付宝想要借助红包建立社交关系——好友关系达成数被视为支付宝红包的重要指标，意在建立关系链，并且强调是与生活场景结合的关系链。可见，互联网红包已经发展成为人际互动和情感沟通的新媒介，其社交意义得到强化，金额反倒退居其次。

◎ 红包的文化土壤

虚拟社会建构于现实社会的基础之上，微信红包大行其道，一个重要原因是它把中国根深蒂固的礼俗搬到了移动互联网上。

20 世纪 40 年代，费孝通在《乡土中国》一书中提出“熟人社会”概念，认为中国存在一种建立在血缘、亲缘和地缘关系上的社会结构，这是中国文明植根于自给自足的农耕文化的缘故。“乡土社会是靠亲密和长期的共同生活来配合各个人的相互行为，社会的联系是长成的，是熟习的，到某种程度使人感觉到是自动的。”① “长成”的社会联系中很重要的一环是送礼，这涵盖一些仪式性的场合，如生育庆典、拜寿、婚礼、盖房和丧礼等，也包括如日常互访和探望病人等非仪式情境中的礼物馈赠。

社会学家阎云翔根据送礼目的和社会关系的差异，将中国人的礼品观分为两类：亲朋好友间婚丧嫁娶的“随礼”，被认为是“表达性礼物”，它以交换本身为目的，反映了送礼人和受礼人之间长期形成的社会联系；而送给某些实力人士尤其是权贵人士的，则被视作“工具性礼物”，也就是“送礼”，它以功利为目的，带来的是短期的利益关系。在社区内部进行礼物交换，人们常常会有某种“人情”的压力；而在自己的社区之外进行工具性礼物馈赠，人们通常不存在这种社会心理压力。②

有意思的是，微信红包同时扮演表达性和工具性礼物的角色，尽管其和线下的礼物活动存在微妙差异。微信红包的表达性，体现在互惠互助上。例如，在微信工作群中，常常可以见到上级发红包鼓励下属积极工作。微信红包的工具性，体现在功利交换上。例如，当用户要求转

---

① 费孝通．乡土中国．北京：北京大学出版社，1998.

② 阎云翔．礼物的流动：一个中国村庄中的互惠原则与社会网络．上海：上海人民出版社，2000.

帖、点赞、投票等时，给微信群好友发红包几乎已成惯例。

上面所说的线上与线下的礼物活动差异，首先体现在送礼者与收礼者的身份差异上。根据阎云翔的论述，传统的礼物活动中，捐赠者的数量大于收受者的数量，导致礼物积累集中于上层；同时，收受者往往保持着社会权势高位，所以他们并不回赠礼物。而在微信红包中，见到的却往往是保持社会高位的人需要派发礼物“示好”，这显示了社交网络上的社会等级较为扁平，人们也更具有平等意识。

其次，移动社交在维护既有关系的同时，更扮演拓展关系的角色。当熟人社会开始慢慢变成半熟人社会或陌生人社会，礼物活动中的表达性有所减弱而工具性缓慢增强。微信红包日益成为一种资源和一种社会交换的媒介，虽然仍旧以“人情”的面目出现，但在特定的情境中，更多的是理性的计算。

◎ 结　语

自问世以来，微信红包已经变成了一个微信内容类别，即文字、语音、表情之外的又一种沟通方式。在众多的微信群中，流传着一句话：“能用红包解决的事情就用红包解决。”这当然是玩笑话，但红包的确发挥了其他沟通方式无法实现的作用，并衍生出更多的玩法。

张小龙说，平均每个用户每天大概进入朋友圈三四十次，“这是一个反复的过程。我们希望用户每次进来都不是很快地刷屏，而是看到的都是他愿意看到的内容”①。

---

①　张小龙：好产品并不是黏住用户．腾讯科技．（2016－01－11）．https：//new.qq.com/rain/a/20160111030007.

微信的内容仍然在探索之中，微信红包的探索只是总体探索的一部分。我们看到，在一个拥有数以亿计的活跃用户的平台上，小尝试也可能会酝酿出大事情。“蝴蝶效应本身来说是很难遇到的，但是在微信这样一个平台上面，它真的是瞬间就会发生。”①

① 张小龙演讲实录：微信制定规则的原则是什么?. 腾讯科技. (2016－01－11). https://tech.qq.com/a/20160111/028515.htm.

47. 意愿经济，卖者当心

就在营销者试图越来越多地同消费者建立个人关系的同时，
消费者也开始使用自己的工具、以自己的方式实现个性化，
告诉整个市场他们需要什么，如何需要，
要求何时何地得到，以什么样的价格得到。

◎ 不是注意力经济，而是意愿经济

商业传播人士越来越清楚地认识到，传统广告在当今这个时代是低质、低效的。广告界习以为常的大规模、大范围轰炸，因为目的性差、针对性弱常常无法达到预期的效果。意愿经济（the intention economy）的出现正是为了解决传统商业中的这个老大难问题。

所谓意愿经济，指的是一种将买方视为稀缺商品，并由此形成市场和经济的取向。消费者的购买意愿推动产品和服务的供应，以满足他们的特定需求。意愿经济源于多克·西尔斯一部著作的标题：*The Intention Economy*：*When Customers Take Charge*（2012 年 5 月出版）。[①]

---

① 中文译作见：意愿经济：大数据重构消费者主权. 李小玉，高美，译. 北京：电子工业出版社，2016。

西尔斯说：“意愿经济围绕买主而不是卖主发展。它利用了一个简单的事实，即买主才是金钱的第一来源，并且他们已经完全准备好。你不需要做广告去制造买主。”①

西尔斯提出这个概念，源于他对盛行的“注意力经济”（the attention economy）的说法感到强烈不满——这种说法是站在卖方一边的。对于广告商来说，“注意力经济”不过是他们吸引人眼球的又一代称。广告行业有一句老话：“我知道我花在广告上的钱有一半被浪费掉了，我只是不知道浪费了哪一半。”西尔斯说，这句俏皮话并不准确——几乎所有广告都被浪费掉了。

所以，意愿经济是要站在买方一边，与注意力经济对着干。它事关买方寻找卖方，而不是卖方寻找（或更准确地说，“捕获”）买方。在意愿经济中，买家通过媒体向卖家发布自己的需求和意向信息，商家再围绕消费者的购买意向进行竞争。这一概念的基础是技术和网络构建出来的消费者需求的及时发现和回应。

意愿经济指向市场，而不是市场营销。你不需要市场营销即可创建意愿市场。西尔斯将当前的市场描述为一系列筒仓，买方所拥有的唯一选择就是从一个筒仓转到另一个筒仓。而意愿经济是建立在真正开放的市场周围的，客户不必再像采花的蜜蜂一样从筒仓飞到筒仓，在这个过程中收获一堆交易信息（不可避免地遇到夸大其词的推销）。在意愿经济中，买方将购买意向通知市场，卖方则就买方下的单展开竞争。就这么简单。

---

① SEARLS D. The intention economy. Linux Journal, Mar. 8, 2006. https://www.linuxjournal.com/content/intention-economy.

意愿经济的基础不仅仅是交易。对话很重要，关系也是如此。声誉、权威和尊重也是如此。但是，这些美德是由卖方（以及买方）获取的，而不仅仅是卖方在买方的心目中“贴标签，打烙印”得来的。“品牌”一词的起源原本正是此意。根据美国行销专家的说法，英文词语“brand”起源于19世纪，当时美洲大陆中西部牧场出产的牛都必须整群统一赶到芝加哥去屠宰；为了容易辨识来源、避免混淆，每头牛身上都必须以烙铁印上标记，这个动作就叫“brand”。

西尔斯是在暗讽，我们还是否需要这个从养牛业借用过来的词。他引用他喜欢的一幅卡通画的例子说：“如果你像做广告的人那样和人说话，他们一定会给你脸上来一拳。”

◎ 告诉市场，我们消费者需要什么

由此，我们需要开始颠倒过来看待市场和经济——从单一买家到周围的卖家世界，并从这一点出发开始构建技术解决方案，以解决买方希望从市场上获得他或她想要的东西的问题，而不是卖方大呼小叫试图引起买方注意的问题。

这个颠倒的世界观的现实底气在哪里呢？当然是因为信息技术让个体消费者的汇聚成为可能，并借此获得前所未有的权力。这是一个分散市场的集合问题。就像任何人都可以有博客，每一个博客都可以成为博客联盟的成员，每个人都可以展示自己的许多内容，把所有这些集合在一起，就可以与大众传播媒介竞争。我们可以把意愿经济活动想象成与此类似的东西。消费者利用网络能够以前所未有的效率和规模组织起来，经济力量开始向消费者一方转移。网络给了消费者强有力的组织工具。

西尔斯认为，在买卖双方关键性的力量转移之后，“买者当心”的口号转化为“卖者当心”。西尔斯指出，目前卖方控制的市场仍然很大。因此，不管我们是不是需要，卖方的首要事情还是设法说服我们购买其产品和服务。虽然互联网给消费者赋予了主权，但企业仍以卖方为导向。即使是像谷歌和脸书这样的成功企业，也仍然持卖方的观点，它们的收入几乎全部来自广告。但是，就在营销者试图越来越多地同消费者建立个人关系的同时，消费者也开始使用自己的工具、以自己的方式实现个性化，告诉整个市场他们需要什么，如何需要，要求何时何地得到，以什么样的价格得到。

西尔斯在文章中提到中国“团购”（team purchase）的例子，认为这是一种典型的意愿经济模式。陌生人以一种特定的产品或服务——如电子产品、家居用品、汽车等——为目标进行自我组织，共同于约定日期在线下或线上的商店与卖家进行谈判，要求折扣。

由此可见，意向经济的实现需要消费者强有力的组织。当然，人们以群体的力量来获得自己想要的东西并不是一种新生事物。真正让人感到新奇和兴奋的是，大量持有类似想法的消费者能够轻易地借助网络组织起来，并在全球范围施加影响。

第六部分>>>

先行一步·中国实践篇

48. 中国式战略家

制定战略犹如下棋，
杰出企业家的特点就是面对不确定因素时，
大幅度地向前跃进。

中国的企业家之为战略家，必须拥有下列禀赋：

第一，要洞悉政策。如果一个企业家、一个战略家，连主管部门的政策导向都不清楚的话，那他就很难制定战略。政策往往是对法律的补充。法律鉴于其持续稳定性，不宜常常修订更改，而政府的公共政策以其灵活可变性，经常可以弥补法律之不足。

由于历史原因，中国各行业的政策并不都具有公开透明度，其中有公开透明度高的，譬如通过行业法规以及其他文件明文公布的；也有缺乏公开透明度，以内部文件或口头报告形式传达给下属贯彻执行的。同时，在转型社会复杂多变的格局下，政策常常会调整。

第二，要懂得战略的首要任务是积极寻找新的机遇。受企业家领导的组织，其首要的任务就是寻找机遇，解决问题反而是次要的任务。就像德鲁克所说的那样：能够成为企业家的人，是那些极个别的、优秀的、能发现机遇并抓住机遇的人才，而不是那些把时间耗费在所谓的“解决问题”上的人。①

我们可以看到德鲁克的说法与美国知名企业领导人拉里·博西迪（Larry Bossidy）所言的不同。撰写了畅销书《执行：如何完成任务的学问》（*Execution*：*The Discipline of Getting Things Done*，2002）的博西迪认为，组织的领导者必须是积极的执行者。博西迪批评那些认定执行属于战术层次问题的领导者，“总是把很多事情分派给别人去做，因为他们认为自己应该把精力投入‘更大的’事情上面，这种想法完全错了”②。

这或许也属于悖论管理的一部分内容。领导者要从“二者择一”的思维改为“兼顾两者”的思维。如同《乔布斯传》中讲到的：有些领导者通过统揽全局去推进创新，有些是通过把握细节。乔布斯则两者兼顾，并不懈努力。③ 正因如此，30 年间他推出的一系列产品改变了太多的产业。时任时代华纳 CEO 的杰夫·比克斯（Jeff Bewkes）如此盛赞乔布斯：他既是一位战略思想家，又能掌控最微小的细节，“能随时从总体原则进入细节”④。

必须指出，作为企业家，其所迥异于常人的地方恰恰在于，常人在

---

① DRUCKER P F. Innovation and entrepreneurship：practice and principles. Harper & Row，1985.

② LARRY B，CHARAN R. Execution：the discipline of getting things done. Crown Business，2002：6.

③ ISAACSON W. Steve jobs. Simon & Shuster，2011：565.

④ ISAACSON W. The real leadership lessons of Steve Jobs. Harvard business review，Apr. 2012. https：//hbr. org/2012/04/the-real-leadership-lessons-of-steve-jobs.

他们所看到的每一个地方都只会看到问题，企业家则在自己所看到的每一个地方都能看到机会。相对于对机会的漠视，企业家眼里只有机会的大小。

第三，善于通过做出重大决策即那些“大手笔”而向前发展。在杰出的企业家那里，战略制定的特点就是：面对不确定因素时，大幅度地向前跃进。企业家寻找不确定因素，在这些不确定因素下蓬勃发展，而组织从这些不确定因素中能得到丰厚的回报。

这样做不是没有风险的。一位知名企业的一把手用一个“超车”的比喻来形容重大决策的过程：“一把手做决策的过程实际上是怎样的呢？我给底下的人传授如何做决策，用了一个超车的例子来说明。路况是这样的：上山，之字形的转弯，前面有一辆车挡住你。这时，你超不超车？不超车，你只能跟在人家后面跑。如果你要超车，怎么办？一定要看清楚前边有没有车，即刻下决定，一下子就可以超过去。而如果你没有看清前面的路况就超过去，有两种可能，各占百分之五十：一种是前面没车，没出事；另一种是前面有车，你顶上了。作为一个领导者，做决策的时候总是这种状态。”

第四，把增长看作首要目标。在以企业家为中心的组织中，组织的目的其实很简单，它只是企业家目的的延续。根据心理学家戴维·C.麦克利兰（David C. McClelland）的观点，企业家首先是被取得成就的渴望所驱动。

麦克利兰在1967年的《成就社会》（*The Achieving Society*）一书中提出了成就动机理论。他试图解释为什么某些社会在经济上比其他社会更成功。为了寻找答案，他着眼于个人的创业行为，相信这是所有经济体发展的关键。他断言，企业家以一种新的、更好的方式做事，并且是在不确定的情况下做出决定。企业家的成就取向是追求卓越、进步和成长的动力。通过聚焦企业家的动机需求，他挑战了当时流行的伟人企业家理论（卡莱尔英雄主义观）和宗教企业家理论（韦伯的新教伦理理论）。他认为，企业家精神是习得的，可以鼓励这种学习。

成就动机强大的企业家所推动的组织，其运转的首要目的是增长，它是取得成就最具体的表现方式。增长有很多维度，可以用员工、客户、收入、流动性、利润、地理扩张等来衡量。

所有公司都经历增长，然而增长期对于任何公司来说都是动荡的，因为增长天生就是不稳定的，并且存在或多或少的风险。实际上，总会有阻碍增长的障碍。克服这些障碍的意愿和能力使企业得以成长。我们可以把增长的意志作为企业家精神的某种延伸。许多公司由于不愿承担与增长相关的风险而停滞不前。与暂时稳定相比，增长似乎有风险，但高科技公司的停滞则会增加失败的风险。要想减少风险，最好的办法是面对市场变化及时创新。当然，精心计划也可以降低风险。能够预测将来所涉及的大多数风险并成功应对这些风险，也是公司得以成长的原因。

增长的好处有很多：有助于为企业确立合法性，也为之创造新的机会选择。较大的公司倒闭的可能性较小，也更容易赢得客户和投资者的信任。在增长期间和之后，企业发现自己最容易获得资本。那些被视为已越过初始创业障碍的公司，在人们的心目中被视为稳定的。随着规模的增长，公司的盈利能力和流动性也随之增强。这让公司开始拥有历史，资产和财务目标将比以前更容易实现。随着增长，公司形成新的联系并有能力进入新市场，这又进一步导致公司销售、盈利能力和影响力的增加。

由于增长动荡不安的特性，作为战略家的企业家必须保证公司在成长期间和之后具备灵活性和适应性。提出所有人都知道的未来远景并制定政策，可以帮助减轻动荡。一个企业家无法为所有风险做好计划，但没有风险，他也无法成功。成功的企业家将获取足够的灵活性来处理可能出现的任何问题，同时不会失去对自己长期目标的关注。

第五，依赖集体智慧，但要“众谋独断”。2006 年 12 月，作为 CCTV2 创业真人秀《赢在中国》的总编辑，我请张瑞敏出任第一赛季冠军争夺赛的总评委。他在点评时说了 8 个字：“众谋独断，详虑力行。”

在企业家组织当中，权威属于能够使组织明确行动方向的企业家。依赖于个人能力或者是个人魅力的企业家，有时依靠集思广益、群策群力来推动企业前进，有时则通过大胆决策、强力推行来实现对企业的战略掌控。

张瑞敏认为，作为企业的领导者，必须要化解三难：最难做的决策——正确决策后的再决策；最难推进的工作——把复杂问题简化；最难战胜的人——自己。

他特别强调正确决策后的再决策，也就是说，事情的关键是：企业家的权威是通过领导企业从一个胜利走向另一个胜利而获得的。

由此，我们可以发现战略管理的一项重要原则：必须把远大的目标转为阶段性的成果之和。保持高速增长是一项艰巨的任务，领导者必须为此说服部下以充分的热情跟随他去冒各种风险；光是鼓舞士气和描绘未来并不足够，还要用一系列阶段性的胜利告诉追随者，他们对主帅的信心是可以得到结果的。

这给我们留下的教益是：战术上的成功如果脱离了强有力的战略的语境，只会具有很小的意义；而远大的战略如果不能够在实现过程中取得可计量的进展，很快就会变得空洞无物。

49. 柳传志的百年老店梦

真正伟大的公司不是由贪婪的人
而是由满怀激情的人建立的。

在互联网高潮迭起的 2000 年，《三联生活周刊》曾经刊登过《一个网络小儿与一个 IT 老将的对话》，作为“小儿”证券之星的高利民咄咄逼人，几乎把“老将”柳传志挤到墙角：“传统企业在新经济条件下能继续领先，史无前例，绝无仅有。我相信像柳总这样的企业，在新经济时代可能不是领头羊。烈火中重生，凤凰涅槃，这只是美好的理想。”

高利民立论的基础是什么呢？他认为，每一个企业家都希望自己的企业活得长久，实际上，在新经济条件下，企业的生命周期只有原来的 1/6，必须接受这个现实。所以，他很真诚地发出一种质疑：今天，企业生存多久很重要吗？潜台词是：许多企业家要建“百年老店”的理想，到了现在，是不是压根儿就是幻想？

柳传志不服气。很快，他等来了反击的机会。网络泡沫破灭了，互联网公司遍地尸骨。在 2001 年 6 月 11 日联想与 AOL 联合新闻发布会上，柳传志有些语重心长地说："互联网公司所以走到今天（这么悲惨的地步），原因之一是把互联网业当作短跑，把上市当作终点，但其实互联网业的建设是个长跑的过程，眼下最重要的是学会长跑。"

世易时移，又过了十几年，很多互联网公司已然杳无踪迹，联想却还在长跑，似乎印证了柳传志的先见之明。然而，在新一轮移动互联网技术大潮呼啸而来之际，联想在社交媒体的传说中又"破产"了。2014年11月17日，柳传志在微信上突然看见一条假消息，把他吓了一跳。"标题说'联想破产了'，一个曾经显赫一时的庞然大物，一夜之间轰然倒塌。柳传志哭了，为他在战略上的错误付出了惨痛的代价"，后面，还像模像样地长篇大论分析了联想为什么破产。

而事实上，就在11月中旬，联想刚刚开过业绩发布会，第三季度业绩一片喜报，不仅净利润又创新高，市场占有率也大幅度提高。这种鲜明的反差让柳传志震惊，以至于他召开了一次"西山会议"，邀请10位知名互联网创业者与观察家举行闭门会议，或许是想探究一下联想为什么被持续"看衰"。

其实，像联想这样的企业被看衰的原因很简单。在新旧交替时代，在某一产业中占主导地位的公司会被后来者认定为"现有公司"（incumbent），它们在过去拥有制定行业规则的能力，可以号令用户，并树立了某种权威形象。后来者为了后来居上，要做的不仅是攻击其柔软的下腹部，也即老牌公司体系中最薄弱的环节（比如主导用户而不是让用户主导），同时还要颠覆它们昔日的"高大上"形象，为的是争夺建立新规则的主导权。风险投资公司因其利益所在，会推动这种"新创公司决定一切"的声浪；媒体因其喜新厌旧的习性，也会夸大所谓新兴力量与老朽势力之争。

但也可以公允地说，“现有公司”的僵化与守旧为后来者的“炮打”提供了弹药。比如，曾经激励人心的使命现在沦为平庸的口号；无法推出“让人尖叫”的产品，而离曾经忠诚的用户越来越远；创新精神被公司内部的官僚主义所扼杀；等等。

商业的进程并非一出简单的此胜彼衰的戏剧。我们看到，被许多网络企业家视为绝对真理的新经济也曾经历难过的日子，而利用新经济的风口起飞的公司如阿里巴巴也开始大谈“要做 102 年的企业”。所以，百年老店之梦的魅力并不会轻易削减。其实，我们甚至可以说，鼓励人们建立伟大而弥久的公司（其中定然包括伟大而弥久的风险投资公司）的环境越来越成熟。

首先，理性的供应已由匮乏变为充足。当拙劣的判断为疯狂的华尔街股市所奖赏时，人们是很难做出良好的判断的。今天，新创企业更加专注，更加懂得利润底线的重要性，这些都是健康的表现。

其次，“一夜暴富”的心态为网络业带来了许多机会主义者，他们没有意愿也没有耐心一步一步地打理企业。真正伟大的公司不是由贪婪的人而是由满怀激情的人建立的。“打一枪就跑”的人调子很高但实质很虚，在一个暂时为他们搭建的市场舞台上暂时扮演过主角，但他们终会连跑龙套的机会都失掉。今天的市场越来越向一个有效的过滤器转变，能够筛选出真正对创业有热情而不是由对金钱的热爱所驱动的人。

过去这些年，过多的资本供应与过于乐观的情绪导致了竞争者的过度膨胀。而在市场自我修正的时候，越是胜利者，其战利品越多。懂得迅速调整自身、有效积累资本的企业会发现自己处于一个空前有利的位置：退潮以后被发现在裸泳的竞争者终被用户抛弃。甚至基础环境也在向着它们说话：好的服务性公司不再像从前那样难寻，而原本被网络上的免费模式弄得苦不堪言的人发现，用户为好的东西埋单的意愿越来越强。

这并不是说所有的痛苦都在成为过去，有志于达到伟大而弥久层次的企业还有许多工作要做。但是，谈到在坚实的基础上打造伟大的企业，今天的机会显然比昨天更多。柳传志说："不管是新经济还是传统经济，企业能够存在的话，自有其道理。一个企业把战略制定好了，同时有一套很好的管理，这个企业是可以往前发展的。企业的班子是不是好，企业的战略是不是好，是不是有一个很好的管理架构，这是决定企业前途的根本。办大企业的根本诀窍，不在于是新的旧的。"他坚持认为，他的九字口诀"建班子、定战略、带队伍"今天仍然适用。

这些话被很多人当成大道理，也构成别人接着看衰联想的理由——都互联网时代了，你还搬弄个人电脑时代的老经，来谈对网络企业的管理？其实，对于柳传志所谓的"管理三要素"，完全没有必要在这个层面谈，因为它事关信仰，而信仰是无须争辩的。这种信仰就是，你是否相信：做企业，总有一些东西是神圣、永恒和可持续的。

说到信仰，柳传志在"西山会议"上谈到了他办企业到底为什么的问题。"我觉得首先是让我和最近的这圈人能够生活得比较好，再下来就是能够让联想的员工这圈我护住的人，或者我们在一起的人，能够生活得更好。将此完成的基础上，就是能够为中国争光。再往下才是为全人类怎么着，确实这是真实想法。"固然可以说这是大实话，也代表着一种对当下负责任的态度，但从这话里我们可以读到，真正的使命离中国企业还如此遥远；而使命，是对于建立百年老店占据首要地位的东西。最终，对企业的过于狭隘的定义不仅影响着企业，还会影响企业赖以生存的社会环境。

50. 把员工变成“内部企业家”

海尔的小微与链群不纯粹是管理创新，
更是一种社会性发明。

“执行力”在中国制造业企业当中，曾经是一个富有魔力的词。“鸿海的文化，既有严厉执行力，又有高度激励。”富士康科技集团副总裁程天纵曾对记者这样说。[①] 从富士康离职的前主管青桐称自己对富士康的企业文化的理解就三个字：执行力。[②]

无独有偶。比亚迪的王传福也曾说过：“在比亚迪，人是每一个关键节点、每一种战略打法的最终执行者。对工人，高压、高薪的结合可以对效率起到立竿见影的作用。”[③]

---

① 方儒. 郭台铭：钱能解决一切问题?. 北京：中国发展出版社，2011：第四章第三节.

② 揭秘富士康“铁血文化”. 华商报，2010－05－18. http：//it. people. com. cn/BIG5/42891/42893/11622884. html.

③ 余胜海. 王传福：缔造产业神话. 新华商，2009－12－14. http：//finance. ifeng. com/leadership/jdrw/20091214/1579830. shtml.

富士康的管理者郭台铭和比亚迪的王传福有些什么共同点？他们信奉同一种动机哲学：没有人不爱好胡萝卜、不恐惧大棒（虽说王传福意识到必须将工程师与工人区别对待）。面对这两样东西，人们会做出精明的反应，其行为依附于一系列刺激和外在的奖励。信奉这种哲学的人往往认为，不存在什么因热爱而去做的事情，或是因为认定某样东西是对的而去尝试的情形。极端者甚至把企业社会责任都看作某种自利行为的伪装。

◎ 从“本能”到“意义”

与这种哲学截然相反的一种认识是：承认人类趋利避害的本能，但更相信，人之所以为人，是因为其渴望归属感，渴望意义，渴望伟大的爱情或是新生婴儿所带来的福佑。今日世界的最大机会在于，通过社会发明让人们过上能够充分实现自身潜力的生活。每个人都有行善、洞察、创造、示爱和工作的巨大潜力。但遗憾的是，如今这种潜力被大型的等级制组织深深限制。

张瑞敏有一句名言：“企业说到家就是人，管理说到家就是借力。”由此观之，海尔目前孜孜以求的在海尔打造小微与链群的管理转型，预示着一个伟大的转变：从执行力到创造力的转变。

换句话说，海尔要追求与富士康和比亚迪不同的东西：不能够把员工纯粹视为一种执行的工具，而要给他们更大的空间，让他们有自我发展的自主性，不仅要自给自足，也要跟他人联合形成自足。在新的环境下，如果说执行力还有它的道理，那也必定如张瑞敏所说，“不是靠上级一级级下来的执行力，而是靠你怎么去执行用户的要求”。

◎ 不要简单的契约关系

海尔的小微，是自创业、自组织、自驱动的“三自”业务单元，具有“三权”，即决策权、分配权和用人权，并按单聚散——能为用户创造价值就聚到一起，没有则解散。小微自主组合成创单链群和体验链群，体验链群将用户意见传递给创单链群，两类链群以用户场景应用体验迭代为中心融合在一起，共同创造用户需求。“链群”，是“生态链小微群”的简写，小微是链群的基本单元，彼此间是独立的非线性并联关系。链群是开放的，全球一流资源均可参与；链群也是动态的，根据用户需求动态重构、迭代和升级。链群里没有中心、没有领导，和小微一样，也完全是自组织、自驱动的，并能够持续优化，实现自增值、自进化。

沃顿商学院管理学教授马歇尔·迈耶带着西方管理学的眼光来到海尔，追问海尔组织实验的实质。他试图用公司的契约理论来分析，即把公司定义为一个一系列契约的结合体，契约可以发生在企业和外部市场之间，也可以发生在企业内部，起关键作用的是委托人和代理人之间的关系。

然而，他在海尔却有很多新发现。比如，他发现，小微是一种竞标的方式，获胜者主要是拿出更好的实现目标的路径和方案，再将这个目标和薪酬挂钩；又如，小微的评价不是完全用销售来衡量，更多的是用市场份额、盈利来衡量，包括新产品开发、客户满意度等。他最大的发现是，西方企业的委托—代理契约是静态的，签订之后就不再改变了；在海尔的小微和链群模式下，契约却会经过多次动态调整。由此可以看出，海尔的做法不是一种简单的委托—代理关系。

传统的委托—代理关系可以看作一种委托人与代理人之间的博弈：在第一阶段，委托人提供一种机制安排。第二阶段则是代理人决定是否接受这种机制。如果代理人拒绝接受机制，什么都不会发生；若是他接受机制，则进入第三阶段博弈——代理人在机制约束下选择对自己有利的行动。然而，这恰恰是张瑞敏企图规避的博弈：在企业当中“上有政策，下有对策”的非合作博弈，要么企业输、员工赢，要么企业赢、员工输，无法达致双赢。小微和链群所要做的，正是把员工和企业的博弈变成为满足用户需求，自己同自己的博弈。

张瑞敏对迈耶教授说：“海尔和西方企业一个很大的不同，从本质上说，就是打造企业和用户之间的契约。用户需要什么，就必须满足什么，而不是没有用户的企业内部的契约。换种说法，企业内部的契约也是为了满足用户需求，和用户之间达成一种契约。我们是以用户为中心的企业，而西方企业是以企业为中心的企业。”这也是所谓“动态契约”的内涵：所有的小微不是服从于企业给它们的指令，而是服从用户的要求。

◎ 从管理创新到社会发明

不知道张瑞敏如此说法，令遵循西方管理学脉络的迈耶教授豁然开朗还是更加糊涂。照我看来，小微和链群其实不纯粹是一个企业的管理创新，更是一种社会性发明，因为它牵涉到给员工自主空间，满足他们更高的自我需求。这也就是加里·哈默尔所主张的要用“管理 2.0”(management 2.0) 替换工业时代的“管理 1.0”遗产。比如，大多数管理者依然将他们的工作内容理解成“我该如何让员工为组织的目标服务？”而不是“我该如何塑造工作环境和营造使命感，以吸引人们并激励他们在工作中尽展个人才能？”

所以，小微这种社会性发明的目的是建立一个能跟上时代、即时因应变迁的企业组织，不是只让员工每天守纪律地准时上班、按部就班地完成自己的任务，更要让他们每天都能带着热情与想象力来工作。

按照哈默尔的认识，如果说此前企业的做法更多的是硬性规定工作程序，强制员工执行，现在则是设计一套公开、公平的衡量方法，让人们可以免除过多的束缚，热情地投入工作并发挥其创意，同时能让大家知道每个人的表现如何，从而达成某种程度的约束。这要靠赋予人们自由，让人们去自我管理那些会影响工作绩效的变数。对于最终获利会有影响的变数，管理者都可以授权。一旦授权，就让员工为自己的决定负责。[①] 只要能确保员工的报酬与其所创造的用户价值相联结，公司制度清楚透明，那么，企业将不需要太多的管理，也就达到了张瑞敏常讲的“太上不知有之”的境界。

◎ 从分权到内部企业家

也许你会问：这样做和分权有什么区别呢？

区别在于，分权仍是在等级制框架下进行的，只是对等级制组织的改善，而不是对它根本的打破。如今，大企业常因规模庞大而饱受折磨。企业变得如此庞大，经理人在做决策时，常常不具备有关所要解决的问题的个人知识。而传统上应对这一情形的办法是分权。

不幸的是，单单依靠分权是不够的。在一个等级制组织中，晋升可

---

① 杨玛利，游常山. 专访策略大师盖瑞·哈默尔：你的管理模式如何跟上时代步调?. 远见，2007（11）. https：//www.gvm.com.tw/article/12031.

能来自对老板的忠诚和政治技巧。勇气、创意以及观察那些明显却被忽视的事实的能力，不一定能带来成功。在此情况下，大企业所需要的并非更多的半独立的部门，而是某种存在于组织内部、行事形近市场企业的“企业家”。

从这个意义上，我更愿意把海尔目前的这套做法叫作“内部企业家”。它不仅针对个体而言，也和企业的生产率和响应性息息相关。并且，如上所说，这种开展商业活动的新方法具有极其重要的意义，堪称某种社会发明。

归根结底，大型多部门工业公司本身就是一种社会发明。如果没有这种组织形式，我们很难想象今日世界的工业化程度。然而，不论大公司如何成功地组织了复杂的生产和分销活动，它们失败的迹象都已随处可见：它们脱离现实，更多地对自己的需求而不是对变化了的时代做出反应，裙带关系和企业政治猖獗，惯性和盲目成为难以治愈的痼疾。

另外，企业家除了自己和企业的服务对象以外，不需要取悦他人，而更多的是凭借个人的努力和担当。这种个人化取向不仅不是一种限制，反而可以导向新生意的产生和新生意方式的浮现。在企业当中为这样的企业家腾出空间，是治愈大企业病的良方。

海尔的探索价值在于，还从来没有一个大规模公司采用过这种模式。在西方，也有所谓内部创业战略，指的是企业在日常运营之外专门组织一个团队，让其像企业家一样运作，开发一种新产品或者创设某项新业务。而海尔的小微和链群，则是要在整个公司内部创造员工的企业家精神，由此打造企业的“倒三角”组织结构。

这种业务单元，已经越来越向独立公司演变。张瑞敏希望它们不仅能够独立地去发现市场的需求，迅速做出反应，还能够创造需求。一旦员工获得了创造力，一个 400 亿美元销售额的大公司就能够分解为由4 000多个小微组成的复杂组织。这些小微不但要实现客户目标、市场目标，同时还得实现其自设的目标，企业家精神因而扩散到整个组织当中。

◎ 管理的竞争是未来最重要的创新竞争

这样的探索会不会产生问题呢？目前来看，它面临的挑战是一系列的。

比如，小微在市场团队里最容易推动和执行，但在产品企划和研发团队里面，能否同样运转自如？客户的需求，包括收入和成本是最容易发现也最容易衡量的，然而那些非财务的指标，比如创新，又该如何衡量？再如，怎样管理企业的知识型人才？在这一领域，机械的外部控制没有多大效用，需要的是个人的主观能动性、现场决策的本能以及边界清晰的自我约束。个人的空间与企业的战略能否很好地结合起来？小微和链群、链群和链群之间的关系该怎样确定？还有，作为一家国际化大企业，目前的小微模式能否在海外复制并持续运行？

归根结底，海尔会遇到两个问题（但实际上也可视作一个问题）：一是怎样赋予创造力强的员工所要求的独立权，与此同时又让他们不致罔顾企业的需要；二是如何令企业更加有能力迅速而敏感地对大趋势做出整体回应。解决这些问题需要建立一套体系，允许经过选择的员工在企业内部拥有类似社会中的企业家的那种地位，既赋予这些员工独立权，又让他们符合企业总体的技术、财务和信息目标。

这也将考验企业领导人的气度和胸怀。内部企业家的地位当然要由这些员工自己争得，而一旦他们通过了考验，领导人就必须允许他们拥有独立行事的权力，不能用企业原有的规则去限制。唯其如此，独立的企业家精神才会在企业内部茁壮成长，而这也是内部企业家体系建立的初衷。

随着这种体系的成熟，内部企业家会遍布企业，取代当下企业中众多的效率低下、不尽如人意的功能。然而，也需牢记，新的释放出来的能量会为中央式控制带来新问题，从而呼唤新的组织方式。

美国管理学者加里·哈默尔曾经断言：新管理思潮的扩散，通常需要20～25年。美国人汽车厂花了差不多25年才真正了解丰田式管理的优越。六西格玛差不多在20世纪80年代中期就发明了，却在20年后才在全球成为经典的管理工具。管理和组织的创新就像是科技的创新，需要长时间酝酿。而最大的困难在于企业管理者对原有范式、操作方式的依恋不舍。……20年后竞争制胜的关键不是产业科技，不是战略，而是如何领导、组织、筹划一个企业，如何配置资源。①

哈默尔说，每次到企业演讲管理创新的主张，总会遇到一些公司经理人说：我们知道挑战很艰巨，我们也喜欢新的思考方向，但我们还是不能创新。还有一些公司说，如果已成功的公司可以示范给我们看，保证可以成功，我们就可以来研究如何一步一步做出来。

这说明了21世纪的管理新典范——胆敢采取“管理2.0”的公司，也可以说是管理创新的拓荒者，命中注定是少数。衷心期待20年后，海尔的管理理念与模式在世界范围内能够从少数变成多数。

---

① 杨玛利，游常山．专访策略大师盖瑞·哈默尔：你的管理模式如何跟上时代步调?．远见，2007（11）．https：//www.gvm.com.tw/article/12031.

51. 腾讯须证明自己是一家科技公司

不要着眼于互联网的下半场，
而要放眼于互联网的下一个大场。

腾讯正开始历史上第三次组织架构变革，我想谈谈腾讯再聚焦的问题。20 岁了，可以考虑再聚焦了。

2017 年 3 月 3 日晚，马化腾与记者举行见面会，有媒体报道用了个题目叫“腾讯最大的焦虑是技术”①。

最近几年，我连续和马化腾在“两会”期间见面。犹记此前的一年，马化腾强调，腾讯在战略上专注于连接和内容，当然还有“半个”金融。此即所谓“两个半”战略。接下来，马化腾在 2017 年提出腾讯未来要做的是一家科技公司，这意味着腾讯下一个大的转型，其实就是要解决“连接之后”做什么的问题。

① 马化腾：腾讯最大的焦虑是技术. 第一财经. (2017-03-04). https://www.yicai.com/news/5238938.html.

具体到战略和公司定位上，腾讯到底在“连接之后”做什么，恐怕要定义何为科技公司，或者看腾讯眼里的科技是什么。

2017 年之后，腾讯视角下的“科技”慢慢浮出水面。一种说法是定位为各行各业的“数字化助手”，助其实现数字化转型升级。另一种说法是扮演三个角色：连接器、工具箱和生态平台。

2018 年 4 月，马化腾曾将腾讯接下来要做的事情归纳为“一三五七”：一个目标，三个角色，五个领域，七种工具。“一个目标”即成为“数字化助手”，助力各行各业实现数字化转型升级。“三个角色”指腾讯要专心做三件事：做连接、做工具和做生态。“五个领域”是指腾讯的“互联网+”要加在五个领域上，即民生政务、生活消费、生产服务、生命健康和生态环保，推动“五生”转型升级。“七种工具”则包括公众号、小程序、移动支付、社交广告、企业微信、云计算/大数据与人工智能、安全能力等数字化工具。

其实，不管一三也好，五七也罢，世界上大致只有两类公司：技术驱动型公司与需求驱动型公司。既然腾讯提出转型，恐怕之前，无论是腾讯自己，还是外部公众，对它的认知都更偏向商业公司，也即需求驱动型公司。

那么，这两类公司究竟有什么不同？首先是管理哲学的不同。我把技术驱动型公司的管理哲学叫作“先造钥匙，后找锁”。

技术驱动型公司基于公司的技术能力去推动开发新产品或服务，而不是基于已被证明了的需求。实际上，它的每一项突破性创新都基于技术驱动导向。马化腾自己说过：“掌握技术才能保证战略制高点，否则当一个浪潮来了的时候，为什么有的能做到，有的做不到？技术是一个不可逾越的东西。”① 说明他其实对此心里是明白的。

技术的突破，很可能不来自用户需求。因此，技术驱动型公司不能做需求寻求者。后者的核心竞争力在于世界一流的消费者和用户洞察能力。前者需要本能而后者需要理性。

你或许会说，苹果是一家典型的需求驱动型公司。错了。来看一下苹果成功的法宝：独一无二的消费体验、极其直观的用户界面、时尚的产品设计、偶像级的品牌营销。除了最后一条，其他都和技术驱动型公司相关，和本能相关。

这从乔布斯对市场调查的不屑也可以看出来。他有一句名言：“在看到我们的产品之前，顾客并不知道他们想要什么。”② 苹果开发的并非针对目标人群的普通产品改进，而是消费者还没有意识到的全新设备和服务。

艾萨克森说，乔布斯的奇思妙想都是本能的、不可预见的，有时是充满魔力的。“他的洞见会不期而至，更多地要求直觉而非大脑的处理能力。”③

相反，中国的互联网巨头多为需求驱动型公司。在中国，由于需求巨大，每个高科技巨头可以同时是互联网、软件和设备公司。对于它们来说，其他行业的数字化程度普遍偏低，信息、娱乐、零售乃至金融等都很容易进入，互联网可以毫不费力地渗透到实体经济领域。除产业以外，它们还大举渗透进民众生活。

---

① 马化腾：腾讯最大的焦虑是技术．第一财经．(2017－03－04)．https：//www.yicai.com/news/5238938.html.

② ISAACSON W. Steve Jobs. Simon & Shuster，2011：143.

③ 同②566.

“连接＋内容”“互联网＋”，腾讯的定位在此。中国三大互联网公司（百度、阿里巴巴、腾讯）实质上都建立在中国这个商业基础十分薄弱的荒原之上，所以中国的互联网巨头们需要四处圈地。它们想做的就是用互联网补齐缺失的基础设施建设和商业基础。这是一个“到处是锁，但缺少钥匙”的环境。

在这个意义上，腾讯和阿里巴巴没有区别。如果非要区分，它和阿里巴巴的区别或许仅仅在于，阿里巴巴往往亲自下水去玩，腾讯则像富家孩子，站在水边，给好处让穷小子替自己玩。

腾讯原本的定位没有大错，这造成了它的快速成长。但公司需要自我进化。腾讯也的确很想转型升级，然而这两年，它没有指点科技方向，没有展开清晰布局，唯有产品代表公司说话，可以说腾讯是一个产品公司。

腾讯还没有证明自己是一家科技公司。

成功的创新者专注于最重要的事情，而不是将他们的努力和资源分散在不那么重要的能力上。创新领导者和企业战略家的工作不仅仅是选择哪些能力来关注，他们还必须决定哪些不重要。

数据算法、云服务、虚拟现实、零售技术、无现金社会、认知计算（机器学习、深度学习、人工智能）、物联网、对安全和隐私的意识觉醒、内容的个性化体验……在所有这些方面，腾讯离一个游戏规则颠覆者的身份还远，因为它还在忙着找钥匙开锁，忙着通过满足消费需求赚钱。

话说到此，我必须要修正一下两类公司的说法：世界上除了需求驱动型和技术驱动型公司，还有第三种公司——使命驱动型公司。

在追求利润的同时，勿忘追求使命。解决了利润问题之后，更要解决使命问题。以此为本，才能做到：开发的每一款产品、满足的每一个需求，都是为了让公司更接近于实现自己的使命。

腾讯有了不起的公司使命：通过互联网服务提升人类生活品质。希望腾讯在已经解决了生存问题之后（那一点股价波动算什么），能够成为真正伟大的公司。

要打造下一代基础设施而不是完善已有的基础设施。不要着眼于互联网的下半场，而要放眼于互联网的下一个大场。

52. 创新的空气

在需要不断创造新知识的全球经济体系中，
地区这一地理组织的作用变得比以往更重要，
日益成为与跨国公司同样重要的经济与技术创新重地，
甚至成为推动创新的核心动力。

在2017年首届粤港澳大湾区论坛上，周其仁教授演讲提出创新要有“密度”和“浓度”。密度是集群（cluster）的概念，浓度是指集群里不同的要素要有高频度的互动。

产业群（又称地方企业集群）并不是新主意，一些产业集聚于国家经济体系中的特定区域由来已久。产业群尤其依赖于从特定的产业体系中诞生的公司网络，其构成创新与竞争优势的源泉，可以使一个地区的公司与另一个地区的公司以及公司运营所在的区域经济体有所区别。硅谷堪称高科技产业群的最好例子，建立于该地区的产业体系促进了横向和分散的企业间网络发展，因为这些互动，产生并巩固了基于互惠和信任而建立的关系。这使得多种自发的相互作用得以发生，从而形成了知识和信息共享的持续组合。这种网络关系构成了集体性的技术学习过程的基础。

在这样的创新区域里，竞争不止体现在产品上，也导向供应链系统的效率。计划的协调并不仅限于单个公司的边界之内，还可以通过公司之间的合作来实现。公司间的网络联系甚至有些像纵向整合企业一样。所以，一个创新区域中，起作用的是区域竞争力而不仅仅是单个企业的竞争力。只不过在全球化浪潮中，“地方产业群”开始具备更为深远的意义，因为全球化正在造成更加明显的本地化。在需要不断创造新知识的全球经济体系中，地区这一地理组织的作用变得比以往更重要，日益成为与跨国公司同样重要的经济与技术创新重地，甚至成为推动创新的核心动力。

在粤港澳大湾区论坛上，不止一位演讲者提到大湾区的成功依赖于通畅的四流（人流、物流、资金流、信息流），其实，这也就是人尽其才、物尽其用的意思，旨在大幅消除旧有的空间摩擦力，从而获得市场自由条件下的竞争优势。而竞争优势的关键是创新，所以，我们可以看到，世界知识产权组织《2017 年全球创新指数》报告强调“创新集群”的概念，指出城市或区域层面的创新中心往往是国家整体创新绩效的驱动力。它显示，地区不仅是组织特定产业群的焦点，更是组织和管理创新的焦点。

这个报告突破衡量国家创新的窠臼，使我们把注意力从用国家政策、法律及制度、国家对创新的投入等来评价创新，转移到关注发生在地区层面的创新的投入与产出上。所以，我们固然高兴于中国已跻身全球创新领导者序列（中国创新从 2016 年的第 25 位升至 2017 年的第 22 位，是唯一进入“前 25 名俱乐部”的中等收入国家），但更加欣喜于在《2017 年全球创新指数》报告首次对热点地区“创新集群”的尝试排名中，深圳—香港地区以“数字通信”为主要创新领域，在全球“创新集群”中排名第二。[①]

这充分说明，粤港澳大湾区的设想具备充分实施条件，在制度、人才、创新网络等多方面具有竞争力。然而，该地区是否具备了世界级的创新生态环境呢？要回答这个问题，我们还需要把目光投向地方政策和制度、社会网络、本地劳动力市场、专业服务水平等与创新的关系上。同时，鉴于香港、澳门是“一国两制”的实验场所，我们还需考量中央层面的制度和政策。

用比较高的标准来看，我以为大湾区至今还没有很好地形成弥漫于区域内的浓厚的“创新的空气”。什么是“创新的空气”？我们都知道空气是这样一种东西：它无处不在，与此同时，人们却又常常感觉不到它的存在。“创新的空气”讲的是企业与本地其他企业、与本地环境处在一种什么样的关系之中，如果把创新视作集体过程，可以得出这样的结论：“区域文化”比“企业文化”更重要，“学习型区域”比“学习型组织”更关键。

我们也许早已不需要被告知创新在经济体系中的重要性，但我们却需要了解，创新是一种社会过程，即创新建立在地方生产综合体所特有的社会组织基础之上。在技术经济的重大变迁中，再有创造力的企业，都无法“闭门造车”、单独开发出重要的新产品或服务，因而，创新成为充斥互动式学习的社会过程。为了形成企业间的紧密合作，为了在企业内部和外部的网络中鼓励广泛参与，创新需要“上下文”，需要社会资本的积聚。不了解这一点，也就无法洞察后福特时代的学习型经济的

---

① The global innovation index 2017, June 15, 2017. https://www.wipo.int/edocs/pubdocs/en/wipo_pub_gii_2017.pdf.

真谛。

“学习型区域”是经济地理学家们提出的概念，用以强调一个地区内的学习型企业紧密合作、共同学习的作用，这是提升企业和地区在全球经济中的创新性和竞争力所不可或缺的东西。它意味着一种中观层面的治理结构（既包括公共领域，也包括私有的部分），凭借适宜的权力与预算，增进当地人民的社会和经济福祉。当我们提到区域发展时，资金往往被视为一个发展瓶颈。但其实资金并不是高技术发展和技术创新的充分条件，未来成功的基础是成熟的企业制度和专业化分工经济，以及在此基础上营造起来的区域创新环境。

卡文迪什实验室的领导人卢瑟福（Ernest Rutherford）据传有一段轶事：就在实现原子分裂这一伟大成就的前夕，实验室陷入了极度缺钱的困境，卢氏召集手下宣布：“伙伴们，我们的钱花光了。现在我们必须思考。”而这就是学习的本意。在发达国家中，收入增长主要来自创新，创新已成为最关键的竞争力。它源自知识的应用和商品化，知识则是从浩如烟海的信息中提炼出来的。知识资本远较金融资本更为稀缺，其流动性也较弱，更多地集中在一些特定的地方：在那里，知识中心如大学和富有创造力的企业（不论其大小）交融在一起，特殊的专长和技能的采掘潜力似乎无穷无尽，信息经由正式的和非正式的网络自由流动。

这一切对特定区域内的行为主体都构成巨大的考验：企业如何建立充满信任的关系网络，打造既竞争又共存的多赢局面？大学如何培养多学科融合兼具国际视野的人才，并有效地把知识转化为应用？政府如何进行跨越行政边界的改革，允许大胆试错、勇敢试验？这些都需要一种干中学、学中干的实践智慧。